2015
中国农业发展报告

中华人民共和国农业部

中国农业出版社
北京

《2015中国农业发展报告》编辑委员会名单

前 言

2014年，面对复杂严峻的国内外经济形势，各级农业部门认真贯彻落实中央决策部署，奋发有为，扎实工作，农业农村经济在高起点上实现稳中有进、稳中提质、稳中增效。粮食生产实现创纪录的“十一连增”，总产达到6.07亿吨，比上年增加516万吨，连续两年超过6亿吨。农民增收实现“十一连快”，农民人均纯收入达到9 892元，同比实际增长9.2%，连续5年超过国内生产总值和城镇居民收入增幅，城乡居民收入比缩小到2.92：1。农业现代化水平稳步提高，农业科技进步贡献率达到56%，主要农作物良种基本实现全覆盖，农作物耕种收综合机械化率达到61%，农田有效灌溉面积占比达到52%。农村改革扎实推进，土地承包经营权确权登记颁证、农业经营体系创新、农产品目标价格改革迈出新步伐，农村改革试验区和国家现代农业示范区建设取得新进展。在经济下行压力加大背景下，农业农村经济形势好，为新常态下稳增长、促改革、调结构、惠民生、防风险提供了有力支撑。

2015年，是实施“十二五”规划的收官之年。当前，农业发展的内外环境正在发生深刻变化。虽然农业连续多年实现稳粮增收，但各种风险和结构性矛盾也在积累聚集。主要表现为：农业资源偏紧和生态环境恶化的制约日益突出，农村劳动力结构变化的挑战日益突出，农业生产结构失衡的问题日益突出，农业比较效益低与国内外农产品价格倒挂的矛盾日益突出。这些矛盾和问题带有明显的阶段性特征，倒逼着农业必须加快转方式、调结构，不断提高产业素质、发展质量和经营效益。我们要深入贯彻习近平总书记关于"三农"发展的系列重要指示精神，坚持以"稳粮增收调结构、提质增效转方式"为工作主线，高点强攻迎挑战，抢抓机遇开新局，深化农村改革，推进科技创新，加强法治保障，加快建设现代农业，千方百计使粮食产量稳定在11 000亿斤以上、农民收入增幅保持在7%以上，努力确保不发生重大农产品质量安全事件和区域性重大动物疫情，持续提高农业科技进步贡献率和农业资源利用率，巩固发展农业农村经济好形势，为经济社会发展大局提供有力支撑。

韩长赋

2015年9月

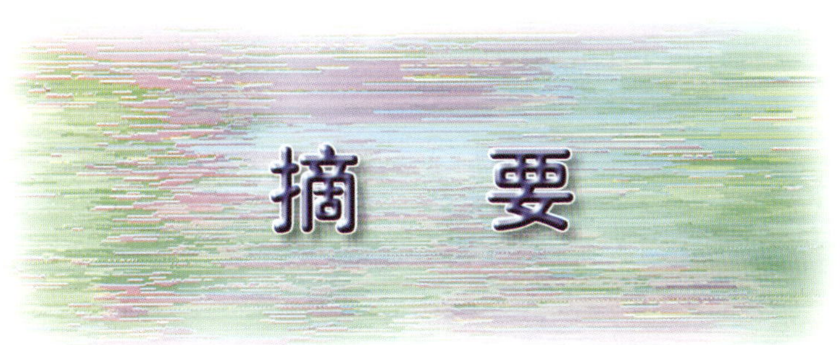

2014年农业发展状况

1. 农业生产。2014年，粮食生产实现“十一连增”，全年粮食产量达到60 710万吨，比上年增加515万吨。粮食面积112 733.33千公顷，增加782.67千公顷。粮食单产359.0千克，比上年提高0.6千克。

棉花产量616万吨，减产2.2%。油料产量3 517万吨，与上年持平。糖料生产呈下滑态势，总产量13 403万吨，减产2.5%。蔬菜产量7.5亿吨，比上年增加约1 900万吨。水果产量1.61亿吨，增加350万吨。茶叶季季增产增收，全年产量增长6.7%。

全国肉类总产量8 707万吨，比上年增长2.0%。其中，猪肉产量5 671.4万吨，增长3.2%。禽蛋2 894万吨，奶类3 841万吨，分别增长0.6%和5.3%。

水产品总产量6 461.52万吨，增长4.7%；渔民人均纯收入14 426.26元，增长10.6%。按当年价格计算，全社会渔业经济总产值20 858.95亿元，实现增加值9 718.45亿元。

2.农垦经济。2014年，农垦实现生产总值6 420.37亿元，比上年增长9.5%。其中，第一产业增长5.6%；第二产业增长12.1%；第三产业增长11.4%。一、二、三产业增加值占农垦生产总值的比重分别为27.2%、44.6%和28.2%。农垦企业实现利润199.09亿元，增长6.4%，创历史新高。上交税金380.04亿元，增长0.5%。农垦人均纯收入达到13 495元，扣除物价上涨因素，实际增长7.6%。

粮食生产实现“十一连增”，总产量达到3 538.07万吨，增长3.5%；可供商品粮3 233.30万吨,商品率为91.4%。

3. 农业机械化。2014年，全国农业机械总动力达10.81亿千瓦，同比增长4.0%。农作物耕种收综合机械化水平达到61.6%，比上年提高2.12个百分点，提前实现"十二五"规划目标。农机装备结构进一步优化。大中型拖拉机和配套农具保有量分别达567.95万台、889.64万部，同比分别增长7.8%、7.6%；水稻插秧机、联合收获机分别达67万台、158.42万台，同比分别增长10.8%、11.5%，玉米收割机达到36.04万台，同比增长25.7%，连续6年增幅超过20%。粮食生产机械化水平不断提高，玉米机收等重点薄弱环节机械化加快推进。水稻机械种植、收获水平分别达39.6%、84.6%。玉米机收水平达到57.8%，已连续6年增幅超过5个百分点。油菜、花生、马铃薯、棉花、甘蔗等作物机械化取得积极进展。农机社会化服务持续发展。农机作业服务组织达到175.12万个，其中拥有农机原值50万元(含50万元)以上的农机服务组织3.46万个，比上年增加5 271个；农机合作社达到4.94万个，增加7 191个，服务农户数超过4 500万余户。全国规模以上农机企业主营业务收入累计达4 180亿元，同比增加8.8%。

4. 农产品价格与市场。2014年，全国农产品生产者价格总水平比上年下降0.2%，其中，一季度同比下降1.2%，二、三季度同比分别上涨0.3%、0.3%，四季度下降1.6%。种植业产品生产者价格上涨1.8%，林业产品下降0.6%，饲养动物及其产品下降2.9%，渔业产品上涨3.1%。其中，粮食上涨2.6%，生猪下降7.8%。

2014年，农村居民消费价格比上年上涨1.8%，比全国平均消费价格涨幅低0.2个百分点。农村商品零售价格比上年增长1.0%，增幅比上年低0.8个百分点。多数农产品集贸市场价格上涨。

2014年，实现乡村社会消费品零售总额36 947.9亿元，比上年增长15.6%，增速比城镇高3.8个百分点。

5. 农产品进出口。2014年，我国农产品出口增幅大于进口增幅，农产品贸易逆差有所下降。全年农产品进出口贸易总额1 945.0亿美元，增长4.2%。其中，出口额719.6亿美元、增长6.1%；进口额1 225.4亿美元、增长3.1%；农产品贸易逆差505.8亿美元，下降0.9%。

谷物出口76.9万吨，下降23.1%；进口1 951.6万吨，增长33.8%；净进口1 874.6万吨，增长38.0%。食用油籽进口增长14.3%，食用植物油、棉花、食糖进口分别下降14.6%、40.7%、23.3%，蔬菜进出口均增长，水果进口增长出口下降；畜产品贸易逆差增长18.0%，水产品贸易顺差增长7.6%。

6. 农民收入与消费。2014年，全国农村常住居民人均可支配收入10 489元，同比增长11.2%，剔除价格因素影响，实际增长9.2%。其中，工资性收入4 152元，增长13.7%；经营净收入4 237元，增长7.7%；财产净收入222元，增长14.1%；转移净收入1 877元，增长13.9%。农村居民人均纯收入9 892元。

全国农村居民人均消费支出8 383元，比上年增加897元，增长12.0%，剔除价格因素影响，实际增长10.0%。

7. 财政支农投入。2014年，中央农业部门共安排基本建设和财政专项支农资金1 705.26亿元。其中，基本建设投资289.35亿元，重点支持农业综合生产能力建设、农业科技创新能力建设、农业公共服务能力条件建设、农业资源和环境保护与利用条件建设、民生基础设施五个方面的建设；财政专项资金1 415.91亿元，包括部门预算和专项转移支付两类项目，其中转移支付项目重点支持生产补贴、科技服务、防灾减灾和生态资源保护四个领域的项目。

8. 农业综合开发。2014年，中央财政预算安排农业综合开发资金360.71亿元，比上年增加32.19亿元，增长9.8%。督促地方财政加大投入，引导和撬动金融机构、农民群众等投入资金，全年农业综合开发资金投入共计约695亿元。中央财政农业综合开发资金中，222.75亿元用于高标准农田建设，预计建设高标准农田1 879.07千公顷，亩均粮食生产能力比开发前提高100千克以上；4.57亿元用于支持新型农业经营主体开展高标准农田建设试点；15.37亿元用于中型灌区节水配套改造；17.7亿元用于生态综合治理；39.97亿元用于支持新型农业经营主体发展农业产业化经营；5.9亿元用于支持新型农业社会化服务体系建设。

9. 扶贫开发。2014年，扶贫开发取得新进展新成效。全国农村贫困人口从8 249万人减少到7 017万人，减少1 232万人，减幅14.9%。全国农村贫困发生率由8.5%减少到7.2%，下降1.3个百分点。扶贫工作重点县农民人均纯收入6 088元，比上年增长13%，增幅比全国农民平均水平高出1.8个百分点。扶贫开发投入持续增加，中央和地方各级财政共安排扶贫资金880亿元，比上年增长20%。其中，中央财政安排专项扶贫资金432.87亿元，增长10%；省级财政安排专项扶贫资金267亿元，增长28%。安排中央专项彩票公益金15亿元。中央和地方定点扶贫资金投入357.6亿元，增长7%。

10. 饲料工业。2014年，全国商品饲料总产量19 727万吨，增长2.0%。其中，配合饲料产量16 935万吨，增长3.8%；浓缩饲料产量2 151万吨，下降10.3%；添加剂预混合饲料产量641万吨，增长1.1%。猪饲料8 616万吨，增长2.4%；蛋禽饲料2 902万吨，下降4.4%；肉禽饲料5 033万吨，增长1.7%；水产饲料1 903万吨，增长2.1%；反刍动物饲料876万吨，增长10.2%；其他饲料397万吨，增长37.8%。

11. 草原保护与建设。2014年，全国完成种草改良1 929.8万公顷，建设草原围栏470.1万公顷，累计落实草原承包2.85亿公顷，草原禁牧面积1.04亿公顷，草畜平衡面积1.73亿公顷，草原生态加快恢复，草原畜牧业持续发展，牧民收入继续增加，牧区生态、生产、生活稳步协调推进。

2014年，全国草原综合植被盖度达53.6%，比上年下降0.6个百分点；全国天然草原鲜草总产量102 219.98万吨，减少3.18%；折合干草约31 502.2万吨，载畜能力约为24 761.18万羊单位，均较上年减少3.2%。

12. 农业产业化经营。2014年，我国农业产业化实现持续健康发展，为推进农业转型升级、促进农村一、二、三产业融合互动和农民增收致富发挥了重要作用。到2014年年底，全国各类农业产业化组织达到35.42万个，同比增长6.0%。各类农业产业化组织从业人员达到5 424.15万人，增长2.1%。辐射带动农户1.24亿户，农户参与农业产业化经营年户均增收3 234元，分别增长2.0%和4.4%。龙头企业销售收入达到8.64万亿元，增长9.9%。年销售收入超过1亿元的龙头企业近2万家，超过100亿元的龙头企业达到70家。

13. 农产品加工。2014年，我国农产品加工业运行整体缓中趋稳，全国规模以上农产品加工业增加值同比实际增长7.9%，增速较上年回落1.7个百分点；实现主营业务收入184 754.9亿元，增长8.2%，比全国规模以上工业主营收入增速高1.2个百分点。实现利润总额12 244.8亿元，增长2.2%；完成出口交货值11 392.0亿元，增长4.5%。转型升级步伐进一步加快，固定资产投资保持平稳增长。

14. 休闲农业。截至2014年年底，全国休闲农业的年接待人数达10亿人次，经营收入达3 000亿元，均保持在10%以上的增长速度，呈现出快速增长的态势。休闲农业品牌加快培育。农业部发布了100个2014中国最美休闲乡村和140个中国美丽田园，与国家旅游局共同认定了37个全国休闲农业与乡村旅游示范县、100个示范点。

15. 农产品市场体系建设。截至2014年年底，全国农产品批发市场4 469家，产地市场约占70%。2013年年底，亿元以上农产品专业批发市场发展到1 019家，比2004年增加622家；摊位数57.66万个，比2004年增加39.38万个；营业面积达到4 316.3万平方米，比2004年增加3.1倍；年成交额14 584.1亿元，增长5.7倍。从市场结构看，在亿元以上的专业农产品批发市场中，粮食市场占10.1%，肉粮禽蛋市场占13.5%，水产品市场占14.7%，蔬菜市场占30.6%，干鲜果品市场占13.4%，棉麻土畜烟叶产品市场及其他农产品市场占17.9%。

16. 农业信息化。2014年，农业物联网试验示范逐步开展。实施了农业物联网区域试验工程，国家物联网应用示范工程继续推进，农业物联网技术产品逐步得到推广应用。金农工程一期完成验收，国家农业监测指挥管理信息化体系、国家农业电子政务体系、服务支撑体系、信息资源体系不断完善，建成了一批重要的信息管理系统和数据库。农业信息化标准建设得到强化，13项农业物联网国家标准制修订项目获得国家标准委批复立项。

17. 农产品质量安全管理。2014年，农产品质量安全形势总体平稳向好，在范围扩大、参数增加的情况下，蔬菜、畜禽和水产品例行监测合格率分别达到96.3%、99.2%和93.6%，全年未发生重大农产品质量安全事件。专项整治进一步深入，全年共出动执法人员418万人次，检查生产经营单位233万家，整顿农资市场26万个，查获假劣农资2.6万吨，行政处罚5 799件，为农民挽回直接经济损失4.7亿元。风险监测评估得到加强，例行监测范围扩大到151个大中城市、117个品种、94项指标，基本涵盖主要城市、产区和品种、参数。新增风险评估实验室10家，认定风险评估实验站145个。农业标准化继续推进，规定了387种农药在284种食品中的3 650项最大残留限量，新制定农业国家标准和行业标准253项。新建“三园两场”1 600个，创建标准化示范县48个。新认证“三品一标”产品2.3万个，“三品一标”总数达到10.7万个。监管体系建设进一步加强，全国已有86%的地市、71%的县市、97%的乡镇建立了监管机构，落实专兼职监管人员11.7万人。

18. 农业科研、推广与教育。农业科技创新迈出新步伐，农业基础性、前沿性科技攻关和关键技术研发得到加强，取得超级稻大面积亩产1 026.7千克等重要成果。国务院印发了《关于改进加强中央财政科研项目和资金管理的若干意见》，推进农业科研项目管理创新。

农业技术推广取得新成效，全国农业科技成果转化交易服务平台内容和功能得到充实，展示科研成果2 922项，完成交易55项，交易额超过2 500万元。成立了国家种业科技成果产权交易中心。中央落实财政资金26亿元，继续实施基层农技推广体系改革与建设补助项目。推进农技推广特岗计划试点，13个省份招聘特岗农技人员10 852名。继续实施万名农技推广骨干人才培养计划，全年培训3 500人。继续实施超级稻“双增一百”、东北地区玉米“双增二百”科技行动。

农民教育培训实现新突破，中央财政投入11亿用于新型职业农民培育，引导各地配套投入超过5亿元，全年培育新型职业农民超过100万人。

19. 农业农村人才队伍建设。2014年，农业部新增7个部级农村实用人才培训基地，与中组部联合举办117期农村实用人才带头人和大学生“村官”示范培训班，规模比上年增加33%。会同中组部举办乡镇村党组织书记培训示范班。实施农村实用人才培养“百万中专生计划”，完成7万人的招生任务。加大农业职业技能开发力度，培训鉴定44万农业技能人才。实施“万名农技推广骨干培养计划”，大规模开展基层农技人员知识更新培训，举办农业科技人员网络大讲堂，累计培训80万人次。实施农技推广“特岗计划”，在13个省招聘特岗农技员1万余名。

20. 农业行政能力建设。2014年，农业部门按照以简政放权为突破口，加快政府职能转变的总体要求，稳步推进机构改革和职能转变。与国务院审改办沟通提出取消下放30项行政审批事项的建议，取消下放比例达53%，不再保留非行政许可审批事项。同时，建议取消下放20个子项，将所有的工商登记前置审批改为后置审批。配合有关部门共废止部门规章6部，修订部门规章18部，废止规范性文件16件，国务院批准正式取消下放的13项行政审批事项已全部落实到位。推动畜禽屠宰监管职责移交工作，截至2014年年底，全国除西藏外其他30个省份均已完成相关职责划转工作。农业公共服务能力不断增强，截至2014年年底，全国共有县乡两级基层农技推广机构7.63万个，其中，县级1.93万个、乡级5.7万个，基层农技推广机构普遍健全。全国兽医工作体系基本建成，新型兽医队伍建设稳步推进，全国共确认官方兽医10万余人，28万人次参加全国执业兽医资格考试，7万余人取得执业兽医资格。农产品质量安全检验检测体系逐步完善，中央、省、市、县四级已投资建设质检机构3 332个，检测人员3.5万人。农业综合执法体系进一步完善。截至2014年年底，全国已有30个省、272个市（地、州）、2 322个县（市、区）开展了农业综合执法工作，基本实现县级全覆盖。

21. 农业灾害与病虫害防治。2014年，全国农作物受灾面积24 866.67千公顷，其中成灾12 666.67千公顷，绝收3 090.67千公顷，比上年分别减少6 462千公顷、1 625.33千公顷和754千公顷；因灾损失粮食3 150万吨，减少560万吨。

2014年，全国农作物病虫草鼠害发生面积476 904.78千公顷次，比上年减少1.9%。造成粮食损失1 917.03万吨，棉花损失38.74万吨，油料损失88.16万吨。全年累计防治面积577 220.34千公顷次，比上年增加0.4%。通过防治挽回粮食损失10 049.70万吨，挽回棉花损失148.99万吨，挽回油料损失364.08万吨。

全国畜牧业因洪涝灾害直接经济损失约30.8亿元，因地震灾害受损场户9.3万个，损毁倒塌牲畜棚圈2.28万座，7.06万平方米，死亡牲畜1.4万头（只）。全国共发生草原火灾158起，受害草原面积39 338.6公顷，经济损失2 204.6万元。全国草原鼠害危害面积为3 481.2万公顷，约占全国草原总面积的8.8%，危害面积比上年减少5.8%。

动物疫情形势总体平稳，未发生区域性重大动物疫情。

各类自然灾害共造成受灾养殖面积832 880公顷，水产品损失131.88万吨，沉船1 255艘，人员损失88人，直接经济损失211.86亿元。

22. 农业可持续发展。农业野生植物保护进一步加强，目前全国共建设农业野生植物原生境保护区达178个，保护区总面积19.11千公顷。农业面源污染防治取得积极进展，273个种植业源和25个畜禽养殖源国控定位监测点组成的农业面源污染监测网络监测能力全面加强，210个国控监测点组成的农用地膜残留监测网络运行良好，4个农业面源污染防治综合示范区建设不断深入。农业清洁生产示范建设迈出新步伐，农业清洁生产示范项目新增地膜加工能力66 775吨，新增回收地膜面积1 421.2千公顷。新建农村清洁工程示范村100个，使全国农村清洁工程示范村达到1 700余处。农村沼气建设与秸秆综合利用成效显著，2014年，国家下达25亿元农村沼气建设任务，安排户用沼气7.61亿元、39万户，养殖小区和联户沼气4.73亿元、9 917处，乡村服务网点2.66亿元、6 910个，大中型沼气工程9.92亿元、589处，直接受益农户82.86万户。启动实施秸秆综合利用示范项目，中央投资7亿元，重点支持秸秆收集储运体系、秸秆五料化利用。

23. 农业国际合作与交流。2014年，农业部向中国进出口银行推荐了第四批96个农业对外合作贷款项目，与中国出口信用保险公司深化战略合作，强化对农业对外合作的指导和服务。推动企业在俄罗斯、乌克兰等国开展农业投资合作。在WTO多哈回合农业谈判中积极推动谈判向有利于我国农业利益方向发展，在自贸区涉农谈判中坚守农业产业安全防线。举办第19届国际渔业博览会等一系列农产品贸易促进活动，推动优势农产品出口和农业品牌建设。制定并发布了《农业产业损害监测预警体系管理办法（试行）》，推动国务院税委会审议提高了2015年天然橡胶进口关税税率，缓解天然橡胶进口压力和保障国内橡胶产业利益。积极参与有关涉农磋商，提升我国在相关领域的话语权。积极做好对外农业援助工作，为发展中国家举办了38期培训班，培训了659名农业技术和管理人员培训。

2014年农业和农村政策

24. 财政支农政策。2014年，农业部和财政部共同管理的专项转移支付项目资金1 170亿元，比上年增加65亿元。其中，生产型补贴746亿元，包括农机购置补贴237.55亿元，农作物良种补贴215亿元，渔业柴油补贴253亿元，畜牧水产发展扶持资金40.3亿元等；科技服务支持政策资金131亿元，包括粮棉油糖高产创建20亿元，园艺作物标准化创建6亿元，基层农技推广体系改革建设补助26亿元，测土配方施肥补助7亿元，农民培训补助11亿元，现代农业产业技术体系13.23亿元，旱作农业技术推广补助10亿元，现代农业示范区试点补助2.5亿元，农产品初加工补助6亿元，河北地下水超采区综合治理试点15亿元，农村土地承包经营权确权登记颁证补助13.6亿元等；防灾减灾项目资金109亿元，包括农业防灾增产关键技术补助50.6亿元，动物防疫经费58亿元；生态与资源保护项目资金184亿元，包括草原生态保护奖补157亿元，耕地保护与质量提升8亿元，湖南重金属污染土壤治理试点11.56亿元，转产转业与渔业资源保护4亿元，农产品产地重金属污染防治3亿元等。

25. 农村土地承包管理。2014年，农村土地承包经营权确权登记颁证试点范围进一步扩大，中央选择在山东、四川、安徽3个省开展整省试点，其他省份各选择一个县（市、区）开展整县试点（共27个）。除中央要求的整县试点外，其他各省份也进一步扩大了试点范围。江西、宁夏、海南等省（自治区）已在全省（自治区）范围开展，江苏、湖北、广东等省要求每个地级市至少选择1个县（市、区）进行整县试点。截至2014年年底，全国29个省份（不含西藏、重庆）的1 988个县（市、区）开展了农村土地承包经营权确权登记颁证工作，涉及1.3万个乡镇、19.5万个村，已完成确认耕地面积1 266.67万公顷。总的看，各地试点工作稳步有序推进。

26. 农村集体资产与财务管理。2014年，农业部门全面总结全国农村集体资产清产核资情况，开展第二批全国农村集体“三资”管理示范县创建，推动农村集体“三资”管理平台建设，取得显著成效。截至2013年年底，全国农村集体经济组织账面资产（不含资源性资产）总额2.4万亿元，村均408.4万元；农村集体土地总面积4.46亿公顷，其中耕地、林地等农用地面积3.69亿公顷。全国已建立7个省级、85个地（市）级、1 570个县级农村集体资产信息化管理平台。北京、上海、黑龙江等省份率先在全省（市）范围内全面实现了由省（市）到村的信息化管理。

27. 减轻农民负担。2014年，农业部组织开展了农民负担专项治理，共清退向农民多收款项1.06亿元，减轻农民负担8.88亿元。农业部与7个省份联合选择9个县（市）进行了综合治理，共退还向农民多收款项685.6万元，清退向村级组织转嫁摊派费用457.4万元。组织开展了加重村级组织负担问题的清理整顿，共清退要求村级组织配套项目资金、开展达标升级活动、进行捐资赞助等方面的违规费用0.93亿元，减轻村级组织负担1.93亿元。

2014年，全国农民直接承担的费用（包括上交集体各种款项、各种社会负担、一事一议筹资及以资代劳）人均38.49元，比上年减少5.18元，下降11.9%，取消农业税后农民负担水平连续两年降低。

28. 推进农村综合改革。2014年，乡镇机构、农村义务教育、县乡财政管理体制和集体林权制度改革继续巩固深化。乡镇机构大力推广“一站式”服务、“办事代理制”等便民服务措施。中央财政安排农村义务教育改革资金878.9亿元，全国约1.1亿名农村义务教育阶段学生全部享受免学杂费和免费教科书政策。安排资金310亿元改善贫困地区义务教育薄弱学校基本办学条件，推进义务教育学校标准化建设。安排资金171.4亿元继续实施农村义务教育学生营养改善计划，提高中央补助标准，惠及农村学生3 200万人。安排资金约68亿元继续实施农村义务教育学校教师特设岗位计划和中小学教师国家级培训计划，提升农村中小学师资队伍水平。“省直管县”和“乡财县管”改革稳步推进，县级基本财力保障机制进一步完善，2010—2014年，中央财政共安排县级基本财力保障机制奖补资金5 528亿元。农村公益事业发展新机制逐步构建，2014年各级财政累计投入一事一议财政奖补资金654.25亿元，带动村级公益事业建设总投入1 100多亿元，覆盖了全国2 853个县（市、区，含兵团、垦区）21.5万个行政村，陆续建成31万个村级公益事业建设项目。美丽乡村建设试点积极稳妥推进，全国共有6 782个村纳入试点范围，各级财政累计投入奖补资金121.81亿元，其中中央财政29.45亿元，整合其他财政资金78.99亿元，受益农民达1 300多万人，一批宜居宜业宜游的美丽乡村正在初步形成。农村综合改革示范试点稳步开展，2014年中央财政安排农村综合改革转移支付资金30亿元。国有农场办社会职能改革试点继续推进，中央财政安排资金15亿元。

29. 推进农民专业合作社发展。2014年，中央财政安排农民专业合作组织发展资金20亿元，比上年增长7.5%，其中农民合作社创新试点资金6亿元，比上年增长20%，试点范围扩大到12省市。截至2014年9月底，银行业金融机构对包括合作社在内的农村各类组织贷款6 629亿元。截至2014年年底，全国在工商部门依法登记的农民合作社达128.9万家，比上年同期增长31.2%；出资总额2.73万亿元，增长44.2%；实有成员9 227万户，占农户总数的35.5%，提高了7个百分点。合作社为成员提供的经营服务总值超过1万亿元，实现经营收入约5 000亿元，实现可分配盈余907亿元。

30. 深化农村金融改革。新型农村金融机构快速发展。截至2014年年末，全国共发起设立1 296家新型农村金融机构，其中村镇银行1 233家，贷款公司14家，农村资金互助社49家农村金融机构改革不断深化，中国农业银行“三农金融事业部”改革试点范围扩大到19个省，国务院原则同意了农业发展银行改革实施总体方案，政策性职能进一步强化。国家对农村金融扶持力度不断加大。2014年两次分别下调县域农村商业银行和农村合作银行存款准备金率2个和0.5个百分点。2014年中央财政拨付县域金融机构涉农贷款增量奖励资金26.03亿元，比上年增长24.5%，拨付农村金融机构定向费用补贴资金26.19亿元。截至2014年年底，全国金融机构全口径涉农贷款余额23.6万亿元，当年新增3.0万亿元，同比增长13.0%，继续保持涉农信贷投入持续增长的趋势。

农业保险快速发展。2014年，中央财政拨付农业保险保费补贴144.52亿元。全国农业保险保费收入325.70亿元，同比增长6.2%；提供风险保障1.66万亿元，同比增长19.7%；参保农户2.47亿户次，同比上升15.7%。农业保险已覆盖全国所有省（自治区、直辖市），主要农作物承保面积达到1.01亿公顷，约占全国播种面积的61.6%。全国共建立农业保险乡（镇）级服务站2.3万个，村级服务点28万个，覆盖全国48%的行政村，协保员近40万人。

31. 农产品市场调控。2014年，国家继续提高稻谷、小麦最低收购价水平。其中，小麦最低收购价为每50千克118元，比上年提高6元；早籼稻、中晚籼稻和粳稻最低收购价分别为每50千克135元、138元和155元，比上年提高3元、3元和50元。适时启动玉米、油菜籽、食糖临时收储政策，玉米临储收购价格为每50千克111 ~ 113元，与上年持平；油菜籽临时收储价格为每50千克255元，比上年提高25元；以财政贴息的方式支持制糖企业收储300万吨食糖。启动新疆棉花目标价格改革试点，2014年棉花目标价格为每吨19 800元；启动东北和内蒙古大豆目标价格改革试点，2014年大豆目标价格为每吨4 800元。

32. 基层农业技术推广体系改革与建设。2014年，中央财政投入26亿元，在全国31个省（自治区、直辖市）、3个计划单列市、2个农业部直属垦区和新疆生产建设兵团支持基层农技推广机构开展科技服务。2014年，全国共组织15 600余名农业科技专家参与农技推广工作，遴选了187 214名农业技术指导员，建设了6 970个农业科技试验示范基地，培育了1 841 941个科技示范户，辐射带动了2 350万个周边农户，培训基层农技人员、种养大户、普通农民492万人次，在2 200个县建设了农业科技网络书屋24万个，共发布3 909个（次）主导品种和3 176项（次）主推技术，使主导品种和主推技术的入户率和到位率达到95%以上。

33.农村劳动力转移。2014年，国务院办公厅出台了《国务院关于进一步做好为农民工服务工作的意见》，着力稳定和扩大农民工就业创业，维护农民工的劳动保障权益，推动农民工逐步实现平等享受城镇基本公共服务和在城镇落户，促进农民工社会融合，为实现农民工市民化目标打下坚实基础。2014年，全国农民工总量达到27 395万人，比上年增加501万人，增长1.9%。其中，外出农民工16 821万人，比上年增加211万人，增长1.3%；本地农民工10 574万人，增加290万人，增长2.8%。农民工收入水平继续保持增长。19个省份调整了最低工资标准，平均调增幅度为14.1%。国家统计局调查显示，外出农民工人均月收入达到2 864元，比上年增加255元，增长9.8%。城乡基本公共服务均等化逐步推进。截至2014年年底，全国随迁子女在公办学校就学比例保持在80%。农民工社会保障水平继续提高。2014年，参加"五险一金"的农民工比例不断提高，农民工"五险一金"的参保率分别为：工伤保险26.2%、医疗保险17.6%、养老保险16.7%、失业保险10.5%、生育保险7.8%、住房公积金5.5%，比上年分别提高1.2、0.5、0.5、0.7、0.6和0.5个百分点。

34. 农业法制建设。2014年，对植物新品种保护条例和兽药管理条例的相关条款进行了修订，启动了渔业法、畜禽屠宰条例等法律法规的制修订工作。农业部制定出台了饲料质量安全管理规范、进口饲料和饲料添加剂管理办法、渔业船员管理办法3件部门规章。加大农业执法和服务力度，各级农业综合执法机构全年共查办各类违法案件4.87万件，移送司法机关336件；调处涉农纠纷1.3万起，为农民挽回经济损失15.7亿元。依法妥善化解涉农行政纠纷。2014年，农业部共办理行政复议案件35件。

2014年农业发展与国民经济

35. 农业对国民经济的贡献。2014年，我国实现农业增加值58 332亿元，增长4.1%，增速略有上升；农业增加值占国内生产总值的比重为9.2%，比上年下降0.2个百分点，农业增长对国民经济增长的贡献率为6.2%，比上年下降2个百分点。农产品进出口贸易总额占全国进出口贸易总额的4.5%，与上年持平。其中，出口占3.1%，与上年持平；进口占6.2%，上升0.1个百分点。

36. 农业与国民收入分配。2014年，全国农民可支配收入总量为64 890.6亿元，占当年国内生产总值的比重为10.2%，比上年提高0.4个百分点。全国城镇居民可支配收入总量达到216 087.0亿元，占国内生产总值的比重为34%，比上年下降0.6个百分点。全社会固定资产投资中，农、林、牧、渔业投资额为14 697.0亿元，比上年增长31.3%，占全国固定资产投资的比重为2.9%。

37. 工农业发展比例关系。2014年，全国工业增加值227 991亿元，比上年增长7.0%，增速下降0.6个百分点；农业增加值增长4.1%，增速提高0.1个百分点。但经济增长速度下滑、宏观经济出现波动将不利于工农业发展形成良性互动的关系，也更凸显农业在国民经济中的基础性地位。

38. 城乡居民收入差异。2014年，全国农村居民人均可支配收入比上年实际增长9.2%；城镇居民人均可支配收入比上年实际增长6.8%。农村居民收入增速快于城镇居民收入增速2.4个百分点。城乡居民人均可支配收入比为2.75∶1，比上年缩小0.06。但城乡居民收入不平衡的问题依然突出，主要表现在城乡居民收入的绝对差距继续扩大，由上年的17 037元继续扩大到18 355元。

39. 城乡居民消费差异。2014年，城镇居民人均消费支出19 968元，实际增长5.8%；农村居民人均消费支出8 383元，实际增长10.0%。城乡居民消费水平的相对差距进一步缩小，城乡居民人均消费支出比由上年的2.47∶1下降到2.38∶1；城乡居民消费水平的绝对差距继续扩大，城镇居民人均消费支出比农村居民多11 586元，与上年相比扩大583元。

40. 区域经济发展差异。2014年，东、中、西部和东北地区占全国国内生产总值的比重分别为51.2%、20.3%、20.2%和8.4%，与上年相比，中部地区上升了0.1个百分点，西部地区上升了0.2个百分点，东北地区下降了0.2个百分点。东部、中部、西部和东北地区实现的国内生产总值之比为6.09∶2.41∶2.4∶1，与上年的5.92∶2.34∶2.31∶1相比，东部地区与其他三个地区差距有所扩大。东、中、西部和东北地区的农民人均纯收入之比为1.22∶0.93∶0.77∶1，与上年的1.22∶0.85∶0.69∶1相比，中、西部地区农民收入与东部地区和东北地区的差异均有所缩小。

2014年农业发展趋势

41. 发展目标和任务。中央农村工作会议提出，按照稳粮增收、提质增效、创新驱动的总要求，继续全面深化农村改革，全面推进农村法治建设，推动新型工业化、信息化、城镇化和农业现代化同步发展，努力在提高粮食生产能力上挖掘新潜力，在优化农业结构上开辟新途径，在转变农业发展方式上寻求新突破，在促进农民增收上获得新成效，在建设新农村上迈出新步伐，为经济社会持续健康发展提供有力支撑。按照中央部署，农业部提出2015年要坚持以稳粮增收调结构、提质增效转方式为主线，深化农村改革，加强法治保障，推进科技创新，发展现代农业，千方百计使粮食产量稳定在11 000亿斤①以上、农民收入增幅保持在7%以上，努力确保不发生重大农产品质量安全事件和区域性重大动物疫情，持续提高农业科技进步贡献率和农业资源利用率，巩固发展农业农村经济好形势，为经济社会发展大局提供有力支撑。重点做好六方面工作：一是毫不放松抓好粮食生产，稳步推进农业结构调整；二是提高农产品质量安全和农业科技运用水平，加快转变农业发展方式；三是加强农业综合生产能力建设和资源环境保护，推进农业可持续发展；四是大力拓宽农民增收渠道，促进农民收入持续较快增长；五是完善强农惠农政策，加强农业法治建设；六是扎实推进农村改革，激发农业农村发展活力。

42. 农业发展面临的条件。2015年，国家将坚持把农业农村作为各级财政支出的优先保障领域，加快建立投入稳定增长机制，持续增加财政农业农村支出。国家将保持农业补贴政策连续性和稳定性，继续实施种粮农民直接补贴、良种补贴、农机具购置补贴、农资综合补贴等政策。开展改革试点，提高补贴的导向性和效能。实施粮油生产大县、粮食作物制种大县、生猪调出大县、牛羊养殖大县财政奖励补助政策。继续执行稻谷、小麦最低收购价政策，完善重要农产品临时收储政策。全面开展永久基本农田划定工作，统筹实施全国高标准农田建设总体规划，实施耕地质量保护与提升行动。加快建设一批重大引调水工程、重点水源工程、江河湖泊治理骨干工程。深入推进粮食高产创建和绿色增产模式攻关。继续实施农产品产地初加工补助政策，发展农产品精深加工。继续开展园艺作物标准园创建，实施园艺产品提质增效工程。加大标准化规模养殖场（小区）建设支持力度，实施畜禽良种工程。加强农业面源污染治理。继续实行草原生态保护补助奖励政策，开展西北旱区农牧业可持续发展、农牧交错带已垦草原治理、东北黑土地保护试点。全面实施区域规模化高效节水灌溉行动，扩大重金属污染耕地修复、地下水超采区综合治理、退耕还湿试点范围。实施新一轮退耕还林还草工程，实施湿地生态效益补偿、湿地保护奖励试点和沙化土地封禁保护区补贴政策，加快实施退牧还草等工程。推进农

①1斤＝500克。

村一、二、三产业融合发展，大力发展特色种养业、农产品加工业、农村服务业。加快户籍制度改革，分类推进农业转移人口在城镇落户并享有与当地居民同等待遇。加大投入和工作力度，开展扶贫开发攻坚，推进精准扶贫。进一步加强农村饮水、电网等基础设施建设，改善农村义务教育条件，建立新型农村合作医疗可持续筹资机制，完善农村低保等社会保障体系，推进城乡基本公共服务均等化。通过扩大整省推进土地承包经营权确权登记颁证试点范围，审慎稳妥推进农村土地制度改革，开展赋予农民对集体资产股份权能改革试点，推进农村集体产权制度改革，分类实施农村土地征收、集体经营性建设用地入市、宅基地制度改革试点，深化农村金融体制改革等，全面深化农村改革，激发农村发展活力。完善相关法律法规，加强农村法治建设，同步推进城乡法治建设。

2015年，农业农村发展面临许多深层次的矛盾和挑战，经济发展进入新常态，产品结构性短缺和过剩并存、高库存高进口同在，农业生产成本“地板”与国际农产品价格“天花板”双重挤压，资源与生态环境硬约束越来越凸显，农业生产经营方式加快转变，城乡要素交换依然不平等，城乡公共服务仍旧不均衡等，城乡经济社会矛盾仍然十分突出，使我国保持农业农村持续稳定发展的任务十分艰巨。

43. 农业发展趋势判断。据国家统计局对全国11万多农户种植意向调查，全国稻谷意向种植面积增长0.2%，小麦增长0.7%，玉米增长1.9%。棉花、糖料面积继续调减，油料种植面积基本稳定。畜牧业和渔业平稳发展。主要农产品连年丰收，总体供给充足、库存高企、需求受限，总体价格面临下行压力。农产品对外依存度依然较高，进出口规模持续扩大。农村居民收入有望继续增长，但增速回落，城乡居民收入相对差距有望继续缩小，但绝对差距依然很大。

目 录

2014年农业发展与国民经济 … 133

2015年农业发展趋势 …………… 145

正文附图

正文专栏

附表

2014年

农业发展状况

2014年农业发展状况

 总体状况

2014年，面对复杂严峻的国内外经济形势，党中央、国务院坚持农业基础地位不动摇，强化农业支持保护制度，增加“三农”支出，加快推进农业现代化。各级农业部门认真贯彻落实中央决策部署，奋发有为，扎实工作，农业农村经济在高起点上实现稳中有进、稳中提质、稳中增效，为新常态下“稳增长、调结构、促改革、惠民生”做出了突出贡献，为稳定经济社会发展大局提供了有力支撑。

（一）粮食生产再创历史新高 2014年，粮食总产达60 710万吨，比上年增加515万吨，实现创历史的“十一连增”。全年粮食面积112 733.33千公顷，增加782.67千公顷（图1）。全年粮食亩产359.0千克，增加0.6千克。

（二）主要农产品生产平稳发展 2014年，棉花产量616万吨，减产2.2%；油料产量3 517万吨，与上年持平；糖料产量13 403万吨，减产2.5%；蔬菜产量7.5亿吨，增加约1 900万吨；水果产量1.61亿吨，增产350万吨；茶叶季季增产增收，产量增长6.7%。全年肉类、禽蛋、奶类总产量分别为8 707万吨、2 894万吨、3 841万吨，分别比上年增长2.0%、0.6%和5.3%。水产品产量6 461.52万吨，增长4.7%。

（三）农垦经济保持较快发展 2014年，农垦实现生产总值6 420.37亿元，比上年增长9.5%。其中，第一产业增长5.6%；第二产业增长12.1%；第三产业增长11.4%。一、二、三产业增加值占农垦生产总值的比重分别为27.2%、44.6%和28.2%。农垦企业实现利润199.09亿元，增长6.4%，创历史新高。上交税金380.04亿元，增长0.5%。农垦人均纯收入达到13 495元，实际增长7.6%。粮食生产实现“十一连增”，总产量达到3 538.07万吨，增长3.5%；可供商品粮3 233.30万吨，商品率为91.4%。

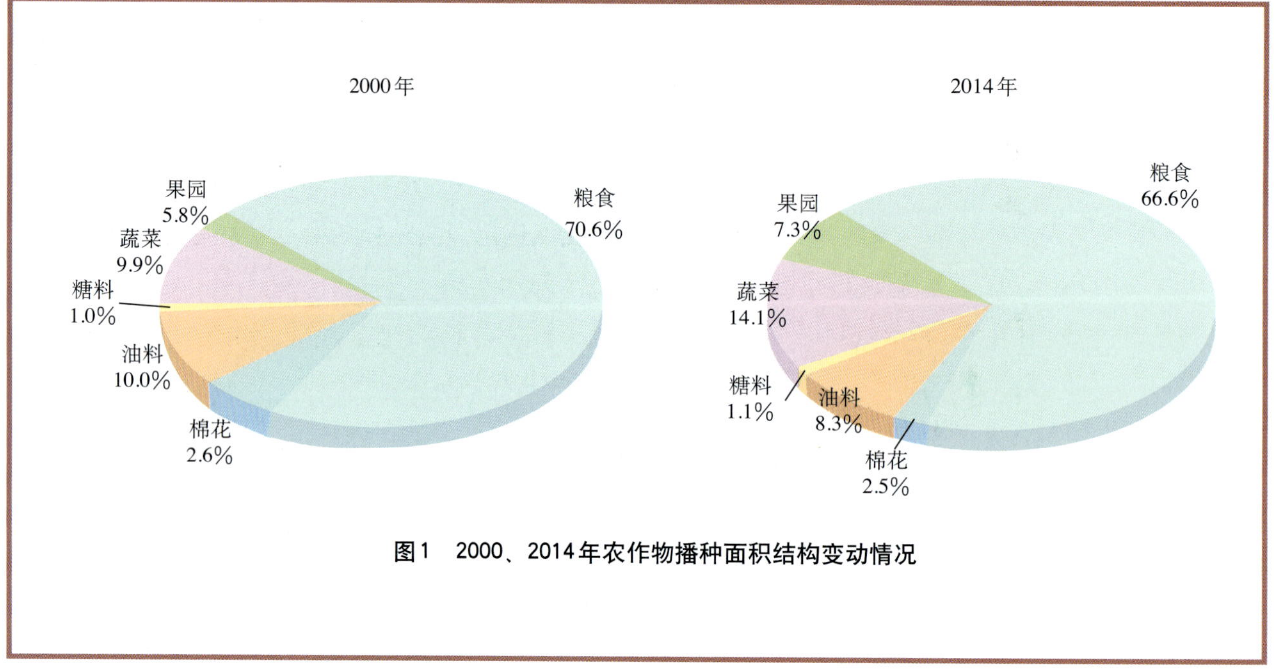

图1　2000、2014年农作物播种面积结构变动情况

（四）农业生产条件继续改善　2014年，全国农业机械总动力达10.81亿千瓦，增长4.0%。农机装备结构进一步优化。大中型拖拉机和配套农具保有量分别达567.95万台、889.64万部，同比分别增长7.8%、7.6%；水稻插秧机、联合收获机分别达67万台、158.42万台，同比分别增长10.8%、11.5%，玉米收割机达到36.04万台，同比增长25.7%，连续6年增幅超过20%。粮食生产机械化水平不断提高，玉米机收等重点薄弱环节机械化加快推进。农机社会化服务加快发展，服务能力持续增强。全国草原综合植被盖度达53.6%，天然草原鲜草总产量102 219.98万吨，折合干草约31 502.2万吨，载畜能力约为24 761.18万羊单位。完成种草改良1 929.8万公顷，建设草原围栏470.1万公顷，累计落实草原承包2.85亿公顷，草原禁牧面积1.04亿公顷，草畜平衡面积1.73亿公顷。

中央农业部门共安排基本建设和财政专项支农资金1 705.26亿元。其中，基本建设投资289.35亿元，重点支持农业综合生产能力建设、农业科技创新能力建设、农业公共服务能力条件建设、农业资源和环境保护与利用条件建设、民生基础设施五个方面的建设；财政专项资金1 415.91亿元，其中转移支付项目重点支持生产补贴、科技服务、防灾减灾和生态资源保护四个领域的项目。

（五）农产品市场繁荣稳定　截至2014年年底，全国农产品批发市场4 469家。2014年，我国农产品进出口贸易总额1 945.0亿美元，增长4.2%。其中，出口额719.6亿美元、增长6.1%；进口额1 225.4亿美元，增长3.1%；农产品贸易逆差505.8亿美元，下降0.9%。农产品价格基本平稳。2014年，全国农产品生产者价格总水平比上年下降0.2%。其中，种植业产品上涨1.8%，林业产品下降0.6%，饲养动物及其产品下降2.9%，渔业产品上涨3.1%。农村居民消费价格比上年上涨1.8%，比全国平均消费价格涨幅低0.2个百分点。农村商品零售价格比上年增长1.0%。实现乡村社会消费品零售总额36 947.9亿元，比上年增长15.6%。

（六）农产品加工和农业产业化经营持续健康发展 2014年，全国规模以上农产品加工业增加值同比实际增长7.9%；实现主营业务收入184 754.9亿元，增长8.2%。实现利润总额12 244.8亿元，增长2.2%；完成出口交货值11 392.0亿元，增长4.5%。转型升级步伐进一步加快，固定资产投资保持平稳增长。农业产业化实现持续健康发展，为推进农业转型升级、促进农村一、二、三产业融合互动和农民增收致富发挥了重要作用。到2014年年底，全国各类农业产业化组织达到35.42万个，增长6.0%。辐射带动农户1.24亿户，农户参与农业产业化经营年户均增收3 234元，分别增长2.0%和4.4%。各类农业产业化组织从业人员达到5 424.15万人，同比增长2.1%。龙头企业销售收入达到8.64万亿元，增长9.9%。年销售收入超过1亿元的龙头企业近2万家，超过100亿元的龙头企业达到70家。

（七）农产品质量安全保持较高水平 2014年，农产品质量安全形势总体平稳向好，在范围扩大、参数增加的情况下，蔬菜、畜禽和水产品例行监测合格率分别达到96.3%、99.2%和93.6%，全年未发生重大农产品质量安全事件。专项整治进一步深入，风险监测评估逐步加强，农业标准化继续推进，监管体系建设不断强化。

（八）农民收入保持较快增长，生活水平进一步提高 2014年，全国农村常住居民人均可支配收入10 489元，同比增长11.2%，剔除价格因素影响，实际增长9.2%。其中，工资性收入4 152元，增长13.7%；经营净收入4 237元，增长7.7%；财产净收入222元，增长14.1%；转移净收入1 877元，增长13.9%。农村居民人均纯收入9 892元。

全国农村居民人均消费支出8 383元，比上年增加897元，增长12.0%，剔除价格因素影响，实际增长10.0%。

全国农村贫困人口从8 249万人减少到7 017万人，减少1 232万人，减幅14.9%。全国农村贫困发生率由8.5%减少到7.2%，下降1.3个百分点。扶贫工作重点县农民人均纯收入6 088元，比上年增长13%，增幅比全国农民平均水平高出1.8个百分点。

专栏1

特色农产品区域布局规划（2013—2020年）

随着工业化、城镇化和农业现代化快速推进，特色农产品新品种、新产品、新品牌大量涌现，生产的专业化、规模化、标准化、市场化水平越来越高，特色农产品品种品质、技术条件、空间布局、市场竞争力均发生较大变化，为进一步充实调整特色农产品品种范围和优势区布局、完善相关扶持政策、推进产业化进程、切实增加农民收入和推动现代农业发展，农业部编制了《特色农产品区域布局规划（2013—2020年）》（以下简称《规划》）。

《规划》共分六大部分，包括：《特色农产品区域布局规划（2006—2015年）》实施的基本情况、深入推进特色农产品区域布局的战略意义、特色农产品发展的总体思路、10类特色农产品区域布局、特色农产品发展的建设重点以及促进特色农产品区域布局的保障措施。

《规划》秉持资源依托、市场导向、产业开发、规模适度、科技支撑和生态文明的原则，在规划期内根据品质特色、规模优势、市场前景，选择一批特色农产品进行重点培育，根据生产条件、产业基础、区域分工，选择一批特色农产品优势产区进行重点扶持。计划在规划期内重点发展10类144种特色农产品，具体包括特色蔬菜、特色果品、特色粮油、特色饮料、特色花卉、特色纤维、道地中药材、特色草食畜、特色猪禽蜂、特色水产，培育一批知名的特色农产品优势产区并细化到县。提高特色农产品的市场竞争力，培植区域特色支柱产业。

《规划》明确了特色农产品发展的建设重点。一是特色农产品品种选育，包括特色农产品品种保护、创新和良种繁育；二是特色农产品生产，包括特色农产品生产示范区建设、草地生态畜牧业生产基地建设；三是特色农产品标准化，包括特色农产品标准制定与完善、特色农产品品质监控；四是特色农产品技术创新与推广，包括特色农产品生产技术研发、特色农产品加工和储藏技术研发、特色农产品生产技术培训；五是特色农产品加工，包括特色农产品传统加工、特色农产品精深加工；六是特色农产品营销，包括建设特色农产品专业市场、建设特色农产品市场信息平台、推进特色农产品精品建设、培育知名特色品牌。

《规划》的公布实施，对全面优化农业生产力空间布局、形成农民收入新增长点、满足市场多样化需求、提高农业产业市场竞争力、保护生物多样性，具有重要的战略意义。下一步，农业部将按照《规划》的要求，加强对特色农产品发展的指导，同时积极引导各方面资金，加大对各地特色农产品发展的投入力度，进一步推进区域特色农产品发展。

种植业

2014年，面对粮食“十连增”的高起点和部分地区伏秋旱严重、病虫害多发、市场环境多变等严峻考验，农业部门认真贯彻落实中央的部署和要求，紧紧围绕“千方百计使粮食产量稳定在11 000亿斤以上、农民收入增幅保持在7.5%以上，努力确保不发生重大农产品质量安全事件和区域性重大动物疫情，持续提高农业科技进步贡献率和农业资源利用率”，牢牢把握“稳中求进、改革创新”的工作总基调，科学谋划、迎难而上，全力促进种植业生产继续保持良好发展势头。

（一）粮食生产实现“十一连增” 2014年，粮食总产达60 710万吨，比上年增加515万吨，实现创历史的“十一连增”（图2）。全年粮食面积112 733.33千公顷，增加782.67千公顷。全年粮食亩产359.0千克，增加0.6千克。2014年口粮品种增加较多，稻谷、小麦增产705万吨，保障了口粮绝对安全。同时，品质普遍提升，入库的夏收小麦90%以上为一、二等麦，水稻品质也好，实现了增产增收。

（二）棉油糖等经济作物稳定发展 2014

年，棉花生产受比较效益低的影响，长江流域和黄河流域棉区面积大幅调减，生产进一步向新疆棉区集中。全年棉花面积4 240千公顷，比上年减少130千公顷；总产量616万吨，减产2.2%（图3）。油料生产基本稳定，全年面积14 080千公顷，增加60千公顷；总产量3 517万吨，与上年持平（图4）。糖料生产呈下滑态势，全年面积1 910千公顷，减少90千公顷；总产量13 403万吨，减产2.5%（图5）。

（三）菜果茶等园艺作物产量增加 蔬菜旺季有余、淡季不淡。据农业部农情调度，蔬菜产量7.5亿吨，比上年增加约1 900万吨。水

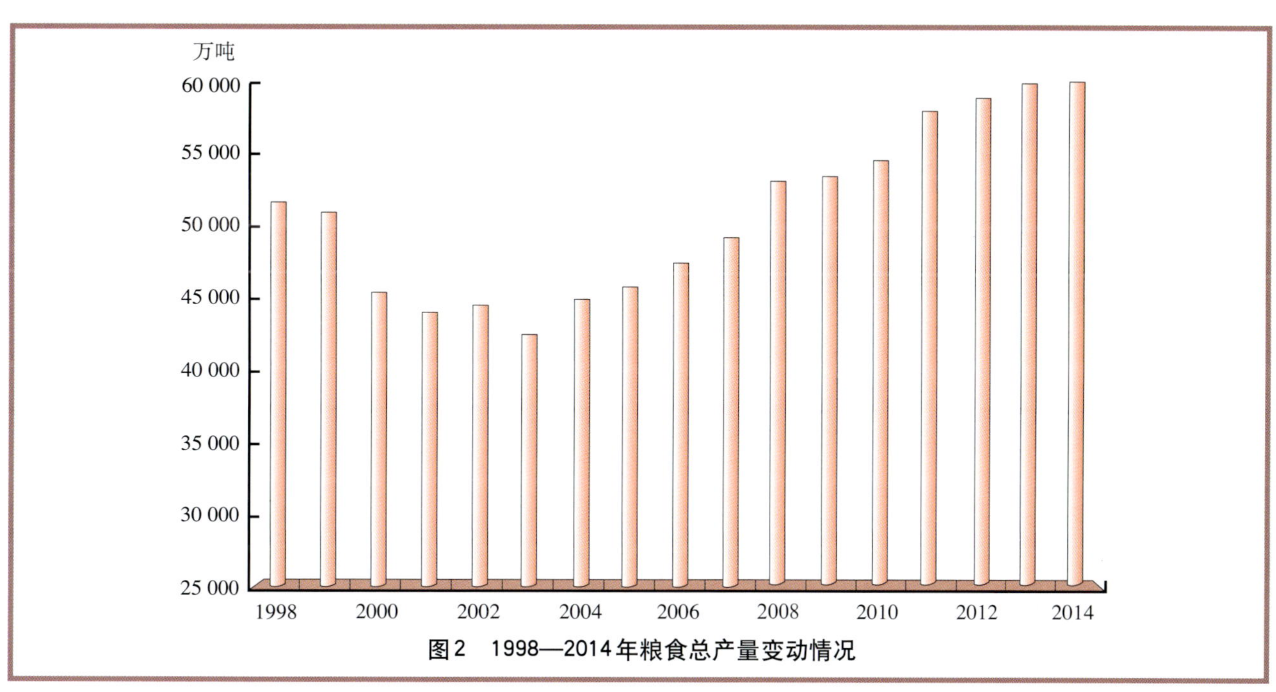

图2 1998—2014年粮食总产量变动情况

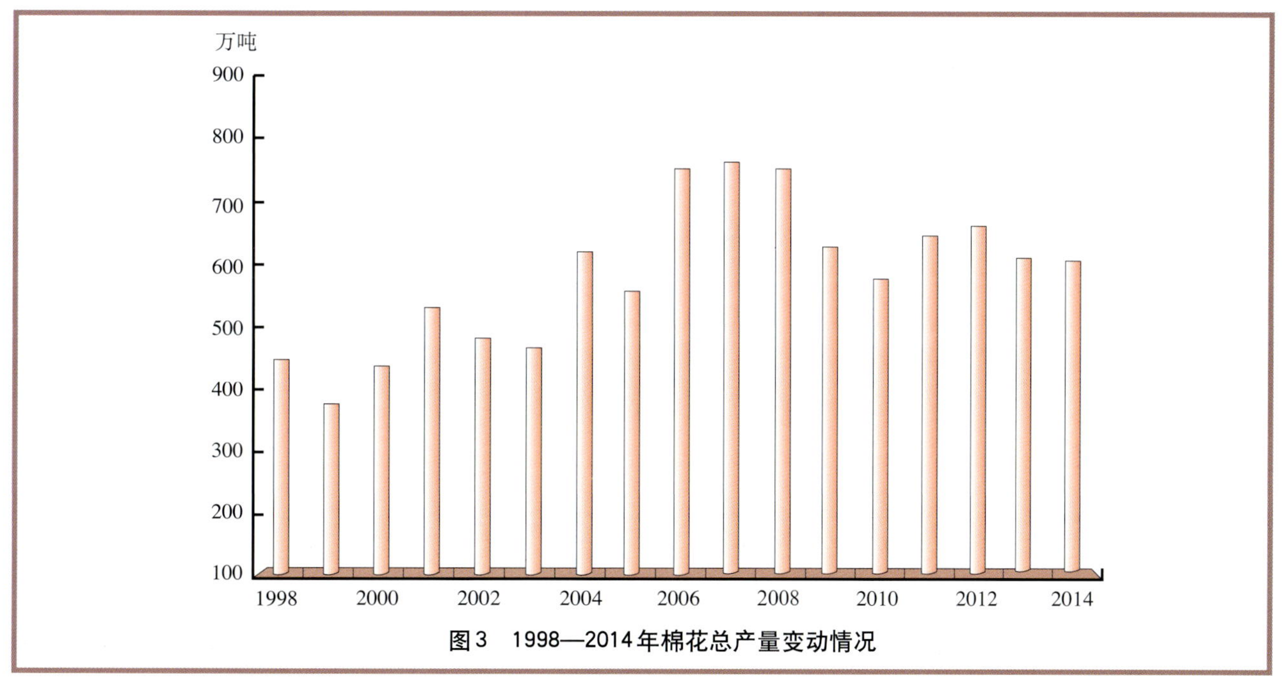

图3 1998—2014年棉花总产量变动情况

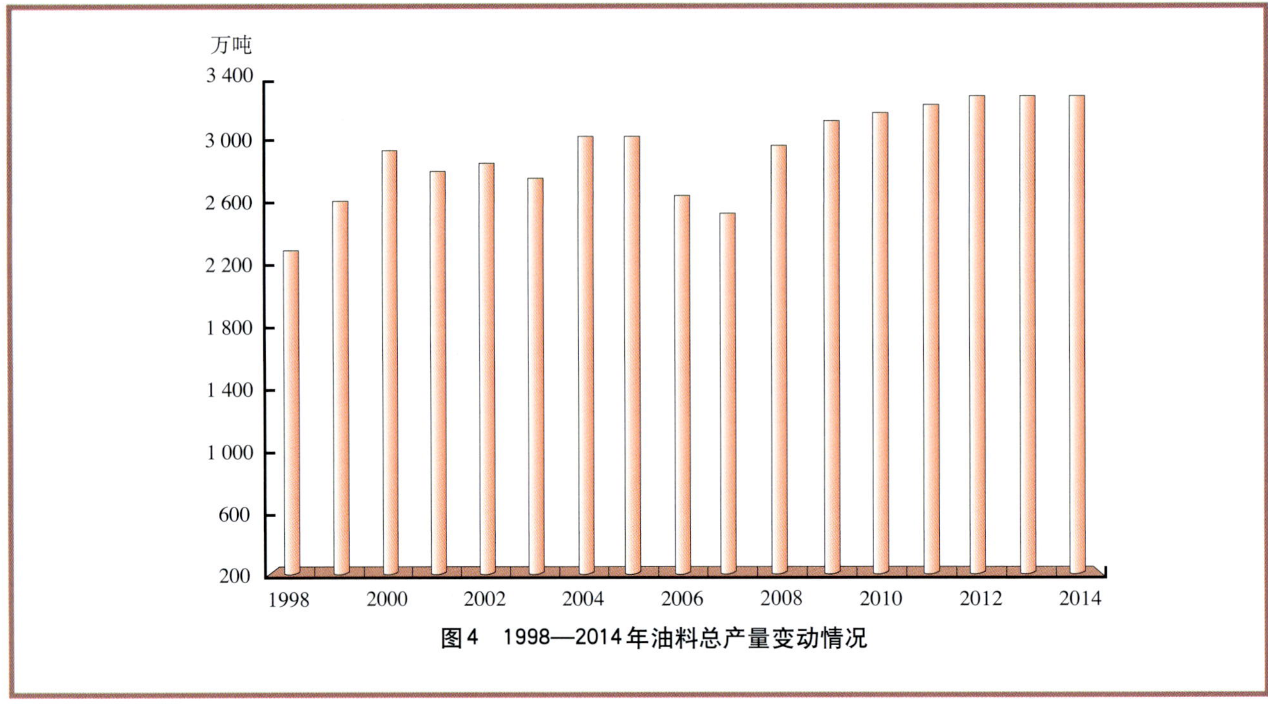

图4　1998—2014年油料总产量变动情况

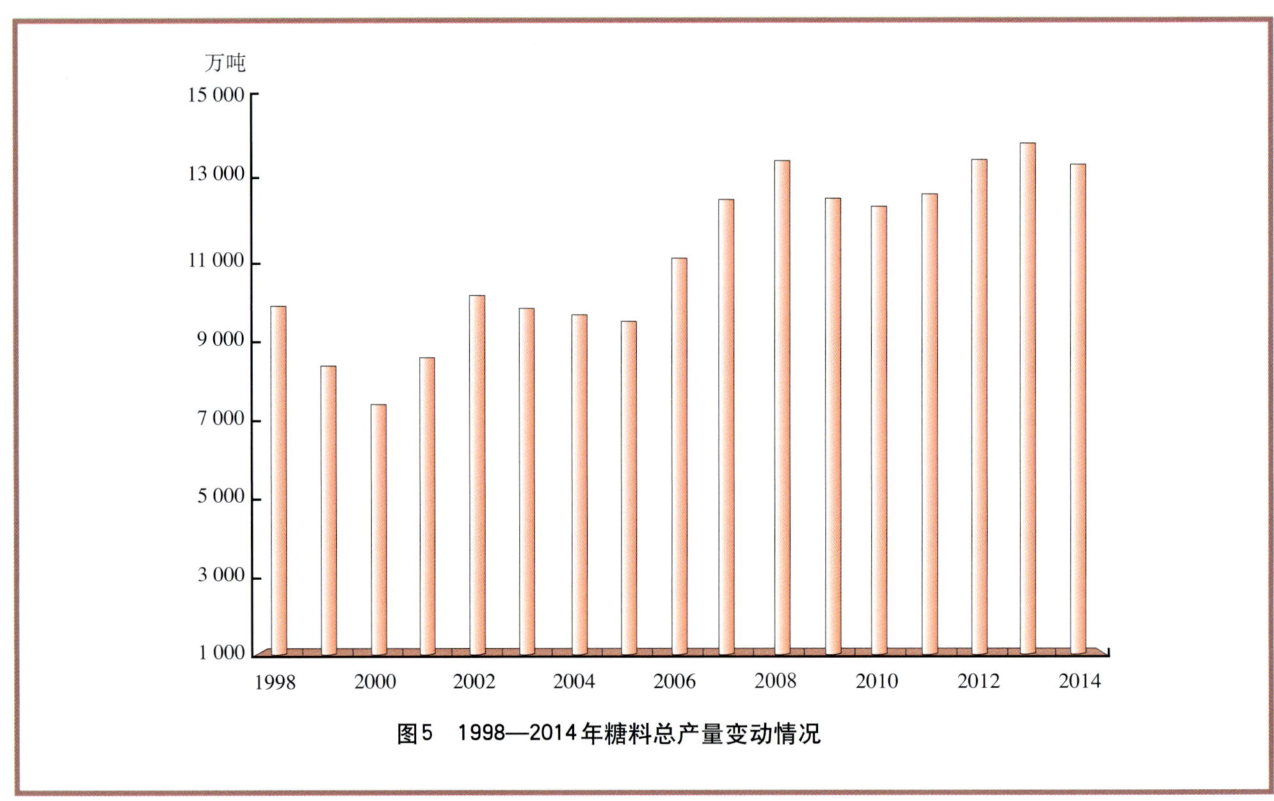

图5　1998—2014年糖料总产量变动情况

果产量1.61亿吨，增产350万吨，花色品种丰富，实现增产增收（图6）。茶叶季季增产增收，全年产量增长6.7%。园艺作物品种改良、品质提升、品牌创建“三品”提升行动大力推进，制定了《国家果（茶）树良种繁育基地建设方案（2014—2020）》，加快“三圃”（原种圃、采

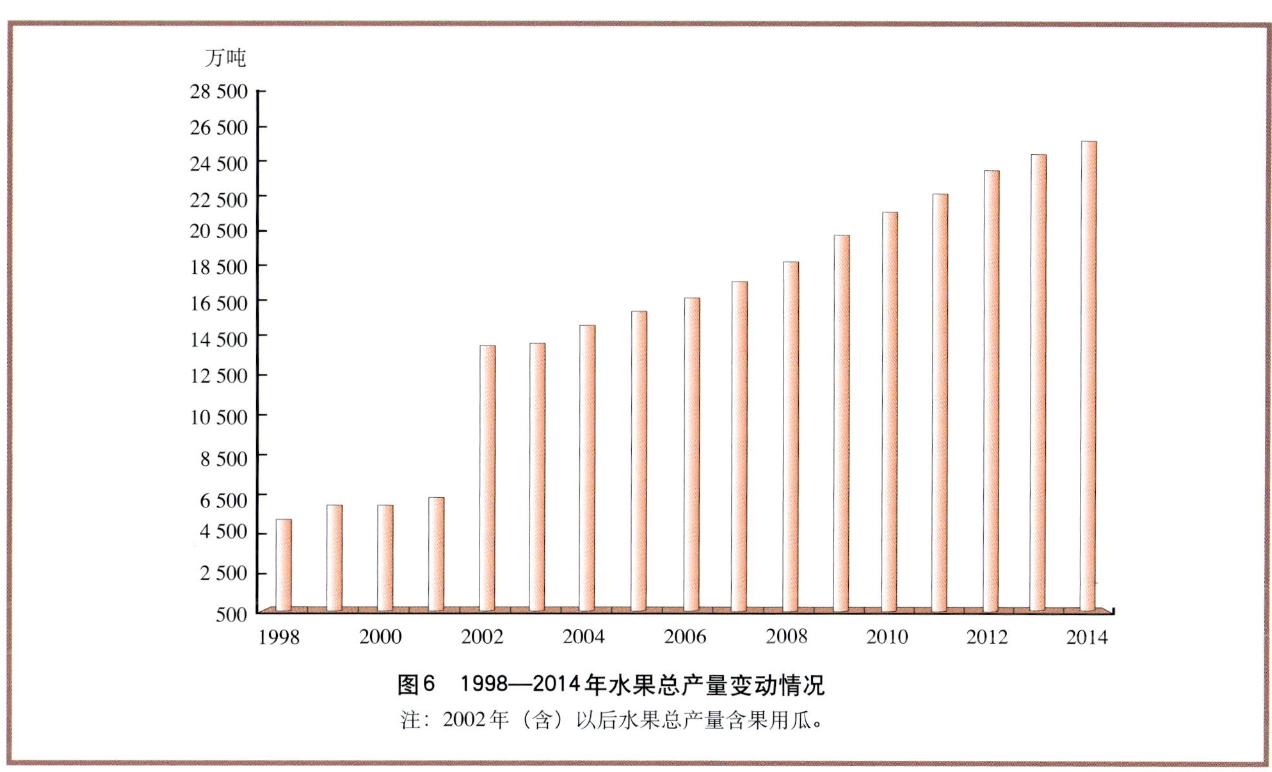

图6 1998—2014年水果总产量变动情况

注：2002年（含）以后水果总产量含果用瓜。

穗圃、无病毒苗繁育圃)、“三园”(砧木园、试验园、展示园）苗木基地建设，举办品牌推介活动，园艺作物提质增效取得新进展。

（四）农业转方式有序推进 组织开展粮食高产创建和绿色增产模式攻关，依靠科技引领绿色增产，促进可持续发展。2014年，全国11 161个粮食万亩高产创建示范片平均亩产630千克，比全国平均单产高70%以上；山东、河南、安徽三省同时创造亩产超800千克的高产典型，58个区域性、标准化的高产高效技术模式在62个试点县落实，进一步扩大辐射带动范围，为增强粮食发展后劲打下了坚实基础。

专栏2

大规模开展高产创建和增产模式攻关

2014年，中央财政安排20亿元资金，在全国建设11 876个粮棉油糖高产创建万亩示范片，并选择60个县开展增产模式攻关试点。通过集中力量、集聚资源，突破关键技术瓶颈，集成推广区域性、标准化高产高效技术模式，有效应对了局部地区严重自然灾害、多发的生物灾害、多变的市场环境等严峻考验，示范带动粮食大面积均衡增产。

（一）取得的成效

1. 由点到片扩展，典型引领创高产。各地以高产创建为平台，集成推广高产优质品种和配套栽培技术，率先在万亩示范片示范推广，将专家的试验田产量转化为农民的大田产量，涌现出一批万亩规模、集中连片的高产典型。据各地测产验收，2 198个小麦万亩示范片平均亩产538.9千克，亩产超600千克的831个。3 619个玉米万亩示范片平均亩产693.5千克，亩产超800千克的870个。2 637个单季稻万亩示范片平均亩产653.3千克，亩产超700千克的860个。1 286个双季稻万亩示范片两季平均亩产1 040.7千克。418个油菜万亩示范片平均亩产183.3千克，亩产超200千克的151个。

2. 由片到面延伸，整建制创建促均衡。在万亩高产创建的基础上，各地深化创建内涵、扩大创建规模、促进均衡增产。继续在500个乡（镇）、50个县（市）、5个市（地）开展粮油整建制推进试点，建设了一批几万亩、十几万亩、几十万亩的大方，打造了一批吨半粮乡、吨粮县、吨粮市。山东省德州市整市推进高产创建，实行市县乡“三级联创”，辐射带动全市小麦、玉米两季累计亩产达到1 138千克，连续6年过吨粮，其中513.33千公顷小麦平均亩产542千克，高于全国平均水平50%。河北省邯郸市200个小麦万亩示范片平均亩产596千克，带动全市38.2万公顷小麦平均亩产提高22.9千克。黑龙江农垦友谊农场开展整县（场）创建试点，建设25个万亩示范片，示范带动全场平均亩产比上年提高20千克，增产粮食3 100万千克，增加效益6 000多万元。

3. 边试验边完善，模式攻关提层次。在抓好高产创建的同时，农业部组织开展粮食增产模式攻关，统筹考虑不同区域作物布局、茬口安排、光温水等资源条件，选择62个基础条件好、增产潜力大的县，重点推广58个区域性、标准化的高产高效技术模式，打造了一批增产增效试验区。针对粮食生产中存在的突出问题，优化配置生产要素、项目资金和科技资源，实行农科教、产学研大联合、大协作，集中力量开展技术瓶颈攻关和集成技术攻关，进一步挖掘粮食增产潜力。水稻在麻地膜育秧、降解膜育秧、钵苗机插等方面取得重大突破，玉米在增密抗倒防衰高产技术攻关上取得重大进展。通过试验试点，探索形成了一批科学实用、可复制、能推广的高产高效技术模式。

（二）主要做法和经验

各地以开展粮食高产创建及增产模式攻关为引领，加强组织领导，强化指导服务，推进措施落实，全面提升创建层次和水平。

1. 明确目标任务，责任更具体。农业部制定高产创建和增产模式攻关推进实施方案，明确了高产创建“6、7、8、9”（小麦亩产600千克、单季稻700千克、玉米800千克、双季稻900千克）的创建目标，分解了四大区域、五大作物、八个方面的攻关任务，细化牵头省份、参与省份、试点县市、攻关专家的责任分工，做到任务到县、责任到人，为有力有序推进高产创建和增产模式攻关提供了组织保证。

2. 整合项目资源，支持更有力。各地以高产创建和增产模式攻关为平台，整合项目、集聚资源、加大投入，提高资金效益，确保实施效果。江苏省财政专项安排2.3亿元，将高产创建万亩片补助标准由16万元提高到40万元。山东省财政安排1.343亿元，实行高产创建大方田以奖代补。黑龙江省结合现代农业改革试验区建设，将高产创建万亩片补助标准提高到30万元。陕西省财政安排5 000万元，专项支持粮食增产模式攻关。

3. 加强协作配合，力量更聚焦。农业部成立由副部长任组长的协调指导组，各地也成立相应的协调指导机构，加强协调，统筹推进。召开全国粮食高产创建及增产模式攻关推进落实会，并组织牵头省份召开7个区域协调会，对重点工作进行分区部署、分区推进。山东省政府印发《关于大力推进粮食高产创建的意见》，规划到2017年建设1 520千公顷高标准粮食高产创建田，辐射带动全省小麦、玉米两季亩产达到1 100千克。四川省成立以副省长任组长的领导小组，定期召集相关部门研究协调有关事项，把高产创建和模式攻关由部门工作上升为政府行为。

4．创新推广机制，服务更到位。分区域、分作物举办5期高产高效技术培训班，结合农村实用人才培训，开展30期种粮大户培训，每期培训大户100名。各地以技术集成推广为切入点，组织专家和农技人员开展巡回和驻点指导，培训农民骨干，培育新型经营主体，推进社会化服务。黑龙江农垦采取“冬训与夏训、室内与田间、阶段与全年、现场与媒体、定标与示范”五结合方式，逐级办好新技术培训班。吉林梨树县每个万亩示范片建立100个核心示范户，打通农业技术推广县、乡、村、户四级通道，解决“最后一公里”问题。河北省要求每个万亩示范片配套建立1个作业能力200公顷以上的植保专业化服务组织，实现病虫专业化统防统治全覆盖。

5．强化过程监管，实施更规范。建立高产创建及增产模式攻关司局级干部联系人制度，加强联系指导和跟踪调度，派出工作组和专家指导组对各地落实情况进行检查督导和测产验收。各省农业部门完善制度、严格监管、强化考核，确保项目有力有序推进。吉林省制定下发《粮油高产创建考核打分细则》，将全部工作细分为10大项32小项进行定量考核。湖南省制定高产创建效果评估办法，从组织领导、政策措施、示范效果、农民满意度等11个方面进行绩效考核，对排名前5位的单位增加下年度资金安排，对后3位的单位取消下年度项目资格。

6．强化宣传引导，氛围更浓厚。在春耕、“三夏”、秋收秋种等关键农时，组织中央和地方主流媒体对高产创建和增产模式攻关成效进行系列宣传。在《农民日报》设立“增产模式攻关进行时”专栏，6次专版宣传高产高效技术模式。编发《种植业快报》专刊25期，及时反映各地工作动态，总结好做法、好经验。一些地方通过举办粮王大赛、科技大集、知识竞赛等活动，宣传高产典型，普及先进技术，营造良好氛围。

（五）种植业产品质量安全水平总体平稳 2014年加强了农药质量监督抽查和农药安全风险管理，开展园艺作物标准园残留监测。推进小宗作物用药登记，推进《农药管理条例》修订进程。在河北、浙江、江西、山东、陕西5省31个县开展高毒农药定点经营试点，实行高毒农药专柜销售、实名购买、购销台账、溯源管理，规范了高毒农药销售渠道，减少了农民随意购买和违规使用。在全国13个省16个县开展低毒生物农药使用补贴示范，病虫害防治水平、农作物品质、农民收益和生态环境得到提高。果菜茶例行监测合格率都在95%以上，没有发生因农药、肥料引发的种植业产品质量安全事件。

（六）控水控肥等资源节约利用有新突破 强化科学施肥理念，深入实施测土配方施肥，继续开展200个企业“百县连百企”农企合作对接，推动各地与1 200家企业合作对接，推进配方肥进村到田。在黑龙江、吉林、甘肃、山东、河南5省开展玉米缓释肥试点。

2014年全国配方肥施用面积占主要粮食作物肥料施用总量的40%左右，有效提高了肥料利用效率。在西北、华北等10省（自治区）推广以地膜覆盖为重点的旱作农业示范。开展水肥一体化技术示范。开展河北省地下水超采综合治理试点，推广结构调整、节水技术应用。

（七）绿色防控取得新进展 2014年主要农作物重大病虫害统防统治率达到30%，比上年提高5个百分点。依托农民合作社、农业企业等新型经营主体，在园艺作物优势区和粮食作物主产区建立绿色防控技术示范区150个，比上年增加50个。制定发布了蔬菜、水果、茶叶、小麦、水稻、玉米、油菜、花生8种作物病虫害绿色防控技术模式84个。建立专业化统防统治与绿色防控融合推进示范区538个，示范面积613.33千公顷，辐射带动面积4 773.33千公顷，示范区化学农药使用量降低20%～30%。启动实施蜜蜂授粉与绿色防控增产技术集成应用示范，在北京、内蒙古、安徽等13个省(自治区、直辖市)建立了20个示范基地，效果显著。

（八）耕地质量不断提升 推动永久基本农田划定，与国土资源部联合下发《关于进一步做好永久基本农田划定的通知》，明确要求遵循耕地保护优先的原则，将城镇周边和交通沿线的现有优质耕地优先划为永久基本农田。整合资金，加大投入，改良土壤、培肥地力、保水保肥、控污修复，推动耕地质量提升。分区开展耕地质量评价，发布了全国耕地质量等级情况公报。开展湖南重金属污染耕地修复治理和农作物种植结构调整试点。

专栏3

全国耕地地力调查与质量评价工作完成

粮食安全的根本在耕地，加强耕地质量保护、开展耕地质量建设、进行耕地质量管理的前提是摸清耕地质量家底。为此，从2002年开始，农业部在全国范围内启动了耕地地力调查和质量评价工作。以《耕地地力调查与质量评价技术规程》(NY/T 1634—2008) 和《全国耕地类型区、耕地地力等级划分》(NY/T309—1996) 为依据，以耕地土壤图、土地利用现状图、行政区划图叠加形成的图斑为评价单元，从立地条件、耕层理化性状、土壤管理、障碍因素和土壤剖面性状等方面综合评价耕地地力水平。至2012年年底，已全面完成全国2 498个县（场）的县域耕地质量评价任务。共采集土壤样品370多万个，分析化验3 000多万项次，绘制各类专题图件2万余幅。各农业县（场）应用县域耕地资源管理信息系统实现了耕地质量数据的规范高效管理。在此基础上，还全面启动省级耕地地力汇总评价及华北小麦玉米轮作区、东北黑土区、长江中游水稻主产区耕地地力区域汇总评价工作。通过县域耕地地力评价，摸清了项目区耕地地力与土壤养分状况，查清了影响耕地生产的主要障碍因素，提出了有针对性的耕地土壤培肥与改良、科学施肥、种植业结构调整等对策建议，为指导当地农业生产、保障粮食安全和农产品有效供给发挥了重要作用。

2013—2014年，农业部组织力量对全国耕地地力调查与质量评价结果进行汇总分析，将各县（区、市、旗、团、场）耕地地力水平归入全国统一的耕地质量等级体系，划分出一至十等级耕地数量及分布，并于2014发布了《全国耕地质量等级情况公报》（以下简称《公报》），指导各地分类指导、分期推进，加强耕地质量建设。

根据《公报》，全国1.22亿公顷耕地（二调前国土数据）质量等级由高到低依次划分为一至十等。其中，评价为一至三等的耕地面积为3 320万公顷，占耕地总面积的27.3%。这部分耕地基础地力较高，基本不存在障碍因素，应按照用养结合方式开展农业生产，确保耕地质量稳中有升。评价为四至六等的耕地面积为5 453.33万公顷，占耕地总面积的44.8%。这部分耕地所处环境气候条件基本适宜，农田基础设施建设具备一定基础，障碍因素不明显，是今后粮食增产的重点区域和重要突破口。到2020年，按照耕地基础地力平均提高1个等级测算，可实现新增粮食综合生产能力800亿千克以上。评价为七至十等的耕地面积为3 400万公顷，占耕地总面积的27.9%。这部分耕地基础地力相对较差，生产障碍因素突出，短时间内较难得到根本改善，应持续开展农田基础设施和耕地内在质量建设。

畜牧业

2014年，面对畜产品消费不振、猪肉价格波动下降、生鲜乳价格大幅下跌、人感染H7N9冲击家禽业等重大挑战，畜牧业总体保持稳定发展。全国肉类总产量8 707万吨，禽蛋总产量2 894万吨，奶类总产量3 841万吨，同比分别增长2.0%、0.6%和5.3%（图7）。主要畜产品供应充足，质量安全继续保持较高水平。畜产品生产稳定增长，全年未发生重大畜产品质量安全事件，为“稳增长、调结构、促改革、惠民生”提供了有力支撑。

（一）生猪产能积极调整 2014年，生猪生产同比增长。全年生猪出栏7.35亿头，同比增长2.7%；猪肉产量5 671.4万吨，同比增长3.2%。由于猪肉消费持续低迷，生猪价格延续了2013年的下降趋势。2014年5—8月，生猪价格出现了小幅波动上涨，之后保持低位运行，全年猪粮比价持续低于6：1的盈亏平衡点，养殖户普遍亏损，全年平均出栏一头肥猪亏损100元，全年平均亏损面为61.1%。受此影响，生猪存栏及能繁母猪存栏适应性调整。年末生猪存栏4.66亿头，同比下降1.7%，能繁母猪存栏4 962.5万头，同比下降3.3%。

（二）家禽生产逐步恢复 人感染H7N9疫情冲击过后，消费者和生产者信心逐渐回升。2014年，禽肉产量1 750.7万吨，同比减少2.7%；禽蛋产量2 893.9万吨，增加0.6%。家禽生产恢复情况较好，价格行情随着消费信心的恢复有所回升。肉鸡产品价格从2014年3月开始至10月中旬一直恢复性上涨。鸡蛋价格在1—2月续下降，2月末开始触底回升，上涨态势维持至5月下旬，经过6月的小幅下降后，7—8月继续上扬，9月开始进入下行通道。2014年平均每只产蛋鸡盈利27元，是2012年以来的最好水平。家禽养殖效益向好，家禽存栏增加。2014年年末，家禽存栏57.8亿只，同比增加1.2%。

（三）奶牛养殖增产增效 2014年，奶

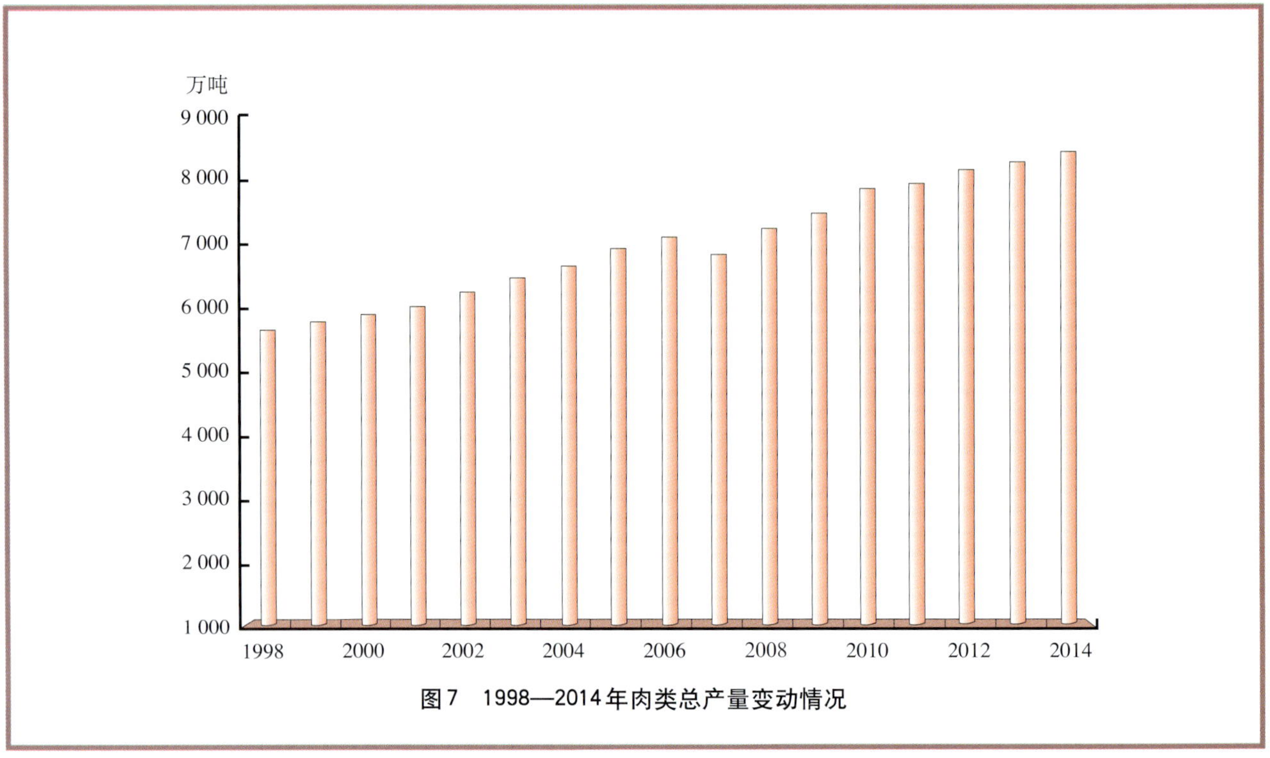

图7 1998—2014年肉类总产量变动情况

牛生产稳定增长，奶牛养殖效益提高。2014年年末，全国奶牛存栏1 499.1万头，同比增加4.0%；全年牛奶产量3 724.6万吨，增长5.5%。全国平均一头年产6吨的奶牛折合年收益为3 875元，比2013年增加1 510元。由于进口国外奶类产品增加、国内牛奶产量增长及奶类消费疲软等因素影响，2014年生鲜乳收购价格持续下降。从2月初的4.27元/千克降至年末3.75元/千克，降幅12.2%。受成本上升和奶价下降的双重挤压，散养户加快退出，养殖规模化进程加快。全年养牛户比重为12.6%，比2013年下降2.4个百分点；存栏100头以上的规模养殖水平从上年的41.1%提高到45.2%。

（四）牛羊肉产量平稳增长 2014年，牛羊肉生产保持平稳增长。全年牛肉产量689.2万吨，同比增长2.4%；羊肉产量428.2万吨，增长4.9%。年内牛羊肉价格先将后升，总体保持高位运行，肉牛养殖效益增加，肉羊养殖效益下降。全年牛肉平均价格为63.3元/千克，羊肉为65.4元/千克。平均出栏一头450千克肉牛纯收益约为1 887元，比2013年增加486元。出栏一只45千克绵羊平均纯收益约为263元，比2013年减少77元；出栏一只30千克山羊平均纯收益约为406元，比2013年减少35元。肉牛和肉羊存栏稳定增长，年末肉牛存栏7 040.9万头，同比增加3.0%；羊存栏30 314.9万只，增加4.4%。

（五）畜产品质量安全持续向好 2014年，饲料产品质量卫生指标监测合格率96.2%，畜产品“瘦肉精”例行监测合格率99.8%，生鲜乳三聚氰胺检测合格率连续5年保持100%，全年未发生重大质量安全事件。

（六）草原生态在干旱年份保持稳定 2014年全国草原植被长势总体较好，在牧区遭遇严重夏伏旱的情况下仍然保持在较高水平。全国天然草原鲜草总产量10.2亿吨，比上年减少3.8%；草原综合植被盖度53.6%，比上年降低0.6个百分点。

（七）畜牧业生产扶持政策力度不减 2014年，通过以奖代补的形式，补贴9亿元扶持生猪、蛋鸡、肉鸡、肉牛和肉羊的标准化规模养殖。在扶持政策的引导带动下，畜禽养殖的规模化水平显著提高。据统计，生猪年出栏500只以上、蛋鸡存栏10 000只以上、肉鸡年出栏50 000只以上、肉牛出栏50头以上、羊年出栏100只以上的规模养殖水平分别达到41.8%、35.8%、44.7%、27.6%、34.3%，比上年分别提高了1、1.1、2.4、0.3、3.2个百分点。2014年生猪良种补贴项目资金6.6亿元，用于提高良种使用水平，推广人工授精技术。同时，对生猪调出大县进行奖励，全年奖励资金35亿元，奖励生猪调出大县560个，有效调动了地方政府发展生猪生产的积极性。

兽医事业

（一）有序推进重大动物疫病防控工作，成功应对多起突发事件，未发生区域性重大动物疫情 农业部和各地畜牧兽医部门抓住关键节点和重点环节，突出抓好免疫、监测、应急处置等关键措施落实，扎实推进各项防控工作。全面部署检查春季、秋冬季重大动物疫病防控工作。及时制定下发国家动物疫病监测与流行病学调查计划，按照中长期规划，对全年监测与流行病学调查工作做出安排。继续抓好禽流感、口蹄疫监测工作，对检出的病原学阳性畜禽均按规定进行处置。抓好应急预备队建设，充实应急物资储备，加强应急培训和演练。及时有效处置突发疫情。加强部门协作，围绕布病、血吸虫病和包虫病等优先防治的主要人畜共患病开展工作。进一步做好重点防范外来病工作，加大边境防控力度，坚持“内防外堵”，加强联防联控，完善多部门合作机制，确保各项防控措施落实到位，防止外来病传入。统筹做好生猪腹泻等常见多发病防控，加强技术指导和服务，强化综合防疫管理，提高养殖场生物安全水平。2014年以来，农业部以落实全国家禽H7N9流感剔除计划为抓手，进一步加大防控工作力度，强化监测和流行病学调查，加强源头净化，努力消除疫情隐患。坚持一手抓疫病防控，一手抓产业发展，努力降低病毒从活禽市场向人传播的风险，努力降低病毒由活禽市场向养禽场传播的风险，努力降低家禽产业面临的市场风险。2013年11月小反刍兽疫疫情再次传入以来，农业部迅速部署防控工作，狠抓关键环节、重点地区，有序推进防控工作，根据疫情发展变化及时调整防控策略。通过共同努力，小反刍兽疫疫情在短时间内得到有效控制，保障了养羊业稳定发展和羊肉有效供给，市场供应和社会稳定未受明显影响。

（二）加大动物卫生执法力度，从严管理兽药，努力确保动物产品质量安全 启动“全国动物卫生监督‘提素质 强能力’行动”，进一步加强执法队伍建设，规范检疫出证和证章标识管理，全面提升各级动物卫生监督机构人员素质和工作能力。先后组织两次13个督查组分赴25个省份进行病死畜禽无害化处理监督检查。2014年，全国养殖环节规模养殖场共无害化处理病死猪2 050万头，全年共申请中央财政补助经费9.67亿元。全国动物卫生监督机构共产地检疫动物116亿头（只、羽），共检出病畜禽296.5万头（只、羽）。屠宰检疫畜禽63.7亿头（只、羽），共检出病畜禽591万头（只、羽）。对检出病害畜禽全部实施了无害化处理。共查处各类违反《动物防疫法》案件2.7万件，有力地保障了畜牧业健康发展和畜产品质量安全。2014年兽药质量监管工作按照“要用最严谨的标准、最严格的监管、最严厉的处罚、最严肃的问责，确保广大人民群众‘舌尖上的安全’”要求，进一步提高兽药质量安全监管水平。发布了《关于从重处罚兽药违法行为的公告》，印发了《农业部办公厅关于依法做好从重处罚兽药违法行为有关工作的通知》和《农业部办公厅关于报送兽药违法案件查处情况的通知》，对兽药违法添加违禁药品等六种严重违法行为，实施顶格罚款并实施吊销生产许可证或吊销生产文号处罚。农业部先后公布了十大典型案件，其中八个移送公安机关。涉案的企业，被吊销兽药生产许可证，有的被司法机关判刑。2014年共监督抽检兽药检15 125批次，合格率95.3%。发布《兽药产品说明书范本》，进一步加强兽药产品标签和说明书管理，规范兽药市场。2014年重大动物疫病疫苗批签发率和粘贴防伪标签率均达到100%，共监督抽检147批，合格率100%。建设完成国家兽药产品追溯系统，对兽药产品实施“二维码”标识，建立全国统一的追溯系统，实现对兽药产品生产、经营和使用的追溯管理。加强《兽药管理条例》配套办法制修订工作，创新改革兽药管理制度。把兽药法规制修订工作列为2014年工作的重中之重。2014年制订《兽用生物制品批签发管理办法》等9个办法，修订《兽药产品批准文号管理办法》等6个办法。2014年共检测畜禽动物及其产品兽药残留样品13 224批，合格率99.96%。组织实施动物源细菌耐药性监测计划，开展动物源细菌耐药性监测。

（三）省级畜禽屠宰职能交接基本完成，屠宰监管职能不断强化　截至2014年年底，全国有31个省份（含新疆生产建设兵团）完成省级监管职责调整，省级屠宰监管体系已基本建成，15个省专门成立屠宰管理处室，8个省加挂屠宰管理办公室牌子，其余8个省份屠宰监管职能也已明确由相应处室承担。全国共清理关闭1 387个不符合条件的生猪屠宰场（点），出动执法人员36万人次，查处屠宰违法案件3 386个，罚款1 745万元，109人移送司法机关调查处理。全国共监督抽检屠宰环节“瘦肉精”样本780余万份。认真做好生猪等畜禽屠宰统计监测工作，定期向中央办公厅、国务院办公厅报送屠宰政务信息，每周向相关部门通报、向社会发布规模以上生猪屠宰企业白条肉出场价格信息，每月发布屠宰量信息。

（四）兽医人才队伍建设规划工作积极推进，兽医队伍管理培训工作积极有效　一是启动《全国兽医人才队伍建设规划》编制工作，已形成《规划》初稿。二是继续开展官方兽医资格确认和官方兽医培训工作。截至2014年年底，全国共确认官方兽医10万余人。三是推进执业兽医队伍建设。继续组织开展全国执业兽医资格考试，创新考试组织形式，由试前审核改为试后审核，首次在西藏开展C证试点工作。圆满完成2014年执业兽医资格考试工作，全国共有16 143人通过考试，其中执业兽医师和执业助理兽医师分别为8 280人和8 063人。贯彻落实《执业兽医管理办法》规定，对符合条件的6 858名高级职称人员授予了执业兽医师资格。四是加快基层兽医队伍建设。继续落实基层动物防疫工作补助经费，实施阳光工程、农村实用人才培训等项目。落实乡村兽医登记制度，目前全国登记的乡村兽医达到27.7万人。

（五）实验室科技支撑能力得到提升，兽医科技成果转化推广得到加强 一是切实提升兽医实验室管理能力，夯实科技支撑基础。组织全国32个省级兽医实验室（含新疆生产建设兵团），1 200多个市县级兽医实验室开展检测能力比对工作，提高全国动物疫情监测预警能力。加强高致病性病原微生物实验活动监管，严格高致病性病原微生物实验室资格、实验活动、科研项目审批，全年完成高致病性病原微生物实验室资格2项、从事高致病性或疑似高致病性病原微生物实验活动审批8项、高致病性动物病原微生物科研项目生物安全审查1项。二是加强兽医科技成果转化推广，提升科技支撑能力。组织研究兽医领域“十三五”科技需求、需长期研究的重大问题等问题；组织专家提出动物H7N9禽流感及小反刍兽疫的科技需求。推荐2014年国家标准制修订项目立项建议14个，2015年行业标准制修订项目87个。密切跟踪世界动物卫生组织（OIE）国际标准规则，积极参与国际动物卫生标准制修订工作。

（六）积极参与世界兽医事务，广泛开展国际兽医交流 一是深化多边国际合作，积极履行国际义务。作为世界动物卫生组织（OIE）亚太区委会当值主席国、OIE东南亚—中国口蹄疫控制行动（SEACFMD）委员会执委会副主席国和OIE全球跨境动物疫病防控框架（GF-TADs）区域执委会主席国，参加和支持OIE有关活动，向OIE提交中国口蹄疫控制计划官方控制计划认可材料。积极推动OIE认可我国为非洲马瘟历史无疫国家和疯牛病风险可忽略国家，认可中国动物卫生与流行病学中心国家外来动物疫病诊断中心为OIE小反刍兽疫参考实验室；吉林大学人兽共患病研究所为亚太区食源性寄生虫病OIE协作中心；中国动物卫生与流行病学中心为OIE兽医流行病学协作中心。与联合国粮农组织（FAO）加强合作，联合实施中国兽医现场流行病学培训、非洲猪瘟防控策略发展项目、公共私营伙伴项目、新发流行病威胁强化项目（EPT+）等有关兽医领域项目。启动亚洲猪病防控项目和跨境动物疫病防控合作，深入参与OIE有关项目。与世界银行联合举办布鲁氏菌病防控战略国际研讨会。二是加强双边交流合作。与乌克兰、阿根廷等签署合作协定或谅解备忘录，加强与德国、丹麦、韩国、新加坡等国家技术交流和合作。分别举办中蒙俄、中越和中老缅跨境动物疫病防控研讨会。积极促进动物及动物产品国际贸易，与有关国家就动物疫病贸易禁令问题进行技术会谈。组织专家就解除有关禁令开展书面实地风险评估。根据风险评估结果，解除我国从疯牛病疫区进口牛血液制品的禁令，有条件解除荷兰12月龄以下剔骨牛肉、巴西30月龄以下剔骨牛肉输华禁令以及纳米比亚口蹄疫无疫区动物及动物产品输华禁令。参加OIE赛马移动会议，协助韩国兽医官员对我国马属动物疫病防控情况的评估工作，为我国赛马赴韩参加第17届仁川亚运会扫清障碍。三是加强与港澳台合作。与香港、澳门分别签署“关于兽医合作的安排”，为香港渔农自然护理署提供禽流感病毒H7亚型（H7N9株）血凝抑制试验阳性血清，为澳门提供兽医技术培训。举办2014

年海峡两岸兽医管理及技术研讨会，为台湾提供禽流感、狂犬病等防控管理及技术信息。

渔业

2014年，全国渔业经济持续较快发展，安全形势总体向好。全年水产品总产量6 461.52万吨，增长4.7%；渔民人均纯收入14 426.26元，增长10.6%。按当年价格计算，全社会渔业经济总产值20 858.95亿元，实现增加值9 718.45亿元，其中渔业产值10 861.39亿元，渔业增加值6 116.69亿元。

（一）渔业生产稳定增长 2014年渔业生产继续保持平稳增长，水产养殖业仍是水产品增长的主要来源，贡献了产量增长中的206.73万吨，占71.4%，捕捞业生产与上年基本持平，远洋渔业是突出亮点（图8）。海洋捕捞产量1 280.84万吨，同比增长1.3%；远洋渔业产量202.73万吨，增长50.0%；淡水捕捞产量229.54万吨，下降0.5%；海水养殖产量1 812.65万吨，增长4.2%；淡水养殖产量2 935.76万吨，增长4.8%。水产品总产量中，捕捞产量1 713.11万吨，占总产量的26.5%，养殖产量4 748.41万吨，占总产量的73.5%；海水产品产量3 296.22万吨，占总产量的51.0%，淡水产品产量3 165.30万吨，占总产量的49.0%。全国水产品人均占有量47.24千克。

（二）水产品市场健康运行 水产品国内市场供应充足，价格基本平稳，总体呈前高

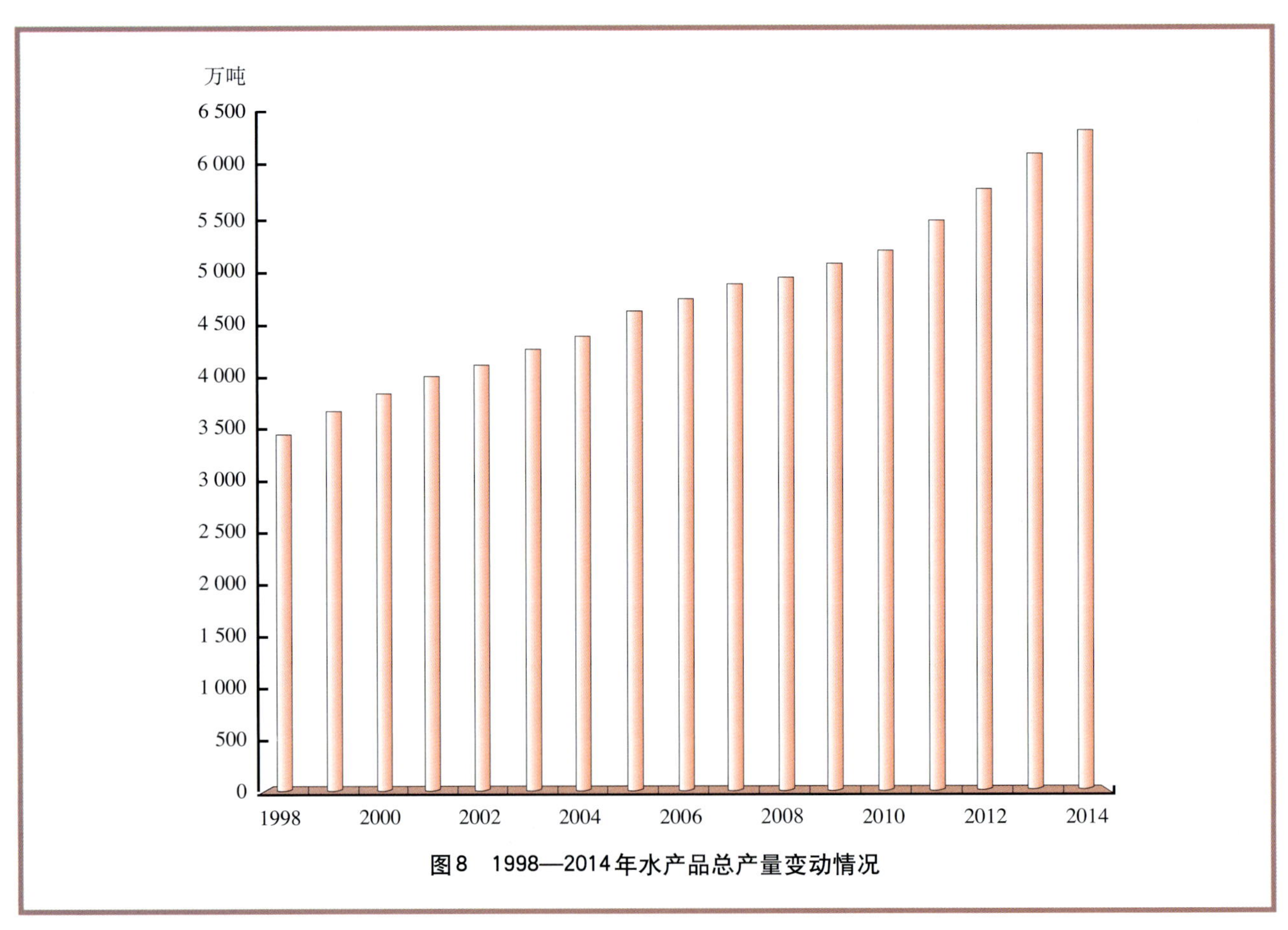

图8 1998—2014年水产品总产量变动情况

后低的走势，部分品种价格波动较大。监测显示，2014年水产品批发市场综合平均价格21.70元/千克，同比上涨3.5%。其中海水产品综合平均价格39.39元/千克，上涨3.8%；淡水产品综合平均价格14.96元/千克，上涨2.8%。水产品进出口呈现前低后高的走势，全年继续实现较快增长。据海关数据统计，2014年我国水产品进出口总量844.43万吨、进出口总额308.84亿美元，同比分别增长3.9%和6.9%。其中，出口量416.33万吨、出口额216.98亿美元，分别增长5.2%和7.1%；进口量428.10万吨、进口额91.86亿美元，分别增长2.7%和6.3%。贸易顺差125.13亿美元，增长7.7%。

（三）强渔惠渔力度加大 中央财政落实渔业基本建设中央资金20亿元，比上年增加7亿元，渔业资源养护、“菜篮子”生产专项转移支付、渔业油价补助资金等与上年基本持平。各地加大对现代渔业建设的重视，有29个省（自治区、直辖市）增加了地方财政投入和专项资金。安徽省把以船为家渔民上岸安居作为“一把手”工程来抓，当年开工率和安置率分别达到93.9%和69.8%，使渔民上得岸、住得好、能致富、过开心。渔业金融保险事业取得大发展，渔业互保业务保持平稳发展态势，全行业共承保渔民93.04万人、渔船7.51万艘、养殖水面1.14万公顷、养殖网箱1 897口，收取互保费16.04亿元，提供风险保障2 890亿元，同比分别增长8.8%和9.9%，年内支付经济补偿金5.31亿元，增长0.9%。中国人保财险公司、民生银行、邮储银行等金融保险机构加快拓展渔业产品，为现代渔业建设提供金融保险服务。

（四）水产健康养殖全面推进 继续在全国范围组织开展水产健康养殖示范创建活动，新创建水产健康养殖示范场793家，使农业部水产健康养殖示范场总数达到5 354个。加强现代种业建设，对国家级水产原良种场进行复查，新验收通过国家级水产原良种场9家；支持48个国家级水产原良种场和遗传育种中心开展原良种保存，支持10个省48个县的重点苗种繁育场开展亲本更新；组织开展全国现代渔业种业示范场创建活动，评审通过全国现代渔业种业示范场24家，引导种业企业向育繁推一体化方向发展。实施《2014年国家水生动物疫病监测计划》，组织23个省份对重大水生动物疫病进行年度监测。实施水产苗种产地检疫制度，全国共有541个县实施水产苗种产地检疫制度，年检疫苗种710亿尾。加强水生动物卫生监督执法队伍建设，健全水生动物防疫体系，全年未发生重大水生动物疫情。

（五）渔业科技支撑和信息化建设加强 首次召开全国渔业科研院所建设工作会议，明确了渔业科研院所发展目标任务和主攻方向。召开院士专家座谈会，共同谋划并启动“十三五”渔业科技发展战略研究。全年有9项国家标准和45项行业标准获准实施，新增25个主导品种和30项主推技术，渔业科技贡献率达到58%。养殖节能减排试点和水产品加工综合利用技术示范取得新成效。池塘生态工程化养殖减排技术、工厂化循环水养殖技术和网箱养殖减排技术纳入《农业面源污染综合治理专题规划》（2014—2018）。渔业信息化深入推进，基本建成全国统一的海洋渔船管理数据库，实现渔船管理环节相互衔接；完成内陆渔船“三证合一”和管理系统研发，并开展试点应用。

（六）水产品质量安全水平继续提升 开展水产品违法添加禁用物质专项整治行动，严厉打击养殖生产者违法使用硝基呋喃类药物、孔雀石绿等违禁物质的行为。强化水产品产地监测，合格率为99.2%，比上年提升1个百分点。对重点省份的国家级和省级水产原良种场生产的苗种进行抽检，合格率为96.1%。贝类卫生监测抽检合格率达到90.3%，同比上升4.9个百分点。对捕捞产品质量进行监测，对贝类产品、渔业投入品质量安全隐患进行排查，初步摸清了水产品质量安全隐患，并有针对性地采取了防范措施。全年未发生重大水产品质量安全事件。

（七）渔业资源养护和环境保护持续推进 持续加大对违规渔具清理整治力度，清理整治“绝户网”取得阶段性成果。据不完全统计，各地共查处各类违规渔船近3万艘次，清理违规渔具近30万张（顶）。加强水生生物增殖保护力度，中央财政安排增殖放流资金3.06亿元，带动全国投入10.8亿元，同比增长7.2%，放流重要水生生物苗种和珍稀濒危物种343.3亿尾（只），同比增长2%。组织开展近海渔业资源和近岸产卵场调查，近海渔业资源调查站位662个，产卵场调查采获鱼卵仔鱼样品7 638瓶。不断完善休渔禁渔管理制度，加强执法管理，海洋伏季休渔、长江、珠江禁渔期等重大休禁渔制度顺利实施。加强水生生物保护区建设和管理，新增国家级水产种质资源保护区36个，新增国家级水生生物自然保护区1处，全国总数达到23处。加强水生野生动植物保护与管理，积极推进长江江豚拯救行动计划和中华白海豚保护行动计划，加强水生野生动物特许利用管理，规范水生野生动物驯养展演活动，开展水生野生动物及其产品进出口及特许利用审批，做好水生濒危物种履约工作。组织开展重要渔业水域环境状况监测，农业部与环保部联合发布了《中国渔业生态环境状况公报》。印发了《建设项目对国家级水产种质资源保护区影响专题论证报告编制指南》，继续加强涉渔工程环境影响评价审查，国家设立8.1亿元渔业资源生态补偿资金纳入项目环保投资，列入渔业资源生态补偿资金7.5亿元将渔业资源生态补偿资金纳入项目环保投资。

（八）渔业实施“一带一路”战略迈出新步伐 远洋渔业纳入国家《丝绸之路经济带和海上丝绸之路建设战略规划》。11月，中国—东盟海产品交易所落户福州，开业运行，实现了我国与东盟各国渔业合作互联互通。落实20艘中国渔船入渔阿根廷水域，与朝鲜达成入渔合作协议，安排600余艘渔船赴朝鲜以东水域作业。积极参与多边渔业事务，巩固强化多边渔业合作机制。修订了远洋渔船船位监测管理办法，开展远洋渔船船型标准化建设，规范境外收购项目管理，出台渔船引进外籍船员管理办法，实施远洋渔船和船员保险，强化远洋渔业企业管理人员培训。

（九）渔业安全生产进一步好转 继续深入开展“平安渔业示范县”和“文明渔港”创建活动，评选公布了第二批43个“平安渔业示范县”名单，使全国“平安渔业示范县”达到86个、国家级“文明渔港”47个。制定公布了《渔业船员管理办法》，并组织开展宣传贯彻和培训，进一步明确了渔业船员管理的基本制度，规定了渔业船员特别是船东、船长的权利义务和法律责任，强化了渔船安全生产主体责任，完善了渔业船员培训、考试、发证、管理制度，在多方面填补了我国渔业船员管理方面的空白。深入开展“安全生产年”“安全生产月”“防灾减灾日”和“六打六治”打非治违等专项行动，确保了春节、五一、国庆等重大节日及APEC会议等重大活动期间没有发生重特大渔业安全生产事故。加强渔业应急值班值守和突发事件应对处置，及时妥善处置了涉外渔业事件和社会热点问题。渔业安全生产形势进一步好转，实现了事故起数、死亡（失踪）人数“双下降”。全国全年共发生渔业船舶（不含特殊船舶）水上安全事故301起、死亡（含失踪）261人，同比分别减少14.0%和46.8%。组织渔业救助895起，救助渔船1 268艘、救起渔民6 350人，投入救助费用2 800多万元，挽回经济损失7亿多元。

专栏4

清理整治“绝户网”

由于长期以来发展方式粗放、捕捞能力过剩、非法捕捞等原因，渔业资源持续衰退，海洋捕捞业面临严峻形势。近年来，社会各界对酷渔滥捕、“绝户网”等问题给与了高度关注。习近平总书记高度重视“绝户网”和涉渔“三无”船舶清理整治工作，先后多次作出重要指示，为做好当前和今后一个时期的渔业渔政工作指明了方向。农业部认真贯彻落实习近平总书记重要指示精神，动员组织各地开展清理整治行动，经过一年多努力，取得了阶段性成果。据不完全统计，各地共查处各类违规渔船近3万艘次，清理违规渔具近30万张（顶），初步形成了禁止使用“绝户网”等违规渔具的声势和氛围。

一是加强组织领导，全面动员部署。农业部成立了清理整治违规渔具工作领导小组，召开全国视频会议，对清理整治工作进行动员部署。沿海各省也高度重视，及时制定行动方案，建立政府统一领导、渔业部门具体负责、有关部门相互配合的工作机制，做到组织领导、行动方案、工作部署三到位。浙江省委、省政府组织开展了“一打三整治”和渔场修复振兴行动，成立由省委副书记、分管副省长任正副组长，28个省直部门和沿海四市党政负责同志为成员的行动协调小组。福建将渔具执法列为2014年福建海洋生态和渔业资源保护十大行动之一。

二是加大执法力度，强化督导检查。农业部在全国范围组织开展了3次专项行动，对违规渔具特别是“绝户网”等禁用渔具进行集中清理整治；先后派出20多个工作组，对地方清理整治工作进行督导检查。各地共开展检查活动3.5万次，出动检查人员近30万人次。浙江共排查涉渔“三无”船舶12 414艘、依法取缔（拆解）7 653艘，整治“船证不符”渔船3 290艘，清理销毁违禁渔具6.9万顶，查处各类渔业违法案件1 096件，移送司法机关27人。辽宁、广西在违法行为多发海域开展联合执法、异地交叉执法，加强执法监管。

三是加快建章立制，推进依法治渔。农业部在原有标准基础上急事快办，于2013年11月发布了《关于禁止使用双船单片多囊拖网等十三种渔具的通告》和《关于实施海洋捕捞准用渔具和过渡渔具最小网目尺寸制度的通告》，分别于2014年1月1日和6月1日起实施，为渔具管理和执法提供法律依据。

山东组织编写了《渔具渔法概论》，发给沿海各级渔业执法机构。

四是加强宣传教育，营造良好氛围。农业部会同各地方积极开展多种形式的宣传、教育和培训，利用伏季休渔等时机，深入渔港渔船集中地区，进渔村入渔户开展宣传教育，印发通告和宣传手册，设立举报电话，发动群众力量开展监督。福建对4起典型案例予以公开处理曝光，对使用违规渔具行为产生了有力震慑和教育警示作用。

农垦经济

2014年，农垦系统全面深化改革，调整优化产业结构，转变发展方式，大力培育现代农业企业集团，着力改善和发展民生，提升发展质量和综合实力，农垦经济和社会在新常态下实现平稳健康发展。

（一）经济稳步增长，效益持续提高 全年农垦经济实现生产总值6 420.37亿元，比上年增长9.5%。其中，第一产业增加值1 743.45亿元，增长5.6%；第二产业增加值2 866.25亿元，增长12.1%；第三产业增加值1 810.67亿元，增长11.4%。一、二、三产业增加值占农垦生产总值的比重分别为27.2%、44.6%和28.2%。人均生产总值46 129元，同比增长8.4%。全年农垦企业实现利润总额199.09亿元，比上年增加12.01亿元，增长6.4%，创历史新高。已交税金总额380.04亿元，增长0.5%。

（二）供给能力增强，粮食再创新高 全年实现农业总产值3 415.23亿元，比上年增长6.3%。其中：种植业产值2 201.18亿元，林业产值124.87亿元，牧业产值899.31亿元，渔业产值189.87亿元。粮食产量再攀新高，实现“十一连增”，总产量达到3 538.07万吨，比上年增产118.19万吨，增长3.5%；可供商品粮3 233.30万吨，比上年增加191.75万吨，商品率为91.4%。受市场波动影响，畜牧业生产有所下降。牛奶产量375.14万吨，肉类产量261.46万吨，减产幅度分别为6.7%、8.7%。水产品产量153.43万吨，比上年增长1.6%。农业生产全程机械化加快推进，年末农业机械总动力2 725.90万千瓦，比上年增长6.7%；大中型农用拖拉机19.25万台，增长8.9%；联合收获机5.29万台，增长9.3%。

（三）产业结构优化，拉动作用明显 全年完成工业增加值2 214.15亿元，比上年增长13.6%。实现工业总产值8 686.58亿元，增长14.1%。第二产业份额继续上升，成为农垦经济增长的重要动力。其中农副食品加工业1 897.85亿元，食品制造业706.37亿元。第三产业增加值1 810.67亿元，增长11.4%。年末批发零售贸易业、住宿餐饮业、服务业营业单位总数12.62万个，拥有固定资产原值671.63亿元，营业用房总面积2 751.35万平方米，从业人员97.46万人，全年完成商品销售额和营业收入6 589.40亿元。全年出口供货商品总金额944.84亿元，增长12.7%。其中，工业品出口供货商品总金额798.21亿元，占总金额的84.5%。全年固定资产投资总额4 555.78亿元，增幅达14.0%；当年新增固定资产3 089亿元。

（四）职工收入持续提高，基础设施和公共服务不断完善 农垦系统人均纯收入达到13 495元，扣除物价上涨因素，比上年实际增长7.6%。职工社会保险参保率和保障水平进一步提高，2014年年底，全国农垦企业职工养老和医疗保险参保率分别为94.0%和96.3%；退休人员养老和医疗保险参保率分别为99.2%和95.9%；企业退休人员年人均基本养老金为16 618元，比上年提高7.5%。2014年，全国农垦30.54万户家庭、59.15万人享受到城乡居民最低生活保障，共发放最低生活保障金17.26亿元。困难职工家庭享受自然灾害救助、医疗救助等其他各项社会救助共计8.49亿元。农垦危房改造加快推进，全年完成投资221亿元。其中，落实2014年22个垦区危房改造任务23.2万户，中央投资21.88亿元；落实特困职工家庭住房建设5 000余户，中央投资1.5亿元。落实2014年危房改造配套基础设施中央投资28.8亿元，全年开工建设23.11万户，开工率99.6%；基本建成19.12万户，建成率82.4%。

（五）体制机制逐步完善，资源整合和企业重组取得积极进展 稳步推进垦区体制机制改革，在坚持以职工家庭经营为基础、大农场统筹小农场的双层经营体制的基础上，推进垦区集团化和农场企业化改革。按照现代企业制度的要求，加大企业重组力度，完善以资本为纽带的母子公司体制和集团运行机制。稳步推进国有农场的公司化改造。2014年，全国农垦加快实施联合联盟联营战略，推动垦际、垦地间农业战略产业资源有效整合，农垦国际大粮商培育取得积极进展。组建成立了“中国农垦种业联盟”和“中国农垦天然橡胶产业联盟”，注册成立了中垦乳业股份有限公司、中国农垦天然橡胶科技公司和中垦天然橡胶种苗公司。农垦产业链进一步延伸，国有资本的控制力和影响力进一步放大，示范带动能力进一步增强。采取代耕代收代种、土地托管等农业社会化服务方式带动周边现代农业建设，截至2014年年底，已辐射带动农村集体土地约933.33万公顷。

专栏5

大力推进企业化集团化改革 积极培育国际大粮商

2014年，农垦系统把培育国际大粮商作为保障粮食安全、服务国家战略需要的重要抓手和载体，从关键环节和重点领域入手，继续推进集团化改革，着力实施联合联盟联营战略，加强大基地、大企业、大产业建设，为培育农垦国际大粮商开创了良好局面。

（一）农垦集团化改革成效明显，进一步巩固农垦国际大粮商的体制机制基础

按照建立现代企业制度要求，农垦继续完善垦区集团母子公司管理体制和运行机制，实施大规模内部组织结构调整和资源整合，开展资本运作和对外战略并购，进一步在垦区集团化、农场企业化改革上取得重要进展。2014年度，全国农垦国有及国有控股企业4 377多家，资产总额12 000多亿元，实现利润总额约200亿元，创历史新高。其中，17家集团化垦区的资产总额、利润总额分别占全国农垦的

88.97%和91.30%，黑龙江北大荒农垦集团等3大垦区集团年营业总收入均超过1 000亿元。

（二）联合联营联盟战略加快推进，培育一批市场竞争力强的现代农业企业集团

一年来，全国农垦以资本运作为手段，通过纵向和横向联合，在天然橡胶、种业、乳业等产业领域加快整合资源资产，不断增强农垦企业的竞争力和影响力。一是农垦国际大胶商培育取得实质性进展。2014年，农垦拥有天然橡胶林420多千公顷，天然橡胶总产量、国内加工量分别占全国的37.3%、41.2%。海南、云南、广东等植胶垦区和热科院等科研单位成立中国农垦天然橡胶产业联盟，中垦天然橡胶种业股份有限公司和中垦天然橡胶科技公司成功组建。二是成立中国农垦种业联盟。农垦拥有各级产加销一体化种业公司195个，垦丰种业、大华种业、皖垦种业、地神种业、康地种业等农垦种子企业位居国内行业前列。2014年，农垦17个垦区的50家种子企业成立了“中国农垦种业联盟”，积极打造农垦种业品牌，推动农垦种业做大做强。三是启动实施培育中国农垦大乳商、大糖商、大油商等行动计划，加强农垦奶源、糖料、油料等基地建设，有效推进农垦奶业、糖业、粮油等产业整合。

（三）农垦农业全产业链不断完善，夯实农垦国际大粮商农产品生产和供应能力

2014年，农垦不仅着力建设好自己的“大粮仓”，大幅提升粮、棉、糖、胶、乳、肉等农产品生产能力，而且不断完善加工、仓储、物流等供应保障体系建设。一是农垦大型农产品生产基地建设进一步加强，农业物质装备水平进一步提升。2014年，农垦拥有耕地6 242.72千公顷，约占全国耕地总面积的4.6%，其中有效灌溉面积4 091.16千公顷，高标准农田覆盖范围进一步扩大。农垦耕种收综合机械化水平达到87.4%，超过全国农作物耕种收综合机械化水平近30个百分点。当年农垦粮食总产量354亿千克，占全国的5.8%，粮食亩产479千克，超出全国平均水平近120千克。二是整合垦区内外科技资源，提升农业科技研发和服务能力。全国农垦现有科研单位303个，各类各级农技推广机构2 976个，其中农场农技推广机构2 796个，已形成了以农场农业技术人员为主体，集生产管理、技术推广服务和部分行业管理职能为一体，具有农垦特色的农技推广服务体系。农垦病虫害统防统治面积比例达到75%，超出全国平均水平30多个百分点。三是加强农产品加工流通和营销能力建设。各个垦区在农产品加工、仓储、物流、专业市场等关键环节建设上不断推进，在国内最早建立了从田头到餐桌的农产品质量安全追溯体系，近年更是不断努力扩大追溯企业覆盖面，截至2014年年底，农垦系统开展全程可追溯系统建设企业共293个。同时，农垦积极与阿里巴巴等知名电商合作，并着力培育农垦自己的电商平台，同时着力加强中国农垦品牌建设。

（四）现代农业建设水平不断提升，着力打造中国特色的带动能力强的农垦国际大粮商

一是创新和完善农业经营体系。改革完善“大农场统筹小农场”的双层经营体制，积极推进适度规模经营，完善大农场统一经营和服务功能，探索联合体承包、模拟股份制、公司制等多种农业经营组织形式，农业规模化、市场化、集约化和组织化水平不断提升。目前，全国农垦各类产业化经营组织达到5 844个，其中国家级重点龙头企业63家，省级（及以上）国家重点龙头企业413家。二是现代农业示范带动能力不断增强。农垦已创建不同类型现代农业示范区484个，并通过土地托管、代耕代种代收、股份合作等方式，实现跨区作业面积4 147.33千公顷，其中代耕、代收服务面积超过3 800千公顷，农用航空跨区作业面积超过386.67千公顷。三是农垦农业“走出去”水平不断提升，领域不断拓展。截至2014年年底，全国农垦境外实际种植面积约245千公顷，当年实现境外产值240亿元、利润17亿元，积极推动海外并购，境外产业合作方式逐渐从资源合作转向资本合作。

农业机械化

2014年，农业机械化保持了全面快速健康发展的好势头。全国农业机械总动力预计达10.81亿千瓦，同比增长4.0%；农作物耕种收综合机械化水平达到61.6%，比上年提高2.12个百分点，提前实现“十二五”规划目标，为粮食产量“十一连增”提供了支撑，为农业综合生产能力持续提升增添了底气。

（一）农机购置补贴制度创新力度加大，政策实施更加高效规范 2014年，中央财政农机购置补贴资金达到237.5亿元，同比增加20亿元，全国共补贴购置各类农业机械465.8万台（套），受益农户达到327.9万户。农业部、财政部大力推进补贴制度改革创新，强化落实监管。着力减少寻租可能，进一步推行“全价购机、定额补贴、县级结算、直补到卡”，提高补贴分类分档和最高限额测定的科学性合理性；着力缓解供求矛盾，进一步推进政策普惠，21个省份选择部分急需机具实行敞开补贴，其中江苏、吉林、青岛等地大幅度缩小补贴品目范围，重点机具的补贴购置量显著提升；着力便民利民，进一步简政放权、在部分省份开展农民先购机后申请补贴试点和补贴产品市场化改革试点，减少不必要管理流程；着力正风肃纪，狠抓依法行政、廉洁行政，推进省市县政策信息公开，专项督导、重拳打击弄虚作假、严重失信、虚报套取补贴等违规行为。着力完善顶层设计，通过深入调查研究、广泛征求意见，基本理清了今后一个时期补贴制度改革完善的思路和措施，为补贴制度稳定化、补贴工作常态化打下了较好基础。总的看，2014年补贴工作实施顺利，改革措施效应显著，推动了装备结构持续优化，粮食生产急需的机具高速增长。其中大中型拖拉机和配套农具保有量分别达567.95万台、889.64万部，同比分别增长7.8%、7.6%；水稻插秧机、联合收获机分别达67万台、158.42万台，同比分别增长10.8%、11.5%，玉米收割机达到36.04万台，同比增长25.7%，连续6年增幅超过20%。

（二）农机化扶持政策措施丰富发展，强机惠农效应更加凸显 全国人大农委与农业部联合举办了《农业机械化促进法》实施10周年座谈会，各省份也相继组织了高规格的纪念活动和专题宣传，为法律的深入实施和法定政策措施的进一步落实营造了良好环境。国土资源部、农业部出台《关于进一步支持设施农业健康发展的通知》，将大型农机具停放场所纳入设施农用地范围，为各地解决农机合作社场库棚建设用地难题提供了政策支持。农财两部在山东等11个省组织实施农机报废更新补贴试点，共完成报废更新农机2.1万台。农业部分别在广西、新疆开展大型甘蔗收获机、棉花收获机金融租赁财政贴息试点，浙江、福建、宁夏等10多个省份农机管理部门协调当地金融机构出台了农机具抵押贷款、小额信贷、低息贴息贷款等便民利民服务措施，缓解农民购机的筹资压力。北京、上海、陕西、青海、宁波、大连、青岛等省市共585个县实现了免费监理全覆盖，北京、上海、江苏、陕西实施了保险保费补贴政策。江西省财政安排2 000万元“以奖代补”扶持骨干农机维修网点建设。这些多样化的扶持措施，进一步调动了各类农业经营主体发展农机化的积极性。受益于农机购置补贴等多方面利好政策的拉动，中国农机工业持续快速发展。2014年全国规模以上农机企业主营业务收入累计达4 180亿元，同比增加8.8%。

（三）粮食生产机械化水平不断提高，玉米机收等重点薄弱环节机械化加快推进 大力培育壮大农机合作社等新型社会化服务组织，农机作业服务组织达到175.12万个，其中拥有农机原值50万元(含50万元)以上的农机服务组织3.46万个，比上年增加5 271个；农机合作社达到4.94万个，增加7 191个，服务农户数超过4 500万余户。 精心组织、有序调度重要农时农机化生产，大力推行订单作业、耕种收一条龙作业服务模式，促进春耕、“三夏”“三秋”农机作业机具供需对接，有力保障了农业生产的进度及质量。“三夏”全国麦收基本结束时间较上年同期提前4～5天，为秋粮生产争抢了农时。全国机插秧增加800千公顷，水稻机械种植、收获水平分别达39.6%、84.6%。大力推进玉米收获机械化，玉米机收水平达到57.8%，已连续6年增幅超过5个百分点，成为当前农业机械化发展的突出亮点。油菜、花生、马铃薯、棉花、甘蔗等作物机械化取得积极进展。

（四）农机化新技术推广面积持续增加，机械深松作业成效显著 精心组织农机领域重大科研项目研究，在大功率、高性能、智能化农机装备及优势经济作物生产机具研发方面取得一批重要成果。发挥全国农机化科技创新战略咨询专家组作用，研究提出了中长期攻关方向及相关政策建议。开展农机化教育培训大行动，举办多期“政企联动”农机维修高技能人才培训班和重要农时主推技术培训班，培训各类农机化人才500多万人次。扎实推进农机农艺融合，在全国布局机械化生产关键技术推广示范片，推动实施主要农作物的机械化生产技术指导意见，新增精量播种、保护性耕作、高效植保等农机化新技术应用面积17 333.33千公顷，其中新增保护性耕作实施面积1 100千公顷。内陆棉区全程机械化生产技术模式探索取得重大突破，山东机采棉模式种植面积达6.67千公顷以上。新疆地方机采棉模式种植面积达333.33千公顷，机收水平达12%，比上年提高4个百分点。抓住春播前和秋收后两个重点时段，强化政策引导、技术指导、任务督导，积极组织农机深松整地作业，全年累计完成作业面积10 666.67千公顷，超额完成《政府工作报告》提出的6 666.67千公顷目标任务，进一步夯实了粮食增产基础。

（五）农机安全生产形势进一步稳定好转，依法管机水平持续提升 在全国深入开展农机安全监理“为农民服务”活动，普遍推行法律依据、服务事项、收费标准“三公开”和服务承诺、限时办结“两制度”。推动落实安全监理惠农政策，开展安全生产防护性能提升试点，为88万台农机免费粘贴夜间反光装置；免除小微企业农机牌证收费，预计全国拖拉机上牌率、检验率、持证率超过70%，提前实现“十二五”规划目标。强化宣传教育和安全检查，组织举办农机安全应急管理培训和演练，开展农机安全生产“打非治违”专项行动和农机安全生产月活动。创新“平安农机”创建机制，推出一批示范县、示范岗，提高了创建效果。组织开展全国农机推广鉴定工作监督检查，督促整改，推进依法鉴定、规范鉴定，全年共完成部级推广鉴定产品2 200多个。以微耕机等在用机具为重点，组织开展质量专项调查及安全检查，加强质量监管，协调解决投诉质量问题，有效维护购机用机农民的合法权益和生命财产安全。农机安全生产形势持续稳定向好，2014年国家等级公路以外的农机事故死亡人数、受伤人数和直接经济损失分别下降了30.%、11.9%和15.3%。

专栏6

《农业机械化促进法》实施十年效果显著

《农业机械化促进法》是我国首部专门关于农业机械化的法律，这部法律的颁布实施，标志着我国农业机械化进入了依法促进的新阶段。自2004年11月1日开始施行以来，各地区、各部门认真履行法律赋予的职责，采取有力措施贯彻落实，推进农业机械化快速健康发展。

（一）大力宣传贯彻促进法，营造有利于农业机械化发展的良好环境

党中央、国务院领导同志高度重视农机化工作，多次作出重要指示。连续11个中央1号文件、十七届三中全会《决定》以及“十一五”“十二五”发展规划纲要都明确提出了加快推进农业机械化的具体要求和配套措施。2010年国务院印发《关于促进农业机械化和农机工业又好又快发展的意见》，全面系统地提出了当前和今后一个时期我国农机化发展的指导思想、目标任务、扶持政策、职责分工。各省区市人民政府制定了具体实施意见，各地各部门通过举办座谈会、培训班、法律知识竞赛等多种形式的学习宣传活动，不断将促进法学习贯彻引向深入。关心农机化、支持农机化、发展农机化，逐步成为社会的普遍共识和各地区各部门的自觉行动，农业机械化发展环境持续向好。

（二）加快配套法规建设，基本构建起中国特色的农机化法律法规体系

根据促进法确立的法律体系框架，国务院、农业部和地方人大、政府把配套法规规章制定工作摆上重要日程，农机化法制建设的进程明显加快。2009年国务院公布实施了《农业机械安全监督管理条例》，这是我国农业机械管理的第一部行政法规，标志着农机监管工作迈上法制化轨道。2004年以来，各省区市人大常委会共制（修）定34部农机化地方法规。此外，农业部等部委先后制定发布了《农业机械试验鉴定办法》《农业机械维修管理规定》等12个部门规章，以及《农业机械购置补贴专项资金使用管理暂行办法》等一批规范性文件，地方政府先后制定了20个政府规章，这些规章制度涵盖农机教育培训、质量鉴定、技术推广、安全监理、农机维修、售后服务等各个领域及重点环节，农业机械化各项工作基本做到了有法可依、有章可循。

（三）积极落实扶持政策，大幅增加农机化投入

各级政府依照促进法的要求，不断加大对农机化发展的支持力度。中央财政农机购置补贴资金从2004年的7 000万元增长到2014年的237.5亿元，累计投入资金约1 200亿元，补贴购置各类农机具超过3 500万台（套），同时开展了农机报废更新补贴试点、深松整地作业补贴试点。国务院批复实施《保护性耕作工程建设规划》，并通过新增千亿斤粮食产能工程，加大了对机耕道路、农机推广设施等基本建设投入。国家累计安排近19亿元科技资金，支持大马力拖拉机、多功能农业装备等关键机械研发及技术改造；实施农机工业、作业服务、跨区作业车辆通行税费减免优惠政策，降低了企业和农民相关成本支出。一些省份还出台了农机贴息贷款、保险政策性补助、重点环节作业补贴、免费安全检验、农机合作社机库建设奖补等扶持措施。国家和地方形成了多元化的农机化投入机制，扶持力度逐步加大，调动了农民和农机企业的积极性。

（四）认真履行法律职责，合力推进农业机械化快速健康发展

农业与发展改革、财政、科技、质检、工商、公安、安全生产、交通等部门紧密协作，建立了促进农业机械化发展的工作机制。加大农机购置补贴政策落实力度，努力确保科学规范高效廉洁实施。加强农业机械化科研和技术推广，推进农机农艺技术集成配套，加快培育农机合作社等新型主体，年培训农机手400万人次，有序开展重要农时机械化生产组织及服务，参加跨区作业的机具量、作业量连创新高。加强农机质量管理，严把机具推广鉴定关口，实施农机安全监理，深入开展“平安农机”创建，狠抓农机安全检验、隐患排查、宣传教育等工作，农机田间作业事故数量明显下降。

总的看，《农业机械化促进法》颁布实施10年来，我国农业机械化实现跨越式发展，呈现出速度、质量、效益同步推进的特征。主要体现在：

1. 农机装备总量快速增长，结构不断优化。2014年全国农机总动力达到10.8亿千瓦，比2004年增加4.4亿千瓦，先后迈上7亿～10亿4个大台阶；装备结构加快向大马力、多功能、高性能方向发展，大中型拖拉机、联合收获机、水稻插秧机保有量分别超过568万台、158万台、67万台，分别是2004年的5倍、3.7倍、9.8倍。经济作物、畜牧水产养殖、林果业及农产品初加工机械保有量快速增长。

2. 农机作业水平快速提高，先进技术应用面积持续扩大。2014年全国农作物耕种收综合机械化水平达到61.6%，比2004年提高27个百分点，增幅相当于之前35年的总和。三大粮食作物耕种收综合机械化率均超过75%，小麦生产基本实现全过程机械化。农业生产机械化薄弱环节迅速突破，水稻机械种植、收获水平分别从2004年的6%、27%，提高到39%、84%，玉米机收水平从2%提高到57%。以农机为载体，精量播种、化肥深施、高效植保、低损收获、秸秆还田等增产增效型技术迅速推广，保护性耕作、深松整地面积分别超过8 000千公顷、10 000千公顷，进一步挖掘了粮食增产潜力、增强了农业抗灾能力。

3. 农机社会化服务蓬勃发展，经营效益显著增长。目前，全国农机专业户、农机合作社等各类服务组织数量分别超过530万个、170万个，每年为广大农户完成作业服务面积近266 666.67千公顷，占全国农机作业总面积的2/3左右，年经营收入超过5 100亿元。农机社会化服务已成为农业社会化服务体系发展的突出亮点，涌现了一大批懂技术、会操作、善经营的农机能手，很大程度上缓解了青壮年劳动力短缺对农业生产带来的不利影响，带动了土地流转和规模经营，促进了农业生产组织化程度提高。

4. 农机工业振兴发展，主要农机产品自给能力显著增强。受益于农机购置补贴政策等多个方面的利好拉动，我国农机工业迅速走出低速徘徊局面，农机产销两旺，在世界农机制造业中一枝独秀，农机工业总产值连续十年保持了两位数的增速，从2004年的854亿元增加到2014年的4 180亿元，位居世界第一。产业集群初步形成，科技含量、产品质量和售后服务水平不断提高，主要农机产品已能满足国内市场90%左右的需要，高性能机具依赖进口的局面得到改善，为农业机械化持续发展提供了有力的装备保障。

农业机械化的快速发展，很大程度上缓解了青壮年劳动力短缺对农业生产带来的不利影响，为增强农业综合生产能力、保障粮食等主要农产品有效供给和农民持续增收提供了坚实的物质支撑，为我国工业化、城镇化、农业现代化进程做出了突出贡献。十年农业机械化发展实践证明，《农业机械化促进法》是一部符合我国国情农情、对农业机械化具有重要引领保障作用的兴农强农良法。

展望今后一个时期，随着《农业机械化促进法》的深入实施，我国农业机械化将向粮食生产全程机械化，种植业、养殖业、农产品初加工全面机械化发展。预计2020年农作物耕种收综合机械化水平将提高到68%以上，粮食生产主要环节基本实现机械化，棉油糖等主要经济作物田间机械化水平大幅度提高，养殖业及农产品初加工机械化协调推进，农机社会化服务体系不断完善，推动农业机械化科学发展，为实现中国特色农业现代化提供更加有力支撑。

农作物种业

2014年，农作物种业继续呈现良好发展状况，深化种业体制改革和推进现代种业发展步伐明显加快，有效保障了农业用种安全，为全年粮食生产和现代农业发展提供了有力支撑。

（一）农作物用种需求与种子生产 全年主要农作物种子市场供大于求，种子质量总体较好。玉米需种11.5亿千克，可供种23亿千克；杂交水稻需种2.5亿千克，可供种4.1亿千克；冬小麦需种33亿千克，可供种50亿千克；大豆需种2.2亿千克，可供种3.7亿千克；棉花需种1.1亿千克，可供种1.4亿千克；冬油菜需种1 350万千克，可供种1 590万千克。种子市场价格水平总体平稳，与上年持平略降，品种间有所分化。三系杂交水稻种子均价降幅约1%，两系均价涨幅约2%；玉米种子南方区和北方春播区同比基本持平，黄淮海夏播区及西北区降幅约8%；其他农作物种子的价格总体保持平稳态势。主要农作物种子生产形势基本稳定，能够保障2015年农业生产用种需求。2014年玉米制种196.67千公顷，总产9.8亿千克；杂交水稻制种93.33千公顷，总产2.4亿千克；杂交棉制种370万千克；常规棉繁种1.3亿千克；大豆繁种4.5亿千克；其他作物种子生产稳定，均可满足全年生产用种需求。

（二）主要农作物品种审定与推广 全年

国家级审定主要农作物品种140个，其中水稻47个、小麦21个、玉米29个、棉花13个、大豆14个、油菜9个、马铃薯7个，退出国审品种24个，截至2014年共退出国审品种836个。全年省级审定主要农作物品种1 471个，其中水稻450个、小麦122个、玉米443个、棉花78个、大豆101个、油菜60个、马铃薯51个、其他作物品种166个，退出省审品种1 192个，截至2014年共退出省审品种9 965个。全国推广面积6.67千公顷以上的水稻、小麦、玉米、棉花、大豆品种数量分别为869个、405个、936个、125个、172个，累计推广面积依次为28 400千公顷、24 066.67千公顷、37 466.67千公顷、4 266.67千公顷、5 133.33千公顷。其中常规稻代表性主导品种有龙粳31、中嘉早17、宁粳4号，面积分别为922千公顷、610.67千公顷、358千公顷；杂交稻主导品种有深两优5814、Y两优1号、五优308，面积分别为310千公顷、301.33千公顷、281.33千公顷；小麦主导品种有济麦22、周麦22、山农20，面积分别为2 169.33千公顷、1 156.67千公顷、922千公顷；玉米主导品种有郑单958、先玉335、浚单20，面积分别为3 604千公顷、2 707.33千公顷、1 129.33千公顷；棉花主导品种有新陆中47、中棉所49、新陆早45，面积分别为221.33千公顷、202.67千公顷、176.67千公顷；大豆主导品种有中黄13、黑河43、合丰55，面积分别为380.67千公顷、208.67千公顷、193.33千公顷。

（三）农业植物新品种保护　全年共受理农业植物品种权申请量为1 772件，再创历史新高，年度申请量居UPOV成员第二位，全年植物新品种授权量为827件。其中，大田作物分别占81.5%和73.3%。大田作物中，主要为水稻、玉米、小麦三大作物。截至2014年12月，共受理植物新品种权申请总量累计13 483件，授权总量达4 845件。在植物新品种权申请和授权中，按作物种类划分：大田作物申请11 253件、授权4 298件，蔬菜申请800件、授权200件，花卉申请941件、授权240件，果树申请408件、授权107件，牧草申请13件，其他作物申请68件；按单位类型划分：大陆科研单位申请5 762件、授权2 478件，企业申请5 188件、授权1 558件，教学单位申请991件、授权410件，个人申请742件、授权212件；境外企业申请732件、授权177件，个人申请38件、授权7件，教学单位申请21件、授权3件，科研单位申请9件。

（四）种子企业许可与发展　2014年企业投资和兼并重组力度进一步加大，中信集团出资33亿元以定向增发方式入主隆平高科成为第一大股东，中农发种业投资12亿元并购湖北省种子集团等8家企业，黑龙江垦丰、河南秋乐、北京联创等9家企业先后在新三板挂牌。种子企业数量呈现持续减少趋势，规模企业（注册资本3 000万元以上）数量逐年增加。截至2014年年底，全国持有效种子经营许可证的企业5 064家，同比减少469家。其中农业部发证企业221家，同比增加28家；省级发证企业2 039家，同比减少8家；市县级发证企业2 804家，同比减少1 209家。注册资本1亿元以上的130家，注册资本3 000万元至1亿元的1 163家，所占比例分别为2.6%和23%，同比分别提高1个和7个百分点。获得信用等级A以上（含）企业342家，其中AAA级企业102家、AA级企业159家、A级企业81家。2014年全国种子企业商品种子销售总额750亿元以上，销售额前50名企业销售额240亿元，市场集中度达到33%以上。

（五）种子质量与市场监管 2013—2014年农业部冬季种子企业监督抽查结果显示，玉米、水稻和棉花种子质量抽检总体合格率为98.4%。2014年农业部春季种子市场专项检查结果显示，种子质量抽检合格率为98.0%。农业部办公厅印发了种子打假专项行动实施方案，联合公安部、工商总局组织开展打击侵犯品种权和制售假劣种子专项行动，先后实施种子企业监督检查、市场整顿、品种清退、制种基地整治等行动，共检查企业2.2万个次、市场4.9万个次，查处案件6 400多起，没收违法所得433万元，罚款2 200万元，吊销许可证31个，移送司法案件115起，惩处不法分子34名。通过各地各部门共同努力，种子市场秩序明显好转，企业自主创新品种的销售额同比明显提高。种子市场监管支撑体系不断加强，截至2014年，全国考核通过种子质量检验机构312家，考核通过检验机构检验员10 516名。

（六）农作物种质资源保护 全年共从国内外收集179种农作物种质资源9 265份，其中种子繁殖作物7 517份，无性繁殖作物及多年生资源1 748份，包括国内收集5 298份，国外收集引进3 697份；完成104种作物、16 271份种质资源基本农艺性状鉴定，对20种作物、6 355份资源开展抗病虫等精细鉴定筛选；对10 520份种质进行生活力监测，完成了中期库和种质圃27 543份种质资源繁殖更新；共编目种质资源8 714份，有41种作物12 213份种质资源经繁种录入国家种质库长期保存，有66种无性繁殖作物1 178份种质资源繁殖录入国家种质圃长期保存；全年对外提供并分发186种作物种质资源43 202份次，涉及全国科研育种单位1 184个；在水稻、小麦、玉米、大豆、棉花、果树等88种作物主产区田间展示4 203份优异种质，现场预定材料4 254份，产生了良好的社会效益。截至2014年，我国长期保存种质资源45万份，其中国家种质库长期保存39万份。

（七）种业国际合作与交流 2014年我国在北京成功举办了世界种子大会，来自60多个国家或地区的600多家企业、1 400多名参会，同时通过UPOV、中阿种子分委会、第7届东亚植物新品种保护论坛、新品种保护中日韩自贸区第5轮谈判和中韩自贸区第13轮谈判等国际专业会议，促进了种业对外交流合作。全年累计审批来自40多个国家或地区的进口农作物种子1 588万千克、种苗（球）2 809万株（头），同比增长13.4%和1.5倍，进口金额达到1.7亿美元以上，同比增加0.6%。进口量较多的蔬菜种子达1 110万千克，同比增长35%；进口种子（苗）来源地主要有日本、荷兰、中国香港、美国和意大利，约占进口金额的70%左右。全年共批准对外提供种质资源申请37件，涉及186种作物种质资源1 106份。向38个国家出口农作物种子3 549万千克，出口金额1.5亿美元，同比分别减少975万千克和0.3亿美元。其中杂交水稻种子3 102万千克、玉米种子111万千克。出口量和金额较大的主要是越南、印度尼西亚等东南亚国家和巴基斯坦、孟加拉等国家。

专栏7

中国种业十大功勋人物推评活动

种业是国家战略性基础性核心产业，对促进农业长期稳定发展、保障国家粮食安全中的作用不可替代。为积极响应习近平总书记关于下决心把民族种业搞上去、李克强总理关于建立最具竞争力的现代种业、汪洋副总理关于坚定不移深化种业体制改革的指示要求，2014年农业部组织种子管理局、农民日报社、中国种子协会共同策划了“中国种业十大功勋人物”推评活动，旨在撷取改革开放以来在种业发展历程中做出突出成就的代表性人物，通过宣传报道他们的事迹，鼓励和引领更多的有志之士热爱种业、投身种业、支持种业发展，为构筑民族种业强国梦增添正能量，为支撑现代农业发展发挥更大作用。

推评活动历时近半年时间，分策划准备、地方推荐、采访报道、网上投票、专家推评、公示揭晓、表彰学习7个环节进行。在初评环节，组委会邀请种业科研、推广、管理和企业等业内资深专家，召开推评活动专家座谈会，对各地推荐的种业人物初步遴选出20名候选人；农民日报社派出10多位业务骨干记者深入一线，采访每一位候选人的先进事迹，采取报、网互动方式推出“种业杰出人物风采”大型系列报道；在推评环节，采取大众网络投票与业内专家推评相结合，由资深专家与中央新闻单位共同参与确定了种业十大功勋人物入选名单；在公示环节，农民日报、农民手机报、农业新闻网、种业信息网、种子协会网开设专栏，全程接受社会监督。最终，袁隆平、李振声、李登海、郭三堆、张海银、傅廷栋、方智远、谢华安、程相文、程顺和当选改革开放以来“中国种业十大功勋人物”。同时，组委会以“种业十大功勋人物”为代表，总结提炼出“执著梦想、合作创新、奉献种业、强国富民”的中国种业精神。

为学习和表彰“中国种业十大功勋人物”，将种业功勋人物所展现的种业精神转化为促进种业改革发展的推动力，农业部于2014年5月印发《关于开展向中国种业十大功勋人物学习的通知》，号召各级农业部门向“中国种业十大功勋人物”学习，大力弘扬中国种业精神，并在中国农业电影电视中心举办了“大地之子——中国种业十大功勋人物推介晚会”活动，业界和社会反响热烈。新华社、人民日报、中央电视台等主流媒体对种业十大功勋人物先进事迹进行了一系列宣传报道，带动社会新闻媒体和网络跟进转载，在种业乃至农业领域掀起了学习种业功勋人物的热潮。

农产品价格与市场

（一）农产品生产者价格 据对全国26 000个农业生产经营单位和农户调查，2014年，全国农产品生产者价格[①]总水平比上年下降0.2%，其中，1季度同比下降1.2%，2、3季度同比分别上涨0.3%、0.3%，4季度下降

[①] 农产品生产者价格是指农业生产者首次直接出售其生产的农产品时实际获得的价格。

1.6%。种植业产品、林业产品、饲养动物及其产品、渔业产品生产者价格涨跌互现。

1. 种植业产品生产者价格上涨1.8%。分季度看，1～3季度农业产品生产者价格分别上涨2.6%、0.7%、1.4%，4季度下降1%（图9至图14）。

（1）粮食生产者价格上涨2.6%。分季度看，1～4季度分别上涨1.6%、1.3%、3.9%和2.3%。分品种看，谷物生产者价格上涨2.7%，其中，小麦、稻谷和玉米分别上涨5.1%、2.2%和1.7%。豆类上涨2.4%，其中，大豆上涨1.8%。薯类上涨2.7%。分区域看，粮食主产区[①]生产者价格上涨2.9%，主销区生产者价格上涨2.6%，其他地区上涨1.7%。

（2）棉花（籽棉）生产者价格下降12.9%。分季度看，1～2季度生产者价格同比分别上涨2.5%、0.3%，4季度下降29.3%。在棉花主产省中，4季度新疆棉花同比下降30.1%。

（3）油料生产者价格下降0.1%。分季度看，1～2季度分别下降3.3%、1.5%，3～4季度分别上涨0.1%、2.2%。分品种看，油菜籽上涨1.3%，芝麻上涨4.2%，花生下降3.8%。

（4）糖料生产者价格下降0.3%。分季度看，1季度上涨2.1%，2季度下降3.7%，4季度下降0.9%。分品种看，甘蔗下降0.1%，甜菜下降2.4%。

（5）蔬菜生产者价格下降1.5%。分季度看，1季度上涨0.6%，2～4季度分别下降3.4%、2.6%和1.8%。分种类看，叶菜类下降2.6%，白菜类下降1.8%，瓜菜类下降3.1%，根块类上涨2.3%，葱蒜类上涨1.8%，食用菌上涨0.7%。

（6）水果生产者价格上涨6.4%。分季度看，1～2季度分别上涨12.2%、6.9%，3季度下降1.9%，4季度上涨4.2%。分品种看，苹果上涨8.5%，梨上涨23.3%，柑橘上涨6.8%。

2. 林业产品生产者价格下降0.6%。分季度看，1～2季度分别下降0.5%、0.6%，3季度上涨3.2%，4季度下降2.1%。分种类看，木材上涨4.7%，竹材上涨0.2%，胶脂和果实类林产品下降14.9%，其中橡胶下降18.1%。

3. 饲养动物及其产品生产者价格下降2.9%。

（1）生猪生产者价格下降7.8%。分季度看，1～4季度生猪生产者价格同比分别下降11.1%、8%、4.7%和7.1%。分区域来看，生猪主产省[②]生产者价格下降7.2%，其他省份下降6.5%。

（2）活牛、活羊、家禽等产品生产者价格上涨。活牛和活羊生产者价格分别上涨4.4%和0.8%；活家禽上涨4.4%，其中，活鸡、活鸭和活鹅分别上涨4.9%、4.1%和2.6%；禽蛋上涨5.7%，其中，鸡蛋上涨7.9%；生奶上涨7.9%；动物毛类产品下降1.6%。

4. 渔业产品生产者价格上涨3.1%。分季度看，1～4季度分别上涨3.3%、5.6%、0.1%和1%。海水养殖产品上涨1.9%，海水捕捞产品上涨3.1%；淡水养殖产品上涨3.8%，淡水捕捞产品上涨1.5%。

[①]粮食主产区包括河北、内蒙古、辽宁、吉林、黑龙江、江苏、安徽、江西、山东、河南、湖北、湖南、四川13个省份；粮食主销区包括北京、天津、上海、浙江、福建、广东、海南7个省份；其他地区指除上述主产区、主销区以外的省份。

[②]生猪主产省包括河北、辽宁、江苏、浙江、安徽、江西、山东、河南、湖北、湖南、广东、广西、重庆、四川、云南15个省份，其他省份为非生猪主产省。

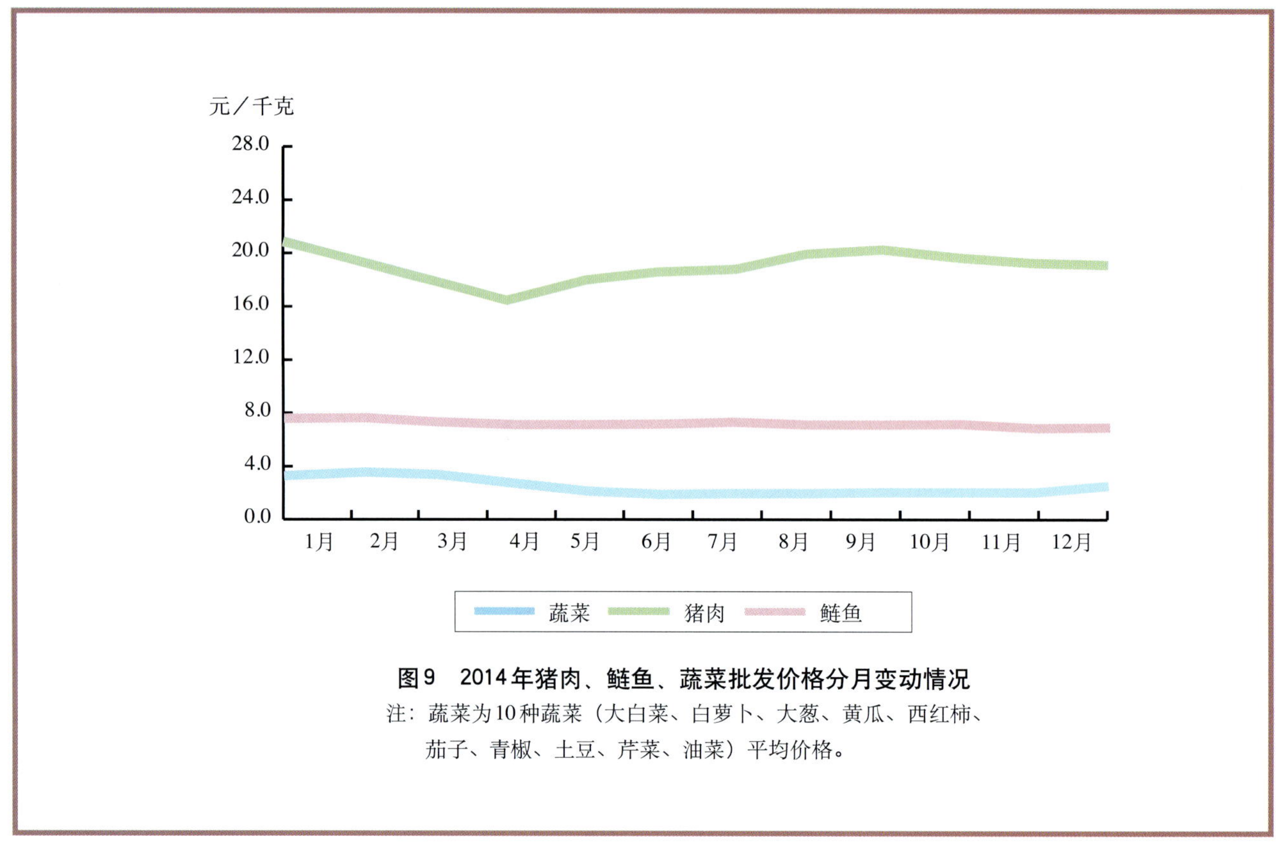

图9　2014年猪肉、鲢鱼、蔬菜批发价格分月变动情况

注：蔬菜为10种蔬菜（大白菜、白萝卜、大葱、黄瓜、西红柿、茄子、青椒、土豆、芹菜、油菜）平均价格。

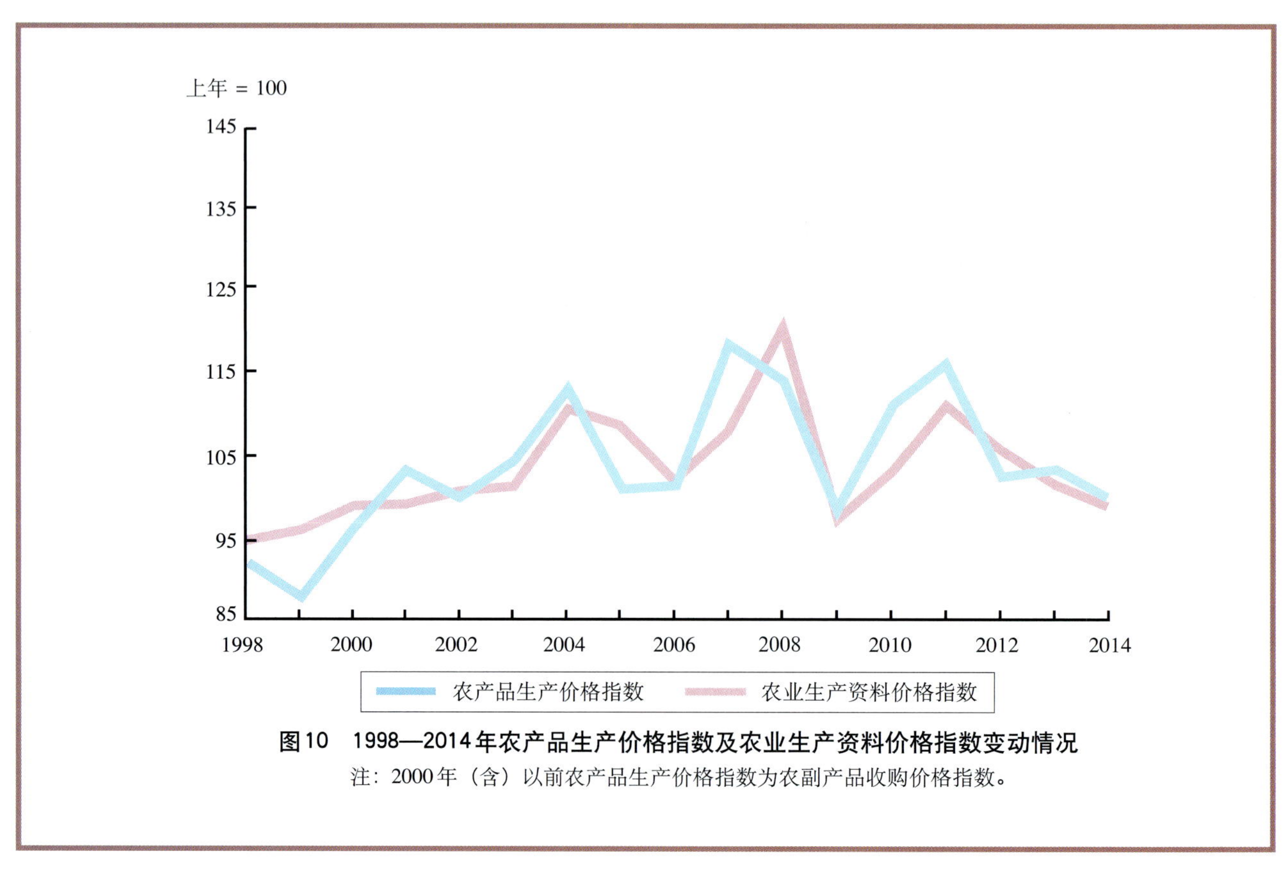

图10　1998—2014年农产品生产价格指数及农业生产资料价格指数变动情况

注：2000年（含）以前农产品生产价格指数为农副产品收购价格指数。

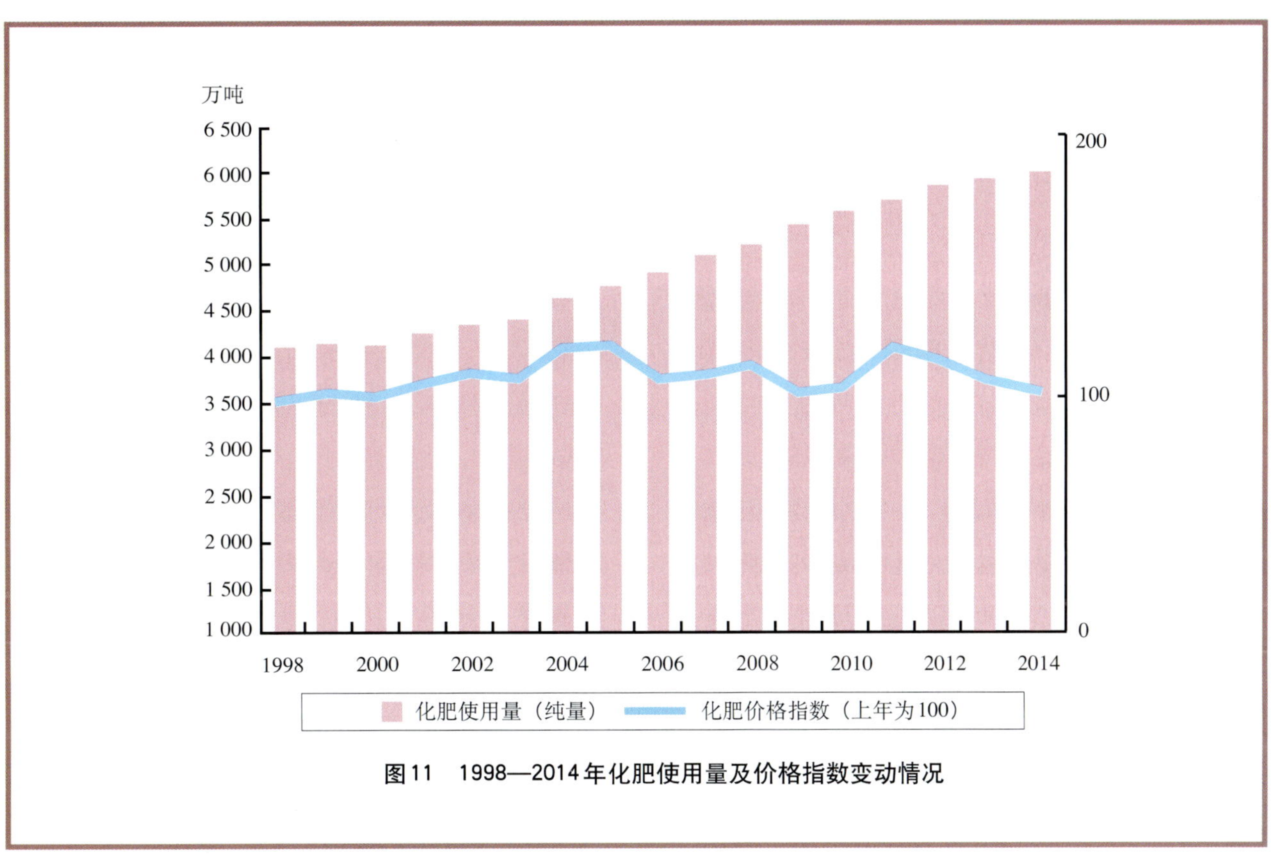

图11　1998—2014年化肥使用量及价格指数变动情况

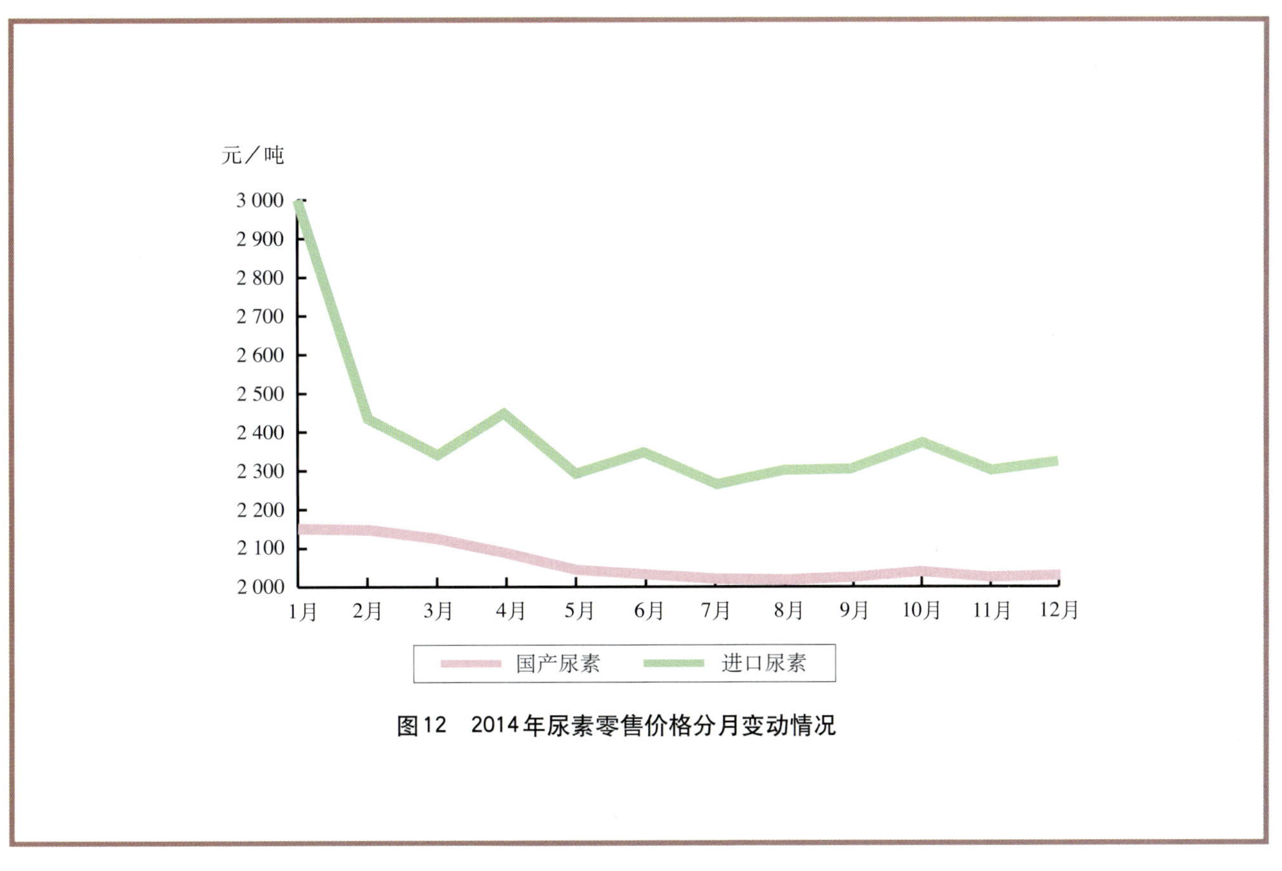

图12　2014年尿素零售价格分月变动情况

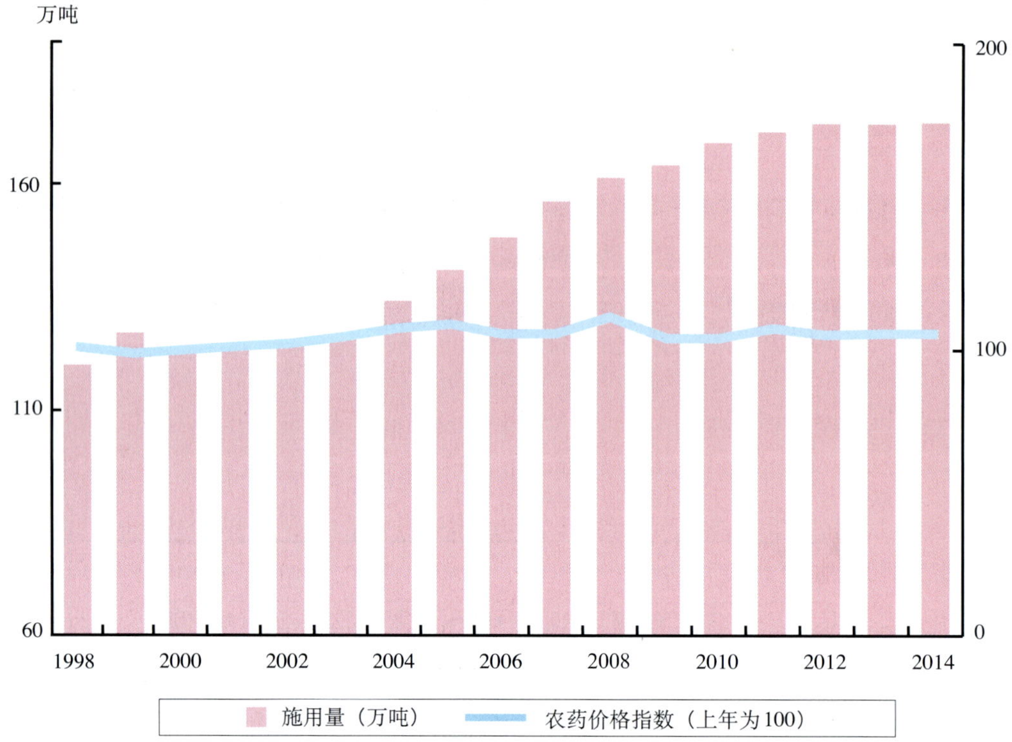

万吨
200
160
100
110
60
0
1998
2000
2002
2004
2006
2008
2010
2012
2014
施用量（万吨）
农药价格指数（上年为100）

图13 1998—2014年农药施用量及价格指数变动情况

万吨
9 000
8 000
7 000
6 000
5 000
4 000
3 000
2 000
1 000
0
1998
2000
2002
2004
2006
2008
2010
2012
2014
化肥生产量
化肥进口量

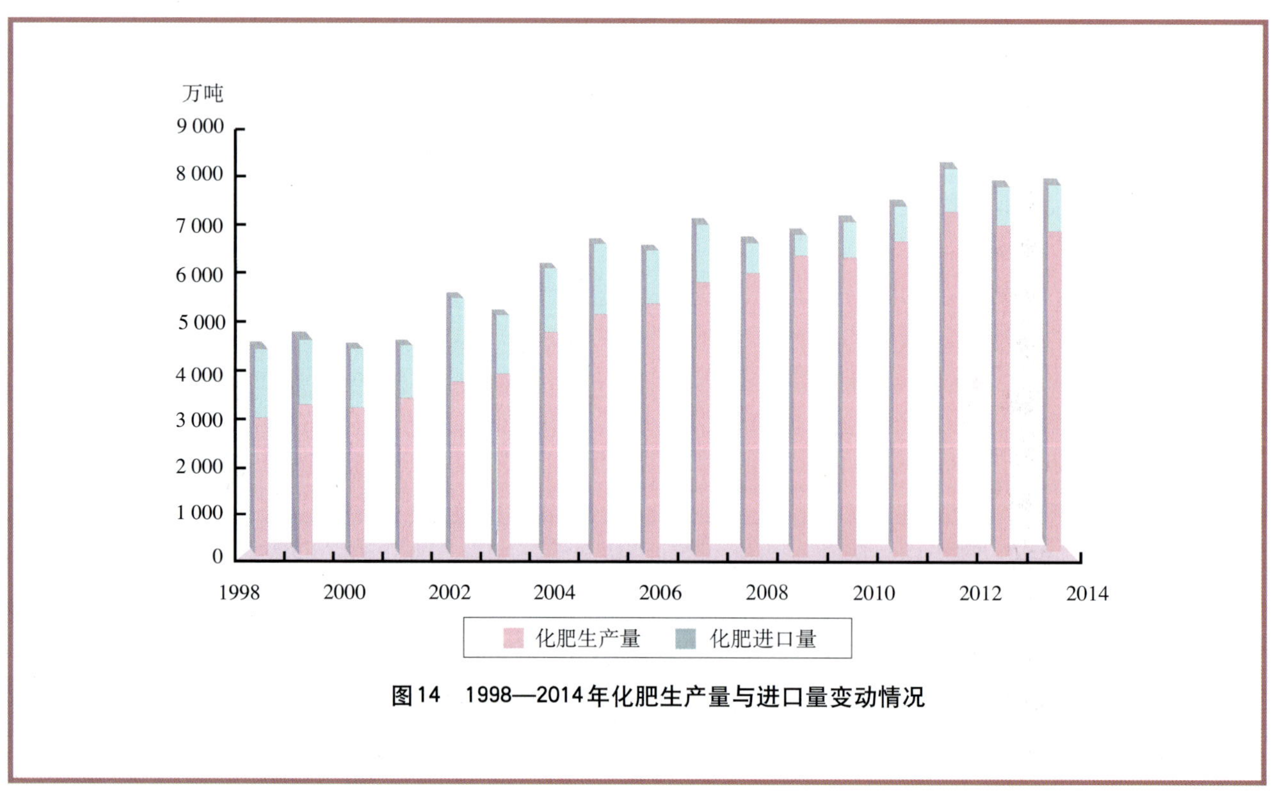

图14 1998—2014年化肥生产量与进口量变动情况

（二）农产品集贸市场价格 2014年，除棉花、花生仁、猪价格下降外，多数农产品集贸市场价格上涨。其中，价格涨幅最大的是鸡蛋，其次是牛肉和羊肉。2014年1—12月，棉花、花生和猪肉集贸市场价格比上年下降2.7%、10.3%和13.3%；鸡蛋价格上涨10.8%；牛肉和羊肉价格上涨6.7%和4.9%；粳稻、小麦和玉米价格分别上涨2.3%、2.8%和2.9%。

（三）农村居民消费价格 2014年，全国农村居民消费价格比上年上涨1.8%，比全国平均消费价格涨幅低0.2个百分点（图15）。分类别看，食品价格比上年上涨2.6个百分点，低于全国平均涨幅0.5个百分点，其中，涨幅最快的是鲜果和蛋，农村居民消费价格分别比上年上涨17.1%和10.3%；衣着价格和家庭设备用品及维修服务价格分别上涨2.4%和1.2%，与全国平均价格涨幅持平；医疗保健和个人用品价格上涨1.5%，高于全国0.2个百分点；交通和通信价格与上年持平；娱乐教育文化用品及服务价格上涨1.7%，低于全国0.2个百分点；居住价格上涨1.9%，低于全国0.1个百分点；烟酒及用品价格比上年下降0.5%。

（四）农村商品零售价格 2014年，全国农村商品零售价格比上年增长1.0%，增幅比上年低0.8个百分点。分类别看，食品增长2.5%，其中，干鲜瓜果类增速最快，零售价格增长13.7%；其次是蛋类和液体及乳和乳制品类，分别增长10.4%和6.3%；饮料、烟酒类与上年持平；服装、鞋帽类增长2.3%；纺织品增长1.6%；日用品增长0.8%；体育娱乐用品增长0.1%；家具增长1.1%。

（五）乡村社会消费品零售额 2014年，实现乡村社会消费品零售总额36 947.9亿元，比上年增长15.6%，而城镇社会消费品零售额增速仅为11.8%，乡村社会消费品零售额增速高于城镇3.8个百分点，而上年这一增速仅比城镇高1.7个百分点。

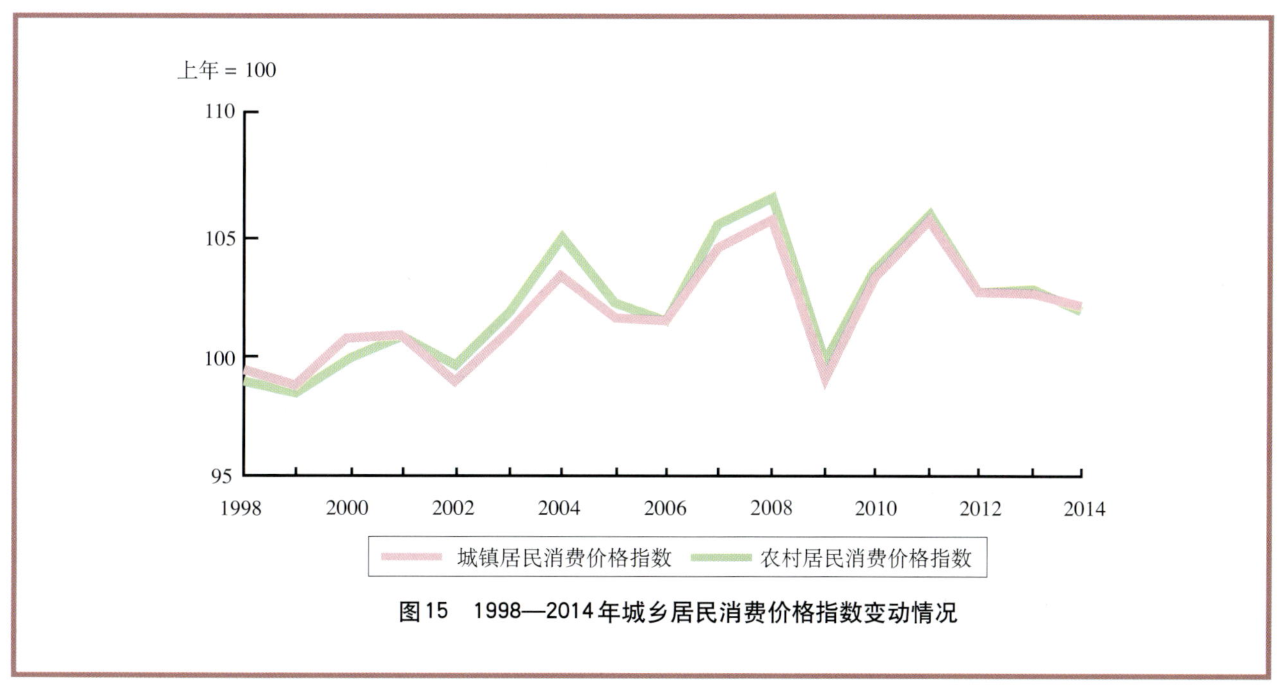

图15 1998—2014年城乡居民消费价格指数变动情况

农产品进出口

2014年，我国农产品出口增幅大于进口增幅，农产品贸易逆差有所下降。全年农产品进出口贸易总额1 945.0亿美元，比上年增长4.2%。其中，出口额719.6亿美元、增长6.1%，进口额1 225.4亿美元、增长3.1%。农产品贸易逆差为505.8亿美元，比上年下降0.9%（图16、图17）。

（一）谷物净进口同比增长38.0% 2014年，我国谷物[①]出口76.9万吨，同比下降23.1%；进口1 951.6万吨，增长33.8%；净进口1 874.6万吨，增长38.0%（图18）。

2014年，我国谷物出口额6.0亿美元，同比下降13.9%；进口额为62.2亿美元，增长21.9%；贸易逆差为56.2亿美元，增长27.6%。其中，小麦产品逆差8.7亿美元，大麦产品逆差15.7亿美元，玉米产品逆差7.2亿美元，稻谷产品逆差8.8亿美元。

稻谷产品　2014年，出口41.9万吨，同比下降12.4%；进口257.9万吨，增长13.6%；净进口216.0万吨，增长20.5%。在稻谷产品进出口中，大米出口占95.1%，进口占98.4%。

2014年，我国稻谷产品出口额3.8亿美元，同比下降9.2%；进口额12.5亿美元，增长15.8%。稻谷产品包括大米、大米粉、稻谷和种用稻谷。

玉米产品　2014年，出口2.0万吨，同比下降74.2%；进口259.9万吨，下降20.4%；净进口257.9万吨，下降19.1%。

2014年，我国玉米产品出口额0.08亿美元，同比下降76.8%；进口额为7.3亿美元，下降22.2%。玉米产品包括玉米、玉米粉、其他加工玉米和种用玉米。

小麦产品　2014年，出口19.0万吨，同比下降31.9%；进口300.4万吨，下降45.7%；净进口281.5万吨，下降46.5%。

2014年，我国小麦产品出口额1.1亿美元，同比下降27.1%；进口额9.8亿美元，增长48.0%。小麦产品包括小麦、小麦粉和种用小麦。

大麦产品　2014年，进口541.3万吨，同比增长1.3倍。

2014年，我国大麦产品进口额15.7亿美元，同比增长97.1%。大麦产品包括大麦、加工大麦和种用大麦。

（二）食用油籽进口同比增长14.3%，食用植物油进口下降14.6%

食用油籽　2014年，出口87.2万吨，同比增长0.3%；进口7 751.8万吨，增长14.3%。其中，大豆进口7 139.9万吨，增长12.7%；油菜籽进口508.1万吨，增长38.7%。

2014年，我国食用油籽出口额14.3亿美元，同比下降9.0%；进口额445.1亿美元，增长7.5%；贸易逆差430.8亿美元。其中，大豆出口额2.0亿美元，下降1.3%；进口额402.7亿美元，增长6.0%；贸易逆差400.7亿美元。

食用植物油　2014年，出口13.5万吨，同比增长16.0%；进口787.3万吨，下降14.6%。其中，豆油进口113.5万吨，下降1.9%。棕榈油进口532.4万吨，下降11.0%；菜油进口81.0万吨，下降47.0%。

2014年，我国食用植物油出口额2.05亿美

[①]谷物包括大麦、稻谷、小麦、玉米、高粱、燕麦、谷子、黑麦及其他谷物产品。

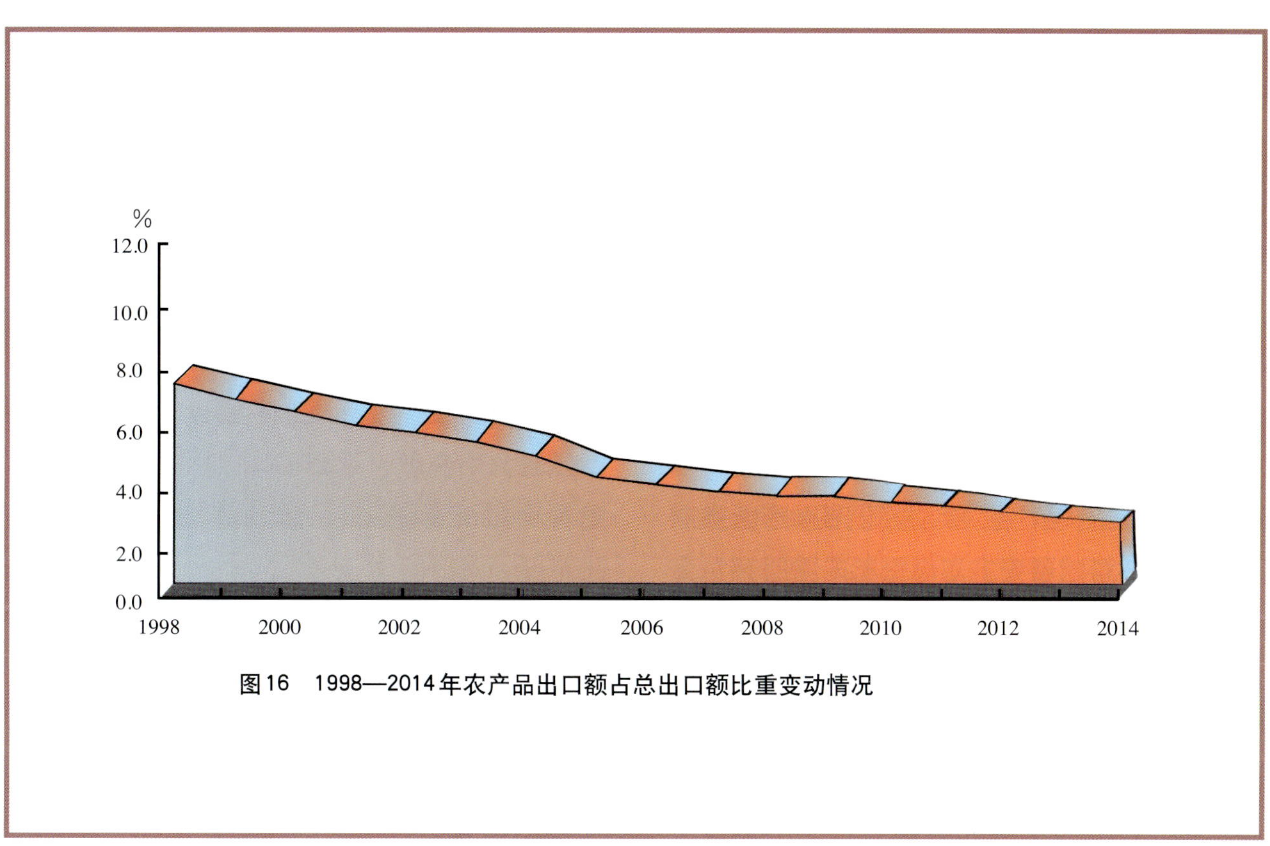

图16　1998—2014年农产品出口额占总出口额比重变动情况

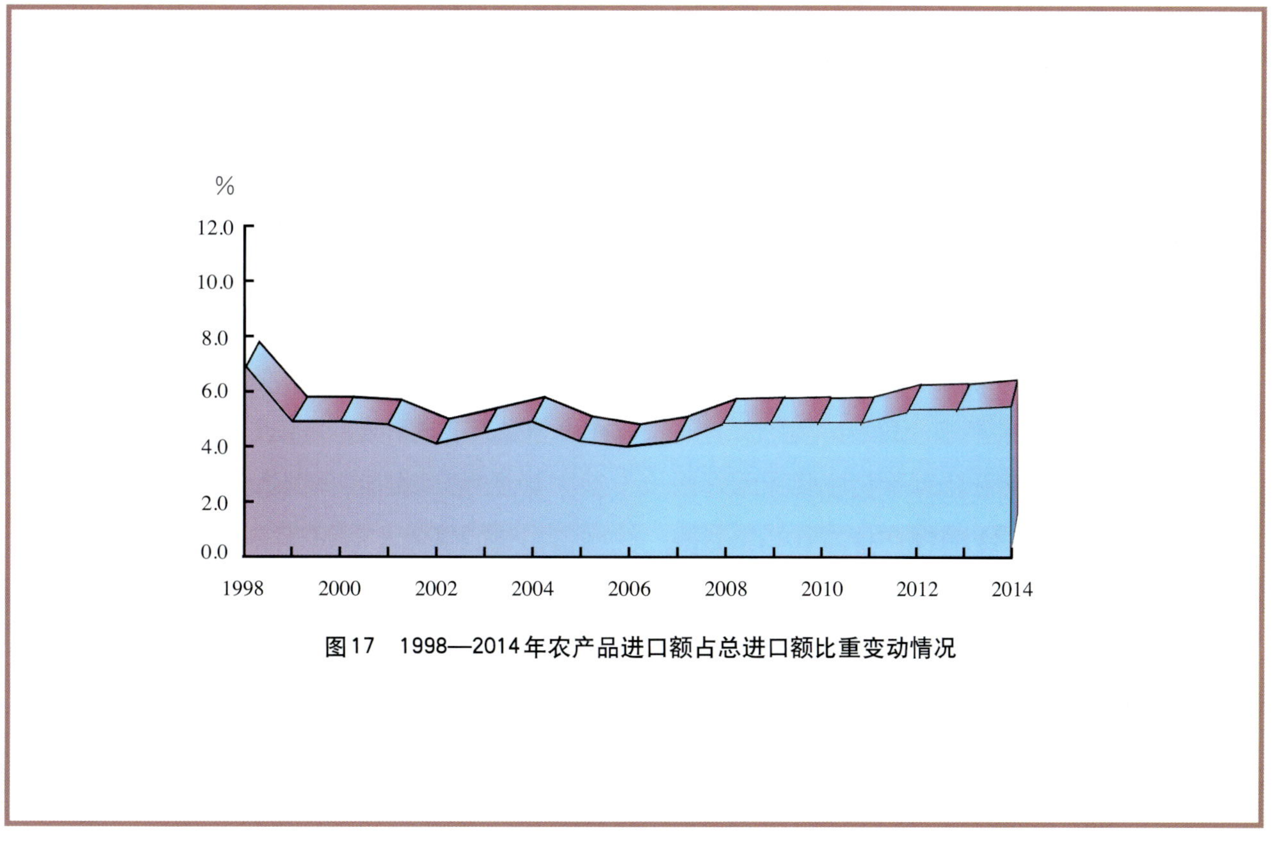

图17　1998—2014年农产品进口额占总进口额比重变动情况

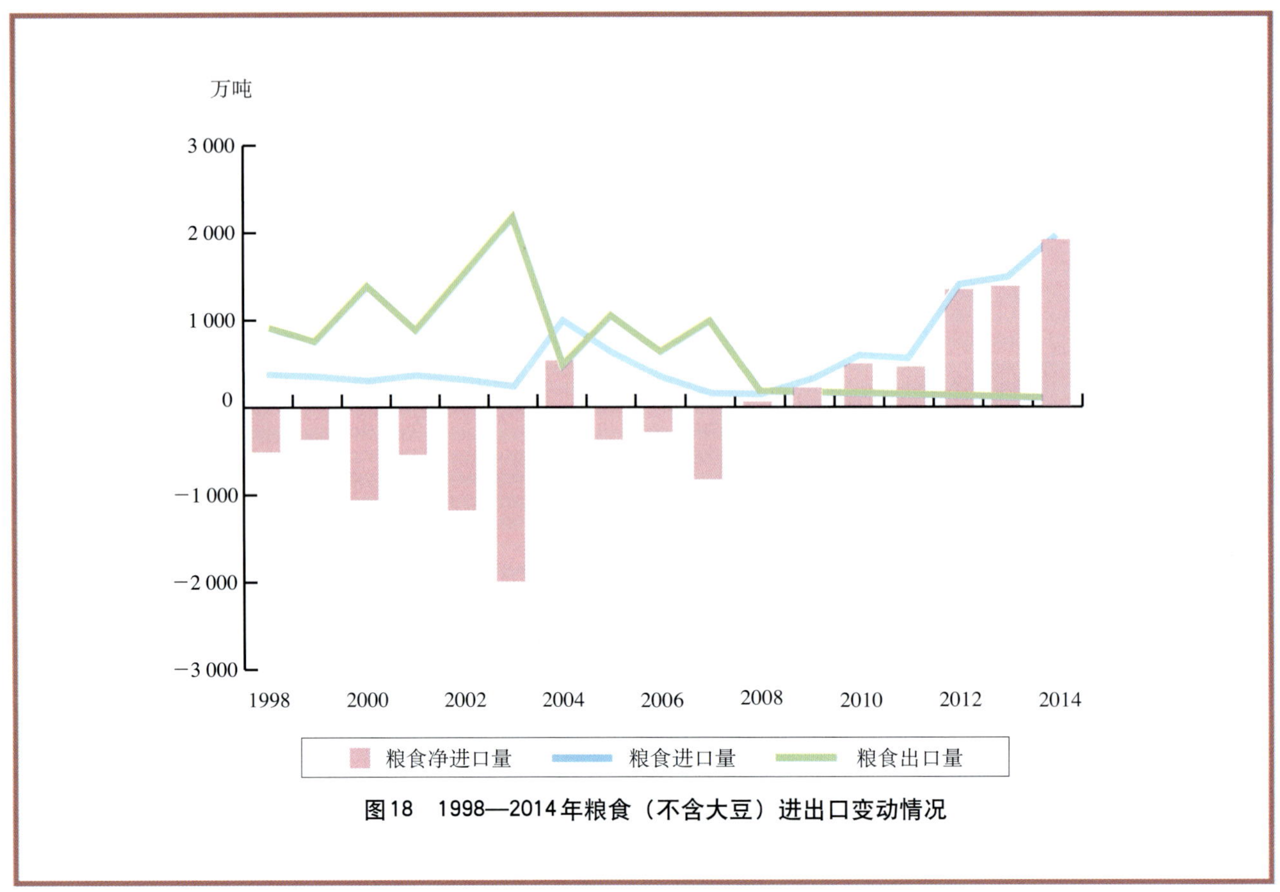

图18　1998—2014年粮食（不含大豆）进出口变动情况

元，同比增长3.8%；进口额70.5亿美元，下降21.2%；贸易逆差68.4亿美元。

（三）棉花进口量同比下降40.7%，食糖进口量下降23.3%，蔬菜进出口均增长，水果进口增长出口下降；畜产品贸易逆差增长18.0%，水产品贸易顺差增长7.6%

棉花　2014年，出口1.43万吨，同比增长77.1%；进口266.9万吨，下降40.7%。

2014年，我国棉花出口额0.31亿美元，同比增长84.9%；进口额51.56亿美元，下降40.9%；贸易逆差51.3亿美元。

食糖　2014年，出口4.6万吨，同比下降3.3%；进口348.6万吨，下降23.3%。

2014年，我国食糖出口额0.38亿美元，同比下降9.4%；进口额14.94亿美元，下降27.8%；贸易逆差14.56亿美元。

蔬菜　2014年，出口976.0万吨，同比增长1.5%；进口22.2万吨，同比增长6.5%。

2014年我国蔬菜出口额125.0亿美元，同比增长7.9%；进口额5.1亿美元，增长21.7%。贸易顺差119.8亿美元。

水果　2014年，出口436.1万吨，同比下降9.9%；进口400.9万吨，增长21.9%。

2014年，我国水果出口额61.8亿美元，同比下降2.3%；进口额51.2亿美元，增长23.1%。贸易顺差10.61亿美元。

畜产品　2014年，出口额68.4亿美元，同比增长5.0%；进口额221.7亿美元，增长13.6%；贸易逆差153.2亿美元，增长18.0%。其中，生猪产品出口13.8亿美元，增长9.6%；

进口24.9亿美元，下降6.6%。禽产品（家禽类）出口18.5亿美元，增长0.4%；进口9.2亿美元，下降13.6%。

水产品　2014年，出口额217.0亿美元，同比增长7.1%；进口额91.9亿美元，增长6.3%；水产品贸易顺差125.1亿美元，增长7.6%。

（四）一般贸易是我国进出口贸易的主要方式，分别占我国进出口贸易总额的82.0%和80.6%　一般贸易方式出口590.0亿美元，同比增长5.9%，占我国农产品出口总额的82.0%，下降0.2个百分点；进料加工方式出口78.8亿美元，增长3.7%，占11.0%，减少0.3个百分点；来料加工装配贸易方式出口18.8亿美元，下降2.3%，占2.6%，减少0.2个百分点；边境小额出口17.7亿美元，增长21.0%，占2.5%，增加0.3个百分点。

一般贸易方式进口987.6亿美元，同比增长2.4%，占我国农产品进口总额的80.6%，减少0.5个百分点；保税区仓储转口货物贸易方式进口85.5亿美元，下降3.7%，占7.0%，下降0.5个百分点；进料加工方式进口80.0亿美元，增长6.5%，占我国6.5%，增加0.2个百分点；保税仓库进出境货物贸易方式进口39.5亿美元，增长16.5%，占3.2%，增加0.4个百分点。

（五）亚洲是我国农产品第一大出口市场，第三大进口市场；北美洲为我国农产品第一大进口市场，第三大出口市场　亚洲是我国农产品第一大出口市场，2014年对亚洲出口456.5亿美元，增长8.4%，占我国农产品出口总额的63.4%，比上年增加1.3个百分点。欧洲为第二大出口市场，对欧洲出口113.0亿美元，增长4.6%，占15.7%，比上年减少0.2个百分点。北美洲为第三大出口市场，对北美洲出口85.6亿美元，增长2.2%，占11.9%，比上年减少0.5个百分点。对非洲、南美洲和大洋洲分别出口28.6亿美元、22.7亿美元和13.3亿美元，增幅分别为1.3%、－7.7%和5.1%，对这三大洲出口金额合计占我国农产品出口总额的9.0%，减少0.7个百分点。

就国际组织来看，我国对东盟、北美自由贸易协定组织和欧盟分别出口135.8亿美元、91.8亿美元和85.1亿美元，增幅分别为13.8%、2.0%和4.6%。

从出口国家和地区来看，2014年出口前10位的国家和地区依次是：日本111.4亿美元，同比下降1.0%，占我国农产品出口总额的15.5%；中国香港87.4亿美元，增长11.3%，占12.1%；美国75.3亿美元，增长1.8%，占10.5%；韩国48.7亿美元，增长10.8%，占6.8%；越南29.9亿美元，增长27.6%，占4.2%。其次是泰国、马来西亚、俄罗斯、中国台湾和德国，出口额分别为28.6亿美元、27.9亿美元、23.4亿美元、23.3亿美元和20.8亿美元，对这五个国家和地区的出口额合计占我国农产品出口总额的17.2%。

2014年北美洲是我国进口农产品第一大洲，进口额为344.2亿美元，同比增长5.8%，占我国农产品进口总额的28.1%，增加0.7个百分点；从南美洲进口居第二位，为321.8亿美元，下降2.8%，占26.3%，减少1.6个百分点；从亚洲进口234.3亿美元，增长3.1%，占19.1%，增加0.01个百分点；从大洋洲、欧洲以及非洲的进口额分别为150.3亿美元、142.4亿美元和32.3亿美元，分别增长5.1%、8.6%和4.0 %，三者合计占我国农产品进口总额的26.5%，比上年增加0.8个百分点。

从国际组织来看，从北美自由贸易协定组织、东盟和欧盟进口分别为345.7亿美元、164.6亿美元和110.0亿美元，分别增长5.8%、8.4%和7.0%。

从进口国家看，2014年进口前10位国家依次是：美国287.8亿美元，同比增长7.9%，占我国农产品进口总额的23.5%；巴西215.9亿美元，下降4.1%，占17.6%；澳大利亚81.6亿美元，下降5.0%，占6.7%；新西兰68.0亿美元，增长21.2%，占5.5%；加拿大55.8亿美元，下降3.3%，占4.6%；其次是泰国、阿根廷、印度尼西亚、马来西亚和法国，进口额分别为50.9亿美元、45.2亿美元、40.6亿美元、34.9亿美元和30.9亿美元，分别增长16.6%、－9.4%、14.4%、－12.0%和3.9%，这五个国家进口额合计占我国农产品进口总额的16.5%。

（六）东部地区进出口均居第一；各地区出口均有不同程度的增长 2014年，我国东部地区农产品出口额487.4亿美元，同比增长6.1%，占我国农产品出口总额的67.7%，与上年持平；进口额998.8亿美元，增长3.0%，占我国农产品进口总额的81.5%，减少0.08个百分点。

西部地区出口额为84.3亿美元，同比增长9.7%，占我国农产品出口总额的11.7%，增加0.2个百分点；进口额87.0亿美元，下降1.3%，占我国农产品进口总额的7.1%，减少0.4个百分点。

东北地区出口额为78.9亿美元，同比增长0.9%，占我国农产品出口总额的11.0%，减少0.4个百分点；进口额100.1亿美元，增长12.7%，占我国农产品进口总额的8.2%，增加0.8个百分点。

中部地区出口额69.0亿美元，同比增长8.1%，占我国农产品出口总额的9.6%，增加0.2个百分点；进口额39.4亿美元，下降5.8%，占我国农产品进口总额的3.2%，下降0.3个百分点。

2014年出口前五位的省依次是：山东168.3亿美元，同比增长4.7%，占我国农产品出口总额的23.7%；广东92.3亿美元，增长6.2%，占12.8%；福建84.6亿美元，增长7.7%，占11.8%；浙江52.6亿美元，增长0.9%，占7.3%；辽宁50.8亿美元，增长6.6%，占7.1%。

进口前五位的省（市）依次是：广东226.9亿美元，同比增长11.1%，占我国农产品进口总额的18.5%；山东213.3亿美元，增长8.0%，占17.4%；江苏177.6亿美元，下降3.8%，占14.5%；上海101.3亿美元，增长1.3%，占8.3%；天津88.5亿美元，下降2.4%，占7.2%。

农村居民收入与消费

据国家统计局对全国31个省（自治区、直辖市）16万户居民家庭开展的城乡一体化住户抽样调查①，2014年，全国农村居民人均收入持续较快增长，农村居民消费支出稳定增加。

①2012年4季度，国家统计局实施了城乡一体化住户调查改革，统一了城乡居民收入名称、分类和统计标准，在全国统一抽选了16万户城乡居民家庭，直接开展全国住户收支与生活状况调查。本节使用数据均来源于此项调查。

（一）农村居民收入

1. 人均可支配收入[①]。2014年，全国农村常住居民人均可支配收入10 489元，同比增长11.2%，剔除价格因素影响，实际增长9.2%，农村居民人均纯收入9 892元。[②]

2014年，农村居民人均可支配收入中位数[③] 9 497元，比上年增长12.7%。中位数收入比平均收入低9.5%，名义增速高于平均收入增速1.5个百分点。

（1）工资性收入增长13.7%。2014年，农村居民人均工资性收入4 152元，增长13.7%。农村居民工资性收入增长的主要原因：一是农民工人数继续保持增长，比上年增长1.9%。二是大多数省份在2014年上调了最低工资标准和企业工资指导线，农民工工资保持了较快增长，月均收入同比增长9.8%。但随着各地产业转型升级步伐加快，部分地区压缩过剩产能，调节产业结构，影响了部分人员工资增速，农民工的工资性收入增长与上年相比有所放缓。

（2）经营净收入增长7.7%。2014年，农村居民人均经营净收入4 237元，增长7.7%。农村居民经营净收入增长的主要原因是：农村居民人均第一产业经营净收入增长5.6%。其中，人均种植业净收入增长6.8%。主要是种植业产品价格和粮食产量总体有所上升，水果、蔬菜、药材等生产情况较好。人均牧业净收入下降3.7%，主要是受猪肉、羊肉、奶、毛绒价格明显下跌的影响。此外，油价下跌以及化肥等农业生产资料价格的下降，降低了农村居民家庭生产经营成本，拉动农村居民经营净收入较快增长。

（3）财产净收入增长14.1%。2014年，农村居民人均财产净收入222元，增长14.1%。农村居民财产净收入增长的主要原因是：农村土地流转和规模经营增长较快，农村居民人均转让承包土地经营权租金净收入增长40.3%。

（4）转移净收入增长13.9%。2014年，农村居民人均转移净收入1 877元，增长13.9%。转移净收入增长的主要原因是：各地陆续提高农村低保、农村基本养老等社保标准，提高新农合报销范围和标准，进一步加大强农惠农政策力度，带动农村居民人均转移净收入保持较快增长速度。

（5）工资性收入占可支配收入比重稳定提高。2014年，农村居民人均工资性收入占可支配收入的39.6%，比2013年提高0.9个百分点；转移性净收入占17.9%，比2013年提高0.4个百分点；财产性净收入占2.1%，与2013年持平；家庭经营净收入占40.4%，比2013年下降1.3个百分点。

2. 收入特点。

（1）中西部地区农村居民收入增速较快。分区域看，2014年收入水平较低的中部、西部地区农村居民收入增速较快，均为11%以上，高于收入水平较高的东部和东北地区。其中，西部地区农村居民人均可支配收入增速最快，

①根据城乡一体化住户收支调查，国家统计局于2015年正式公布了城乡可比、口径统一的新口径城乡常住居民人均可支配收入和人均消费支出。计算农村居民人均可支配收入时不包括在城镇地区常住的农民工。同时为满足政策需求，按照一体化改革前的农村住户调查老口径推算农村居民人均纯收入大数。

②若无特殊说明，本节各项收入和消费增长均未考虑价格因素影响。因四舍五入原因，部分数据存在分项数据与合计数据有误差的情况。

③收入中位数：指将调查中所有农村常住居民户按人均可支配收入水平从低到高顺序排列，处于最中间位置调查户的人均可支配收入。

为11.5%，比中部地区高0.1个百分点，比东部地区高0.6个百分点，比东北地区高0.8个百分点。东部地区与西部地区农村居民人均可支配收入之比为1.58 ∶ 1，东北地区与西部地区农村居民人均可支配收入之比为1.30 ∶ 1，中部地区与西部地区农村居民人均可支配收入之比为1.21 ∶ 1。

（2）中等收入以上组农村居民收入增长较快。按人均可支配收入从低到高进行五等份分组，中等收入以上组农村居民收入增速较快。其中，中等收入组农村居民人均可支配收入增速为12.6%，中等偏上收入组农村居民人均可支配收入增速为13.8%，高收入组农村居民人均可支配收入增速为12.3%。中等偏下收入组农村居民人均可支配收入增速为10.7%，低收入组农村居民人均可支配收入同比下降3.8%。高、低收入组农村居民人均可支配收入之比为8.65 ∶ 1，比2013年高低收入组之比有所扩大。低收入组农村居民人均可支配收入增速下降的主要原因是：2014年部分农产品价格下降明显，农业经营亏损户增多，使农村低收入人群收入出现负增长。

（二）农村居民消费 2014年，全国农村居民人均消费支出8 383元，比上年增加897元，增长12.0%，剔除价格因素影响，实际增长10.0%（图19）。

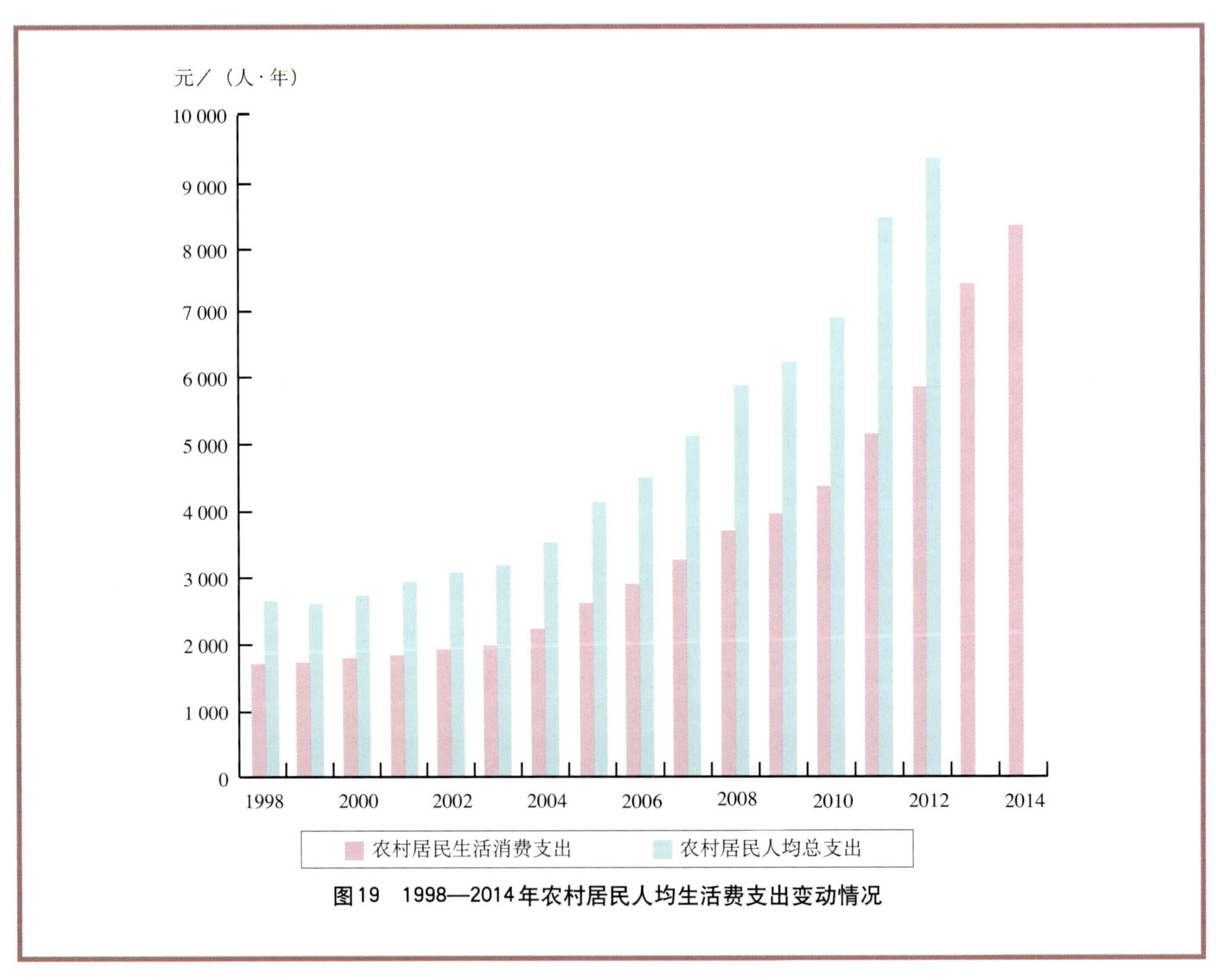

图19 1998—2014年农村居民人均生活费支出变动情况

1．食品烟酒支出增长10.2%。2014年，农村居民人均食品烟酒支出2 814元，同比增长10.2%。其中，粮油支出增长0.8%；蔬菜支出增长6.0%；肉禽支出增长8.8%；水产品支出增长14.6%；蛋类支出增长20.9%；奶类支出增长20.4%；烟酒支出增长13.8%；在外饮食服务类支出增长15.9%。

2．衣着支出增长12.5%。2014年，全国农村居民人均衣着支出510元，同比增长12.5%。其中，服装类支出增长10.4%；鞋类支出增长19.2%。

3．居住支出增长11.6%。2014年，全国农村居民人均居住支出1 763元，同比增长11.6%。其中，住房维修及管理支出增长9.1%；水电燃料及其他支出增长8.4%。

4．生活用品及服务支出增长11.3%。2014年，全国农村居民人均生活用品及服务支出506元，同比增长11.3%。人均生活用品及服务支出中，家具及室内装饰品支出增长2.4%；家用纺织品支出增长7.7%；家庭日用杂品支出增长21.9%；家庭服务支出增长10.1%。

5．交通通信支出增长15.7%。2014年，全国农村居民人均交通通信支出1 013元，同比增长15.7%。其中，交通支出增长14.2%；通信支出增长18.8%。

6．教育文化娱乐支出增长13.9%。2014年，全国农村居民人均教育文化娱乐支出860元，同比增长13.9%。其中，教育支出增长12.5%；文化娱乐支出增长18.4%。

7．医疗保健支出增长12.8%。2014年，全国农村居民人均医疗保健支出754元，同比增长12.8%。其中，医疗器具及药品支出增长18.7%；医疗服务性支出增长10.6%。

8．其他用品和服务支出增长13.0%。2014年，全国农村居民人均其他用品和服务支出163元，同比增长13.0%。其中，其他用品支出增长10.1%；其他服务性支出增长18.5%。

与上年比较，2014年农村居民八大项消费结构略有变动。在农村居民消费支出中：食品烟酒支出占33.6%，比上年下降0.5个百分点；衣着支出占6.1%，与上年持平；居住支出占21.0%，略降0.1个百分点；生活用品及服务支出占6.0%，与上年持平；交通通信支出占12.1%，提高0.4个百分点；教育文化娱乐支出占10.3%，提高0.2个百分点；医疗保健支出占9.0%，提高0.1个百分点；其他用品及服务支出占1.9%，与上年持平。

财政支农投入

2014年，国家继续强化农业支持保护制度，进一步加大支农力度，并通过各种渠道投入到现代农业建设中。其中，农业部共安排中央基本建设和财政专项支农资金1 705.26亿元。据统计，基本建设投资289.35亿元，重点支持农业综合生产能力建设、农业科技创新能力建设、农业公共服务能力条件建设、农业资源和环境保护与利用条件建设、民生基础设施五个方面的建设；财政专项资金1 415.91亿元，包括部门预算和专项转移支付两类项目，其中转移支付项目重点支持生产补贴、科技服务、防灾减灾和生态资源保护四个领域的项目。

（一）基本建设投资

1．农业综合生产能力建设170.76亿元。包括新增千亿斤粮食田间工程及农技服务体系119亿元，国家现代农业示范区标准农田4亿元，海南冬季瓜菜生产基地1亿元，畜禽标准化规模养殖小区38亿元，海洋渔船更新改造4.74亿元，农垦天然橡胶基地1.02亿元，棉花生产基地3亿元。

2．农业科技创新能力建设12.19亿元。包括种植业种子工程5亿元，养殖业良种工程3亿元，农业科技创新能力条件建设4.19亿元。

3．农业公共服务能力条件建设30.95亿元。包括农产品质量安全检验检测体系12亿元，动物防疫体系1.26亿元，渔政渔港工程8亿元，农垦公益性项目（含政法基础设施）1.93亿元，农业科技入户直通车0.85亿元，基层农业技术推广服务体系0.46亿元，农村土地承包纠纷仲裁基础设施建设2亿元，部门自身建设4.45亿元。

4．农业资源和环境保护与利用条件建设46.57亿元。农村沼气工程25亿元，天然草原退牧还草工程20亿元，草原防火0.71亿元，农业湿地保护工程0.29亿元，农业生物资源保护工程0.57亿元。

5．民生基础设施建设28.89亿元。包括垦区棚户区改造及配套基础设施建设21.88亿元，血吸虫病农业综合治理2亿元，以船为家渔民上岸安居工程5亿元。

（二）财政专项资金

1．部门预算245.91亿元。其中，基本支出安排72.77亿元，占29.59%；项目支出安排173.14亿元，占70.41%。

2．专项转移支付项目资金1 170亿元。主要用于促生产、保供给的四大领域项目。一是生产补贴政策项目746亿元。其中，农机购置补贴237.55亿元，农作物良种补贴214.61亿元，畜牧良种补贴12亿元，基础母畜扩群9.4亿元，南方现代草地畜牧业发展3亿元，高产优质苜蓿示范建设3亿元，渔业柴油补贴253.1亿元，祖代鸡补贴资金1.87亿元等。二是科技服务支持政策131亿元。其中，粮棉油糖高产创建20亿元，园艺作物标准化创建6亿元，基层农技推广体系改革建设示范县补助26亿元，旱作农业技术推广10亿元，测土配方施肥补助7亿元，农民培训补助11亿元，现代农业产业技术体系13.23亿元，现代农业示范区改革与建设补助2.5亿元，河北地下水超采综合治理、农作物种植结构调整15亿元等。三是防灾减灾支持政策109亿元。其中，农业防灾增产关键技术补助50.6亿元，动物防疫经费补助58亿元。四是生态与资源保护项目184亿元。其中，草原生态保护补助奖励157亿元，渔业资源保护与渔民转产补助4亿元，农产品产地土壤重金属防治3亿元，耕地保护与质量提升补助8亿元，湖南省重金属污染耕地治理11.56亿元。

农业综合开发

2014年，国家农业综合开发以促进农业可持续发展为主线，大力推进高标准农田建设，着力促进农业产业化经营，积极扶持新型农业经营主体，不断加大改革创新力度，切实加强资金和项目管理，各项工作都取得了重要进展。

（一）以促进农业可持续发展为主线，积极谋划农业综合开发工作新思路

1. 召开国家农业综合开发联席会议，部署农业综合开发工作。2014年3月，召开了国家农业综合开发联席会议，强调农业综合开发要以促进农业可持续发展为主线，以转变农业发展方式、促进农业转型升级为着力点，以科技进步为动力，紧紧围绕提高农业综合生产能力和增加农民收入，进一步创新机制、优化布局、加强管理，不断提高农业综合开发的水平和效益。会议审议通过了国家农业综合开发联席会议成员名单和《国家农业综合开发联席会议制度》。为学习贯彻国家农业综合开发联席会议精神，5月，在安徽省合肥市召开了全国农业综合开发工作会议。

2. 广泛调研听取意见，凝心聚力推动农业综合开发工作。紧紧围绕农业综合开发工作面临的新形势和新任务，认真研究、扎实推进农业综合开发工作。一是赴湖南、四川、广东、广西等省区，听取了地方同志和基层群众的意见和建议，并形成了相关调研报告。二是为进一步研究完善有关政策，分别组织召开了完善相关政策座谈会，适时对农业综合开发现代农业园区政策、产业化项目政策、农民合作社持股政策、结构性评审政策等进行了调整完善。三是组织开展了农业综合开发推进现代农业建设研究，提出今后一个时期农业综合开发在推进现代农业建设中的总体思路和具体政策建议。

（二）以建设高标准农田为重点，大力加强农业基础设施建设

1. 继续集中力量抓好高标准农田建设。将《国家农业综合开发高标准农田建设规划》确定的高标准农田建设任务分解到各省，并组织各省编制省级农业综合开发高标准农田建设实施规划，由各省农发机构报省级人民政府批准后实施。同时，将中低产田改造项目与高标准农田示范工程项目并轨，统称为高标准农田建设项目，亩均财政资金投入标准提高到1 100 ～ 1 300元，比上年提高了近10%。继续在内蒙古、甘肃、宁夏等地开展利用政策性贷款实施土地治理项目试点，积极探索撬动金融资本投入农业基础设施建设的有效机制。2014年，中央财政安排222.75亿元（含农业综合开发现代农业园区项目中用于高标准农田和“节水增粮”项目资金），预计建设高标准农田1 879.07千公顷，亩均粮食生产能力比开发前提高100千克以上。

2. 开展新型农业经营主体申报实施高标准农田建设试点和财政补助形成资产交由农民合作社持有管护试点。为转变农业发展方式，培育新型农业经营主体，促进土地适度规模经营，探索建成项目的管护方式和增加农民财产性收入的有效途径，中央财政安排4.57亿元，在28个省（自治区、直辖市）支持338个新型农业经营主体（其中合作社225个）开展高标准农田建设试点；在河北、江苏、陕西等11个省，开展高标准农田项目财政补助形成资产交由新型农业经营主体持有和管护试点。

3. 加快中型灌区节水配套改造步伐。2014年，中央财政安排15.37亿元，新建和续建农业综合开发中型灌区节水配套改造项目175个。在部分省区启动了中型灌区节水配套改造和高标准农田建设同步规划设计、同步建设、同步发挥效益试点，着力打造集信息化、数字化、智能化于一体的现代化中型灌区。

4. 加大生态综合治理力度。2014年，中央财政安排17.7亿元，实施了483个农业综合开发生态综合治理项目，继续在生态脆弱地区开展草原（场）建设、小流域治理和沙化土地治理。同时，中央财政安排8.5亿元，继续推进长江和黄河上中游、东北黑土区、陕甘宁、滇黔桂地区水土流失防治。

（三）以扶持新型农业经营主体为抓手，着力促进农业产业化经营

1. 支持新型农业经营主体发展农业产业化经营。2014年，中央财政安排39.97亿元，以发展壮大区域优势主导产业和带动农民增收为目标，加大对龙头企业、农民专业合作社等新型农业经营主体扶持，加快建设高效种植养殖基地、农产品加工和流通项目，培育壮大区域优势主导产业，提高农业的效益和竞争力。同时，中央财政安排6.19亿元，采取贷款贴息方式，引导和撬动各类金融机构贷款160.66亿元，支持龙头企业发展粮油、果蔬、畜禽等农产品加工。

2. 支持新型农业社会化服务体系建设。中央财政安排5.9亿元，继续支持供销总社开展新型合作示范项目建设，扶持新型农业经营主体开展专业化、标准化、规模化、集约化经营，提高组织化程度，健全农业社会化服务体系，构建新型农业经营体系；开展新型农业社会化服务体系试点，探索积累契约式委托服务，有机肥和低残留农药生产推广使用，以及高标准农膜推广使用和残旧农膜回收利用的经验。

3. 促进种业和木本油料产业稳定发展。中央财政安排4.4亿元，按照农业综合开发项目区的实际需求，支持良种繁育；安排3.8亿元，支持建设油茶、核桃、油橄榄、牡丹籽油等各类木本油料示范基地，进一步加快木本油料产业发展，服务国家粮油体系建设。

（四）以创新为动力，稳步开展各项试点

1. 继续开展国家农业综合开发现代农业园区建设试点。在2013年17个省试点的基础上，将试点范围扩大到除西藏以外的各省（自治区、直辖市）。中央财政安排9.45亿元，对52个农业综合开发现代农业园区项目进行了扶持。同时，进一步严格了立项条件，调整完善了试点政策。

2. 继续开展龙头企业带动产业发展和“一县一特”产业发展试点。在总结2013年试点经验的基础上，中央财政安排12.8亿元继续开展试点，积极探索农民对财政补助资金形成资产持股，并能按一定方式分红，以增加农民财产性收益。

3. 支持开展境外农业综合开发等试点。为贯彻落实党中央、国务院提出的加快实施农业“走出去”战略，统筹用好国内国外两个市场、两种资源，发挥农业综合开发先行先试示范引导作用，中央财政安排3.5亿元，支持黑龙江省农垦总局所属的新友谊农场、宝泉岭分局实施境外农业综合开发试点项目，在俄罗斯滨海边疆地区环兴凯湖区、犹太州阿穆尔河沿岸地区开发耕地46.67千公顷，建设农产品生产基地，探索农业综合开发支持农业“走出去”的有效方式和投资路径。同时，在河北、山东、湖北等6省开展利用农作物秸秆生产有机肥料试点，积极探索秸秆综合利用、有机肥从生产到使用的相关机制。继续开展武陵山民族贫困地区经济发展政策创新实验区建设试点和支持综合扶贫改革试点。

（五）以规范管理为核心，不断强化资金和项目管理

1. 多渠道筹措农业综合开发资金。中央财政预算安排农业综合开发资金360.71亿元，比上年增加32.19亿元，增长9.8%。通过督促地方财政加大投入，引导和撬动金融机构、农民群众等投入资金，全年农业综合开发资金投入共计约695亿元。

2. 严格项目管理。严格落实项目建设“法人制、公示制、监理制、工程招投标制”等项目管理制度。同时，认真做好了开发县管理、外资项目管理、投资参股经营项目后续管理、有偿资金的后续管理、项目评审、项目年度滚动计划管理、监督检查和绩效评价等工作。

3. 加快推进信息化建设。召开了全国农业综合开发信息化建设工作会议。通过现场演示，专家讲解，分组讨论等方式，提高各地对信息化系统建设的认识。

扶贫开发

2014年，扶贫开发取得新进展新成效。全国农村贫困人口从8 249万人减少到7 017万人，减少1 232万人，减幅14.9%。全国农村贫困发生率由8.5%减少到7.2%，下降1.3个百分点。贫困地区（即连片特困地区和国家扶贫开发工作重点县）农民人均纯收入6 221元，比上年增长12.7%，增幅比全国农民平均水平高出1.5个百分点。

（一）扶贫开发投入持续增加 2014年，中央和地方各级财政共安排扶贫资金880亿元，比上年增长20%。其中，中央财政安排专项扶贫资金432.87亿元，比上年增长10%；省级财政安排专项扶贫资金267亿元，比上年增长28%。安排中央专项彩票公益金15亿元。中央和地方定点扶贫资金投入357.6亿元，比上年增长7%。其中，中央层面定点扶贫投入30.2亿元，比上年增长45.2%。东西扶贫协作东部省市援助资金13.4亿元，比上年增长13%。扶贫小额信贷发放998.05亿元，比上年翻了一番。

（二）基础设施明显改善 2014年，解决连片特困地区93个乡镇、1.05万个建制村的道路通畅问题，连片特困地区交通通畅乡镇占比达到93.5%，通畅建制村占比达到70.8%，94.4%的乡镇和78.3%的建制村通客运班车或公交。累计解决贫困地区7 852万农村居民和1 244万学校师生的饮水安全问题。累计解决贫困地区354万无电人口的用电问题，新疆、甘肃无电人口全部实现通电。累计完成1 565.4万农村贫困户的危房改造。贫困地区所有行政村和90%以上的自然村通了电话。基本完成连片特困地区已通电行政村互联网全覆盖。

（三）公共服务水平明显提高 农村义务教育学生营养改善计划、中等职业教育学生免学费、寄宿生补助生活费政策对连片特困地区学生实现全覆盖。重点高校面向贫困地区定向招生专项计划招生人数增加到5万人。安排中央专项资金310亿元，全面改善贫困地区义务教育薄弱学校基本办学条件。人均基本公共卫生服务经费补助标准提高至35元。新农合参保率达98%以上，人均财政补助标准达到320元，政策内报销比例达到75%左右，在贫困地区全面推开20种重大疾病保障试点工作。逐步建立基本医保、大病保险、医疗救助和应急救助的衔接机制，贫困人口看病难、看病贵问题得到一定程度缓解。全面实施免费就业服务，贫困地区农村劳动力就业服务能力进一步提高。农村低保和基本养老保险已覆盖全部贫困地区。连片特困地区全部县级公共图书馆的流动图书车全部配送到位，引导16 354名优秀文化工作者到边远贫困地区、边疆民族地区和革命老区开展服务，并为“三区”培养1 676名急需紧缺的文化工作者。完成约65万个20户以下已通电自然村“盲村”广播电视覆盖建设任务，补助59.06万个行政村实施农村电影放映。

（四）扶贫机制改革创新取得突破 一是推进贫困县考核、约束机制改革。中央组织部、国务院扶贫办印发了《关于改进贫困县党政领导班子和领导干部经济社会发展实绩考核工作的意见》。国务院扶贫开发领导小组印发贫困县约束机制的文件，对贫困县必须作为、提倡作为、禁止作为等事项进行规定。二是精准扶贫机制打下良好基础。在全国范围完成贫困识别、信息录入等工作。开展干部驻村帮扶，驻村帮扶工作队基本实现对贫困村的全覆盖。三是推进扶贫资金管理机制改革。国务院扶贫开发领导小组印发《关于改革财政专项扶贫资金管理机制的意见》，建立以结果为导向的资金分配机制，将项目审批权限原则下放到县，强化省市两级政府监管责任，严格查处违法违规问题。四是推进金融扶贫方式创新。中国人民银行、财政部、银监会、证监会、保监会、扶贫办、共青团中央印发《关于全面做好扶贫开发金融服务工作的指导意见》，联合召开全国扶贫开发金融服务电视电话会议。国务院扶贫办、财政部、中国人民银行、银监会、保监会五部门印发《关于创新发展扶贫小额信贷的指导意见》，对扶贫小额信贷目标原则、扶持范围和方式、政策措施和组织保障提出明确要求。国家开发银行、农业银行、进出口银行与扶贫办签订了战略合作协议。甘肃、贵州、西藏等省区扶贫贴息贷款超过100亿元，云南、陕西、内蒙古等省区超过50亿元。全国贫困村互助资金规模达到50亿元。

（五）片区规划稳步实施 截至2014年上半年，14个连片特困地区省级实施规划累计完成投资4.75万亿元。连片特困地区交通、水利、能源跨县级以上行政区域的重大建设项目已有53%开工建设，“十二五”开工率可达80%左右，完工率可达40%左右。十项重点工作项目已有60%开工建设，“十二五”开工率可达70%左右，完工率可达50%左右。国家发展改革委、国务院扶贫办研究提出了《贯彻落实习近平总书记等中央领导同志关于支持革命老区重要批示精神的工作方案》，国务院扶贫办启动贫困革命老区精准扶贫规划编制工作，财政部安排彩票公益金15亿元支持贫困革命老区扶贫项目。2014年用于8个民族省区的专项扶贫资金占全国总量的42.7%。国务院扶贫办印发了《关于进一步支持新疆加强扶贫开发工作的意见》。科技部、中央组织部、财政部、人力资源社会保障部、国务院扶贫办等部门出台《边远贫困地区、边疆民族地区和革命老区人才支持计划科技人员专项计划实施方案》，选派和培养科技人员服务“三区”。积极推进扶贫改革试点工作。浙江丽水、广东清远、辽宁阜新三个扶贫改革试验区，在扶贫体制机制、政策措施、社会扶贫模式等方面进行了积极探索。

（六）精准扶贫重点工作进展迅速 一是整村推进规划继续实施。全国2.98万个村（西藏200个乡）实施了整村推进，共投入674.8亿元，村均投入240万元。四川以彝家新寨、藏区新居、巴山新居建设为主，结合发展乡村旅游，建设幸福美丽新村。海南省委省政府把实施贫困村整村推进扶贫开发列为十大为民办实事之首。二是易地扶贫搬迁稳步推进。全国安排易地扶贫搬迁资金122.5亿元，搬迁204.7万人（其中发展改革委安排中央预算资金55亿元，搬迁91.7万人）。陕西按照城乡一体化思路，安排移民搬迁11.43万户42.35万人，已经完成相关投资112.5亿元。江西契合城镇化，互动工业化，引导农村贫困人口有组织的流向小城镇、工业园区。三是雨露计划取得新进展。继续支持贫困家庭新成长劳动力接受中高等职业教育培训，中央财政安排资金8亿元，补助43.8万学生。广西将“两后生”职业教育补助提高到每年3 000元，海南提高到3 500元，青海提高到5 000元。广东广西开展对口帮扶职业教育协作试点，利用广东优质教育资源，异地培养广西贫困地区新成长劳动力。新疆生产建设兵团组织实施少数民族职工群众技能振兴计划，组织开展转移就业培训2.8万人次。

（七）社会扶贫创新取得新成效 一是设立扶贫日并开展首个扶贫日活动。2014年8月1日，国务院批准每年10月17日为国家扶贫日。首个扶贫日期间，参与各类公募活动人数达数千万，省级层面募集资金近50亿元。国务院第一次召开全国社会扶贫工作电视电话会议，国务院扶贫开发领导小组第一次表彰社会扶贫先进集体和先进个人，国家首次印发社会扶贫指导性文件。二是探索民营企业、社会组织和公民个人参与扶贫有效方式。安徽、河南等省探索搭建社会扶贫信息服务平台，将贫困村贫困户需要帮扶的项目公开，供社会各界认领认捐。山西深入开展百企千村产业扶贫开发工程。广西启动了千家民营企业扶助千个贫困村活动。万达集团启动实施对口帮扶贵州丹寨“整县脱贫”行动，探索民营企业参与扶贫开发的新模式。三是定点扶贫工作进一步强化。国资委组织动员68家中央企业开展定点帮扶贫困革命老区百县万村活动。解放军和武警部队继续扎实推进对全国63个贫困县、547个贫困乡镇、2 856个贫困村的帮扶工作。中央国家机关定点扶贫310个单位直接投入重点县的帮扶资金28.8亿元，较上年增长38%。四是东西部扶贫协作工作进一步深化。闽宁协作、两广合作、沪滇合作等机制进一步深化。北京、天津、上海、辽宁、山东5省市均建立了援助资金年度增长10%左右的机制。深圳、大连、青岛、宁波、上海、苏州、杭州、广州8市共投入贵州帮扶资金3.5亿元。福建蓉中村设立贫困村创业致富带头人培训基地，采取“1+11”培训模式，将教学与实践指导结合，创新东西部扶贫协作模式，目前已启动对甘肃、宁夏等4省区的培训试点。

（八）减贫领域国际交流合作实现新突破 中国政府与非盟共同发布第一个《中非减贫合作纲要》，提出第一个“东亚减贫合作倡议”。减贫领域国际交流合作纳入“一带一路”建设战略规划和中拉合作论坛框架。成功举办了第八届中国—东盟社会发展与减贫论坛、第二届东盟+3村官交流项目、第五届中非减贫与发展会议等活动。

饲料工业

2014年，受经济下行因素影响，动物性产品消费低迷、价格下滑，下游需求不足，饲料行业形势严峻。随着行业管理各项新制度新要求的落实，饲料企业积极“调结构、转方式”，产业整合、产业链向上下游延伸势头加快，饲料企业由追求数量向追求发展质量转变。

（一）商品饲料总产量增长，结构持续调整 2014年，全国商品饲料总产量19 727万吨，同比增长2.0%。其中，配合饲料产量16 935万吨，增长3.8%；浓缩饲料产量2 151万吨，下降10.3%；添加剂预混合饲料产量641万吨，增长1.1%。配合饲料所占比重由2011年的82.6%上升到85.8%，浓缩饲料和添加剂预混合饲料所占比重分别从2011年的14%和3.3%下降到10.9%和3.2%。

（二）饲料工业产值和营业收入增速放缓 2014年，全国饲料工业总产值和总营业收入分别为7 603亿元、7 313亿元，同比分别增长3.0%、2.2%。其中，商品饲料工业总产值6 941亿元，增长2.3%；饲料添加剂总产值595亿元，增长11.2%；饲料机械设备总产值67亿元，增长8.1%。商品饲料工业总营业收入6 679亿元，增长1.4%；饲料添加剂总营业收入568亿元，增长12.0%；饲料机械设备总营业收入66亿元，增长3.1%。

（三）饲料企业数量继续减少 2014年，按产品类型统计的企业总数量为13 102家。其中，饲料加工企业(包含精料补充料生产企业数量)数量7 617家，减少2 496家，下降24.7%；预混合饲料2 632家，减少339家，下降11.4%；饲料添加剂1 411家，增加34家，增长2.5%；单一饲料1 378家，减少563家，下降29.0%；饲料机械64家，增加12家，增长23.1%。

（四）猪饲料和反刍饲料持续增长 2014年，猪饲料产量8 616万吨，增长2.4%；蛋禽饲料产量2 902万吨，下降4.4%；肉禽饲料产量5 033万吨，增长1.7%；水产饲料产量1 903万吨，增长2.1%；反刍动物饲料产量876万吨，增长10.2%；其他饲料产量397万吨，增长37.8%。

（五）产业集中度持续提高 2014年，东部地区饲料总产量10 216万吨，占全国饲料总产量的51.8%；中部地区5 638万吨，占28.6%；西部地区3 873万吨，占19.6%；与2013年相比，东部地区提高0.4个百分点，中部地区下降0.3个百分点，西部地区下降0.1个百分点。2014年，9个省（直辖市、自治区）饲料产量超过千万吨，分别为广东、山东、河北、河南、辽宁、湖南、广西、四川、江苏。产量共计12 502万吨，占全国总产量63.4%。

（六）饲料添加剂产量小幅增长 2014年，饲料添加剂产品总量802.9万吨，同比增长0.5%。其中，原饲料添加剂Ⅰ型744.5万吨，下降1.8%；Ⅱ型38.7万吨，增长11.2%；混合型饲料添加剂19.7万吨，增长251.8%。主要饲料添加剂品种中，氨基酸总产量125.6万吨，减少16.5%；维生素总产量89.2万吨，增长20.7%；矿物元素及其络合物总产量467.7万吨，增长1.5%；酶制剂总产量10.8万吨，增长18.7%。

（七）大宗饲料原料消费总量增长 2014年，大宗原料消费总计20 096万吨，同比增长7.4%。其中，玉米10 013万吨，增长3.0%；小麦1 878万吨，下降15.4%；豆粕4 688万吨，增长35.3%；棉籽粕624万吨，下降8.1%；菜籽粕533万吨，下降9.8%；其他饼粕468万吨，下降1.5%；磷酸氢钙283万吨，增长1.8%；其他1 609万吨，增长25.2%。

（八）饲料机械设备生产总量增长 2014年，饲料加工机械设备生产总量28 510台套，同比增加368台套，增长1.3%。其中，成套机组1 710台套，增加74台套，增长4.5%；单机26 800台，增加294台，增长1.1%。

（九）饲料行业从业人数继续下降 2014年，饲料企业年末职工人数50.6万人，同比下降17.6%。大专以上学历的职工数19.0万人，占职工总人数的37.5%，其中，博士1 758人，下降10.6%；硕士7 906人，下降4.5%；大学本科68 487人，下降14.1%；大学专科111 720人，下降22.7%；其他学历315 902人，下降16.8%。技术工种47 467人，下降28.1%。

草原保护与建设

2014年，农业部门按照“保护生态环境就是保护生产力，改善生态环境就是发展生产力”的新要求，继续坚持“生产生态有机结合、生态优先”的基本方针，大力加强草原生态保护建设，全年完成种草改良1 929.8万公顷，建设草原围栏470.1万公顷，累计落实草原承包2.85亿公顷，草原禁牧面积1.04亿公顷，草畜平衡面积1.73亿公顷，草原生态加快恢复，草原畜牧业持续发展，牧民收入继续增加，牧区生态、生产、生活稳步协调推进。

（一）继续实施草原生态保护补助奖励政策 2014年，中央安排草原生态保护补助奖励资金160.69亿元，继续在内蒙古、新疆、甘肃、青海等13省、自治区实施草原生态保护补助奖励机制。按照目标、任务、责任、资金“四到省”和任务落实、补助发放、服务指导、监督管理、建档立卡“五到户”的基本原则，对牧民实行草原禁牧补助、草畜平衡奖励、牧民生产资料补贴等政策措施。共安排草原禁牧面积0.82亿公顷，草畜平衡面积1.73亿公顷，牧民生产资料综合补贴284万户，牧草良种补贴804.58万公顷。目前，13省、自治区的草原补奖政策落实情况总体良好，各项补奖任务和资金有效落实到了草场和牧户，取得了显著的生态、经济和社会效益。

（二）加强草原法制建设和执法监督 2014年，全国各类草原违法案件发案18 998起，立案17 848起，结案17 423起，结案率为97.6%。其中，提起行政复议或行政诉讼的案件25起，移送司法机关处理的案件621起。全年草原违法案件共破坏草原20 913.2公顷，买卖或者非法流转草原1 220公顷。与上年相比，2014年草原违法案件总数有所下降，全年发案数量较上年减少187起；全年共向司法机关移送涉嫌犯罪案件621起，比上年增加342起，是上年的2.23倍；非法开垦草原案件数量比上年增加526起，增长38%；非法开垦草原、非法征收征用使用草原和非法临时占用草原三类案件破坏草原面积2.09万公顷，较上年增加0.56万公顷，增长36.6%。

（三）实施重大生态工程 2014年，国家继续实施退牧还草、京津风沙源草原治理、西南岩溶地区石漠化草地治理、游牧民定居等草原生态保护建设工程，集中治理严重退化和生态脆弱草原445万公顷，定居游牧民1.56万户。通过实施草原围栏、补播改良、人工种草等工程措施，草原植被逐步恢复，草原生态环境明显改善。监测结果显示，2014年，全国草原综合植被盖度达53.6%，较上年下降0.6个百分点，全国天然草原鲜草总产量102 219.98万吨，较上年减少3.2%；折合干草约31 502.2万吨，载畜能力约为24 761.18万羊单位，均较上年减少3.2%，但与最近十年平均水平相比，鲜草产量增加4.0%。

（四）推动落实草原保护各项制度 2014年，农业部进一步落实国务院17号文件精神，积极推进和完善草原保护各项制度。继续推进基本草原保护条例的立法进程，开展草原生态红线划定研究。开展草原承包经营权确权登记政策调查研究，指导内蒙古牧区开展草原承包经营权确权登记试点。指导各地加快制定草原植被恢复费收费标准及收费管理办法，尽快全面建立草原植被恢复费征收制度。下发关于加强草原管护员队伍建设的意见，督促和指导地方设立和完善草原管护员等公益性岗位。举办草原行政审批事项培训班，做好草原行政审批下放后续衔接工作，开展《草种管理办法》《草原征占用审核审批管理办法》等法律法规的修改。截至2014年年底，全国累计落实草原承包2.85亿公顷，草原禁牧面积1.04亿公顷，草畜平衡面积1.73亿公顷，村级草原管护员8.89万名。

（五）加强草原防灾减灾能力 截至2014年，全国草原防火中央投资达9.12亿元，共实施全国草原防火信息系统建设项目1个，建设草原防火指挥中心36个、草原防火物资储备库62个、草原防火物资站145个；每年建设边境草原防火隔离带约3 000公里。2014年，全国累计防治草原鼠害733.3万公顷，投入劳动力45.7万人次，防治器械27万台套，各种车辆1.7万辆（次）；累计防治草原虫害485.7万公顷，投入劳动力33万人次，大型喷雾器8 200多台套，中、小型喷雾器16万台套，飞机作业1 641架次。

水生生物资源养护

（一）继续抓好增殖放流，积极修复水域生态 2014年，继续把水生生物增殖放流作为为渔民办的实事之一，落实中央财政增殖放流转移支付项目资金3.06亿元，带动全国共投入增殖放流资金10.8亿元，同比增长7.2%；全国共开展水生生物增殖放流活动1 656次，放流重要水生生物苗种和珍稀濒危物种达343.3亿尾（只），同比增长2%，有效促进了渔业资源恢复，实现了渔业增效、渔民增收。

1. 进一步规范增殖放流活动。为强化水生生物增殖放流源头管理，提高增殖放流苗种质量，保障水域生态安全和中央财政资金使用效益，下发了《农业部办公厅关于进一步加强水生生物经济物种增殖放流苗种管理的通知》，要求各级渔业主管部门明确增殖放流苗种生产基本条件，抓紧细化有关标准，切实加强增殖放流苗种监管。

2. 开展重大放流活动。2014年，农业部继续组织一系列大规模增殖放流活动。4月，农业部、中国海警局、海南省人民政府和中国海洋石油总公司，在西沙永兴岛联合举办西沙海域渔业资源增殖放流活动。5月，农业部和吉林省人民政府在吉林查干湖共同举办查干湖生物资源增殖放流活动。6月，农业部、国务院南水北调办联合湖北、河南、陕西三省人民政府在湖北省丹江口市组织开展了南水北调中线水生生物增殖放流活动。

3. 组织实施增殖放流转移支付项目。完成“渔业资源保护和转产转业”项目与“农业资源及生态保护补助资金”项目整合相关工作，制订了2014年项目实施指导意见，及时下达项目任务。要求项目单位加强苗种检疫检验、公证公示、保护管理和效果评估等工作。编制了2015年增殖放流转移支付项目可行性研究报告等有关材料。

4. 继续支持开展增殖放流效果评估工作。连续6年在部门预算中安排经费支持20多家科研高校等单位在渤海湾、辽东湾、舟山渔场、太湖、密云水库等重点水域，对四大家鱼、中国对虾、牙鲆、梭子蟹、海蜇等主要放流物种开展效果评估工作；同时还支持开展主要放流物种的技术规范制定工作。

（二）坚持并不断完善资源养护制度

1. 研究完善伏休制度，加强伏休管理。就渔业捕捞辅助船纳入伏季休渔管理和调整休渔时间，进行专题研究，多次征求沿海渔业行政主管部门意见，并进行网上公示。印发《农业部办公厅关于做好2014年海洋伏季休渔工作的通知》，要求各地伏休期间加强执法监管，依法维护休渔秩序，特别是要加强休渔期间渔运船的监管。

2. 加强长江、珠江禁渔执法管理。为做好长江、珠江（以下简称“两江”）禁渔期管理工作，养护两江水生生物资源及其生态环境，巩固两江流域渔政执法成果，2014年继续深入开展两江流域渔政执法护渔行动。农业部办公厅下发《关于做好2014年长江和珠江流域渔政执法护渔行动有关工作的通知》，要求长江、珠江流域有关渔业主管部门加强禁渔期间管理，继续做好宣传落实工作。据统计，在全年禁渔管理工作中，长江流域各级政府发布文件（通告）共561个，召开会议686次，政府人员参加禁渔活动人达2 042次。

3. 强化渔具管理，严厉打击非法捕捞。做好渔具管理有关通告的贯彻落实；开展针对性宣传培训，设计并印发了几万份宣传培训材料，并组织对全国沿海所有县级以上400多家渔政执法机构进行集中培训；委托有关单位联系制作渔具测量标准工具；对各地报送的海洋捕捞渔具最小网目尺寸标准特许作业相关管理规定进行备案和公布；开展渔具置换补贴调查和专题研讨。下发清理整治违规渔具专项行动方案，组织召开电视电话会议。

4. 组织实施近海渔业资源和近岸产卵场调查。2014年新增海洋渔业资源调查与探捕项目专项资金2 800万元，主要用于近海渔业资源和近岸产卵场调查。同时，从现有物种资源保护经费中整合出330万元，专项支持长江流域和黑龙江流域鱼类产卵场调查。2014年，近岸产卵场调查项目黄海、东海、南海分别完成3～4航次海上调查工作，采获鱼卵仔鱼样品7 638瓶；近海渔业资源调查项目黄渤海、东海和南海各完成2个航次的调查任务，调查站位总计662个。

（三）积极推动国家级水产种质资源保护区划定工作

1. 做好第七批国家级水产种质资源保护区面积核实发布。与保护区管理机构进行多次沟通并对部分第七批国家级水产种质资源保护区面积范围和功能分区进行实地核实，正式公布第七批国家级水产种质资源保护区面积范围和功能分区。

2. 出版发行前五批国家级水产种质资源保护区面积范围和功能分区。完成前五批国家级水产种质资源保护区面积范围和功能分区的出版发行，并寄送各省市渔业行政主管部门和相关科研单位。

3. 继续做好水产种质资源保护区划定工作。继续组织申报第八批国家级水产种质资源保护区，举办保护区申报培训班，培训学员170多人。经国家级水产种质资源保护区评审委员会审议，新设立国家级水产种质资源保护区36个，并以农业部公告形式正式对外发布。

（四）加强渔业水域生态环境保护

1. 积极推动建立健全涉渔工程建设生态补偿机制。进一步指导和规范建设项目对国家级水产种质资源保护区影响专题论证工作，印发《建设项目对国家级水产种质资源保护区影响专题论证报告编制指南》，明确对专题论证报告编制、审查和监督落实等方面的要求。继续加强对有关涉渔工程环境影响评价审查，截至2014年年底，参与审查海洋工程环评报告33项，国家投入8.1亿元渔业资源生态补偿资金用于项目环保投资；对涉及国家级水生生物保护区的工程建设项目专题报告进行审查，列入渔业资源生态补偿的资金近7.5亿元。

2. 组织开展渔业生态环境监测。在组织全国渔业生态环境监测单位开展重要渔业水域生态环境监测的基础上，与环保部联合发布2013年度《中国渔业生态环境状况公报》。制订了2014年监测方案，组织全国渔业生态环境监测网成员单位，对海洋和内陆重要天然渔业水域和养殖水域环境状况进行监测。

3. 做好污染事故调查鉴定资格取消后续监管和衔接工作。对全国渔业水域污染事故技术审定委员会进行调整充实，由全国渔业生态环境保护、病害防治等方面的权威专家组成，同时制订有关章程，从技术层面上进一步加强对渔业污染事故调查处理的指导。制订《渔业水域污染事故调查鉴定执业管理办法》，以提高渔业污染事故调查鉴定工作质量，维护渔民利益。

（五）水生野生动植物保护与管理

1. 加强水生生物类自然保护区建设与管理。经国务院批准，甘肃秦州珍稀水生野生动物自然保护区晋升为国家级自然保护区，国家级水生生物自然保护区数量达到23处。向国务院申报将陕西丹江武关河水生野生动物省级自然保护区、陕西黑河珍稀水生野生动物省级自然保护区晋升为国家级自然保护区。

2. 做好履约及对外交流工作。召开培训会议，研究CITES附录Ⅱ新列鲨鱼和蝠鲼物种履约对策，并印发会议纪要和《关于做好鲨鱼和蝠鲼物种履约管理工作的通知》；开展针对性宣传，印发几万份宣传材料至相关省市；组织公约生效前鲨鱼和蝠鲼产品库存申报工作，并对浙江、福建、广东、上海等地的申报情况进行了实地核查。参加CITES第65届常委会会议，参加第六轮中美战略与经济对话打击野生动植物非法交易对口磋商和宣传活动，参加濒管办牵头组织的世界动植物宣传日，介绍我国水生生物资源养护情况。与环保部联合开展十大流域水生生物名片征集活动。

3. 积极推进长江江豚拯救行动计划和中华白海豚保护行动计划。2014年分别再安排455万元和250万元部门预算资金支持长江江豚拯救行动计划和中华白海豚保护行动计划，特别是加强江豚迁地保护和中华白海豚人工驯养工作的开展。厦门珍稀海洋物种国家级自然保护区、广东珠江口中华白海豚国家级自然保护区、广东江门中华白海豚省级保护区、广西壮族自治区合浦儒艮国家级自然保护区四家保护区签署成立了中华白海豚保护联盟，构建中华白海豚保护网络、技术交流、信息互通机制，为开展鲸豚救助搁浅、伤病治疗、人工繁育以及联合执法管理打下基础。

4. 加强水生野生动物特许利用管理。组织农业部濒危水生野生动植物种科学委员会专家对11家水生野生动物展演场馆开展评估。依法办理水生野生动物及其产品进出口申请审批329件，特许利用审批244件。在全国范围内组织开展了大鲵资源及经营利用情况调查，撰写《全国大鲵驯养繁殖与经营利用调查报告》，召开大鲵驯养繁殖与经营利用专题会议，组织专家进行咨询、评估论证，积极推动有关管理政策尽快出台。

5. 加强水生野生动物保护宣传。连续第五年在全国范围内开展“水生野生动物保护科普宣传月”活动，重点宣传水生野生动物保护相关法律法规、重点保护水生野生动物科普知识及保护常识。充分发挥中国野生动物保护协会水生野生动物保护分会社团作用，组织开展水生野生动物保护海昌奖评选活动。

农业产业化经营

2014年，我国农业产业化实现持续健康发展，为推进农业转型升级、促进农村一、二、三产业融合互动和农民增收致富发挥了重要作用。到2014年年底，全国各类农业产业化组织达到35.42万个，辐射带动农户1.24亿户，农户参与农业产业化经营年户均增收3 234元。

（一）农业产业化规模进一步扩大 一是农业产业化组织数量稳中有增。至2014年年底，各类农业产业化组织总数达到35.42万个，同比增长6.0%。其中，农业产业化龙头企业12.55万家、中介组织21.12万个和专业市场1.75万个，同比分别增长1.7%、9.1%和1.8%。二是农业产业化组织规模不断扩大。至2014年年底，各类农业产业化组织固定资产总值达到4.56万亿元，同比增长6.4%，快于农业产业化组织数量的增长速度。三是经营效益持续提高，2014年龙头企业销售收入达到8.64万亿元，同比增长9.9%。特别是大型龙头企业数量增多，年销售收入超过1亿元的龙头企业近2万家，超过100亿元的龙头企业达到70家。

（二）带动农民就业增收作用明显 至2014年年底，各类农业产业化组织从业人员达到5 424.15万人，同比增长2.1%。其中，省级以上重点龙头企业平均拥有职工675人，年人均工资福利近3万元。农业产业化组织以订单合同、合作、股份合作等方式辐射带动农户1.24亿户，农户从事产业化经营年户均增收达到3 234元，同比分别增长2.0%和4.4%。广大龙头企业为农户提供农资供应、技术培训、疫病防治、市场信息等社会化服务，提高农民的种养水平，扩大经营规模，催生了一大批专业大户和家庭农场。

（三）转型升级进一步加快 一是产业链条拓展延伸，价值链向高端跃升。农业产业化组织立足当地资源禀赋，通过自建或订单的方式建立农产品原料基地，对农产品进行就近收购储藏、就地加工转化，积极发展物流配送、直供直销、连锁经营、农超对接等，打造知名品牌，实现了农产品生产、加工、销售、流通的有机衔接，大幅提升了农产品附加值。2014

年，省级以上重点龙头企业销售收入与主要农产品原料采购总额之比达到2.48∶1，超过一半的产品获得了省级以上名牌产品或著名商标。二是科技驱动能力进一步提升。龙头企业集成利用资本、人才、技术等先进生产要素，加强自主科技创新，深化产学研合作，大力开发新品种新技术新工艺，示范推广技术集约型农业，推动农业科技含量持续提升。2014年，近九成的国家重点龙头企业建有专门的研发中心，近六成的国家重点龙头企业获得省级以上科技奖励或荣誉。云南花宏进出口公司创新花卉加工保鲜技术，研发出保鲜期长达5年的"永鲜花"，在欧、美、日等国际市场供不应求。三是新业态新模式逐步涌现，产业化经营活力不断迸发。在"互联网+"时代，农业产业化组织积极利用电子商务、移动互联网等，开拓新兴市场空间。中粮集团建立在线营销平台"我买网"，好想你枣业、金健米业、飞鹤乳业、周黑鸭食品等龙头企业在京东网、天猫商城、1号店等建立旗舰店，一些中小龙头企业和农民专业合作社入驻淘宝网地方特产馆，在线销售量不断攀升。一批龙头企业积极创新商业模式，成都巨星农牧科技有限公司实施"用饲料、免费送种猪"计划，2014年带动饲料销量新增7万吨，成为当地饲料龙头企业营销的新范式。四是产业集群和结构优化调整不断加快。各地深入挖掘特色优势农产品，通过规划引导、政策支持、创建农业产业化示范基地等多种方式，积极引导优势产业向优势区域集聚、优势龙头企业向优势产区集中，培育龙头企业集群，推进当地产业结构不断优化。内蒙古自治区发展培育了呼伦贝尔市岭东、通辽市科尔沁、赤峰市元宝山平庄等农牧业产业化示范园区，形成了乳制品、马铃薯、肉羊、玉米等优势产业带，有力推进了现代农牧业产业体系构建。

（四）农业产业化改革创新进一步深化 一是工商资本加快进入农业，要素资源配置不断优化。近几年，工商资本投资农业速度加快，特别是一批来自城市的非农工商资本蜂拥进入。据统计，内蒙古乌海市投资现代农业的原始资本中，来自工业制造、能源矿产、房地产等方面的资本约占到了投资总量的56%。一批工商资本在当地政府引导下，积极发展农业产业化经营，为传统农业注入了先进生产要素和现代化经营模式。联想佳沃公司利用长期从事IT生产的技术优势，运用视频监控、无线传输等技术，打造农业物联网系统，实现了植株生长的远程监控和全流程管理。二是政策扶持方式不断改进，财政资金撬动效应得到发挥。为建立引导龙头企业联农带农的激励机制，充分发挥财政资金"四两拨千斤"的撬动作用，农业部对龙头企业发展订单农业、为农户贷款提供担保给予财政奖补，取得了明显成效。据统计，33家国家重点龙头企业订单采购农户农产品6亿多元，帮助5 000多个农户获得贷款超过9亿元。此外，积极引导农业产业化示范基地内各种要素资源共享互联互通，支持质量检测、技术研发、物流信息等公共服务平台建设，累计为示范基地内龙头企业提供服务折合1 500多万元，促进企业节本增效、快速发展。三是带动模式不断创新，产业融合步伐加快。随着农业产业链条不断延伸，一、二、三产业融合步伐不断加快，农业产业化经营正经历着由主体带动到主体融合，再到产业融合的发展过程。其中，农民以土地承包经营权入股的农民合作社或龙头企业逐渐增多，农民以股东身份可以直接分享产业链增值成果。重庆市东江生猪养殖公司采取“保底+分红”的收益分配方式，吸收当地26户农民23.24亩土地入股，2007年以来进行了四次分红，除了保底收入外，每次每亩分红都在1 000元以上，远高于土地直接出租的租金收入，探索出了农民分享加工、流通环节增值收益的现实路径。

专栏8

深入开展主食加工业提升行动

2014年3月，农业部办公厅印发了《关于深入开展主食加工业提升行动的通知》，在全国范围部署深入开展主食加工业提升行动，经过1年的努力，主食加工业提升行动取得了积极进展。

（一）加快主体培育，加强示范引领

组织认定了100家全国主食加工业示范企业；组织开展示范企业管理人员培训班，企业主要负责人、省级管理部门和科研单位人员近200人参加了培训，并实地考察了嘉和一品、农科院加工所等地，培训班内容、形式、效果受到大家普遍好评。

（二）开展主题活动，加强点面互动

以“主食引领膳食，加工提升农业”为主题，开展系列主题活动。在天津市举办了全国大中城市郊区推进主食加工业现场交流活动，200余名来自主食加工领域专家、学者、企业家及管理部门人员进行了集中交流，汇编发布了38项主食加工技术和装备成果，向示范企业授牌，现场观摩企业，邀请院士做了专题报告；还分别支持黑龙江、江苏、湖南举办三个区域性主题活动，每个地方都主题鲜明、各具特色，反映出了各地发展实际和需求。

（三）开展宣传推介，推动主食加工品牌建设

发布100家全国主食加工示范企业品牌商标；利用驻马店投资洽谈会平台，组织主食加工特装展示，推介主食加工示范企业和名品精品。启动主食加工老字号公益宣传活动，在《农民日报》品牌周刊开展专题宣传。

（四）开展基础研究，加强服务能力

组织提升主食加工业发展水平、主食消费情况专题研究，准确把握发展脉络，引领行业持续健康发展；研究编印《主食加工知识问答》，引导消费者理性看待、正确选购主食加工产品，消除大众消费误区，深受消费者欢迎。

主食加工相关工作和活动在新华网、中国政府网、农民日报、农业信息网及凤凰、新浪等媒体进行了广泛报道，营造了氛围、扩大了影响，主食加工前景广阔、大有可为已经成为普遍共识。2014年以来主食加工呈现了良好态势，涉及主食加工的米、面制品、速冻食品、肉制品、蔬菜加工、豆制品加工等行业主营业务收入增速普遍实现了两位数增长，是农产品加工业突出亮点。

农产品加工

2014年，在世界经济复苏不及预期，国内经济运行进入新常态，经济增速放缓的情况下，我国农产品加工业运行整体缓中趋稳，转型升级步伐进一步加快，固定资产投资保持平稳增长。

（一）农产品加工业增速有所趋缓　农产品加工业发展由高速增长转向中高速增长。2014年，全国规模以上农产品加工业增加值同比增长7.9%（扣除价格因素），增速较上年回落1.7个百分点；实现主营业务收入184 754.9亿元，增长8.2%，比全国规模以上工业主营收入增速高1.2个百分点。三大食品行业中，食品制造业主营业务收入持续增长，增速为12.3%，较上年回落3.6个百分点；农副食品加工业、酒/饮料和精制茶制造业增速均为7.0%，分别较上年回落7.4和5.0个百分点。

（二）企业利润增速回落　受宏观经济增速放缓、加工业结构调整阵痛显现等多重因素的影响，2014年，规模以上农产品加工业实现利润总额12 244.8亿元，同比增长2.2%，增速较上年下降12.8个百分点（图20、图21）；主营业务收入利润率为6.6%，超过工业0.7个百分点；每百元主营业务收入中的成本为82.8元，低于工业2.8元。分行业来看，除农副食品加工业、酒/饮料和精制茶制造业、造纸和纸制品业的利润总额较上年分别下降0.4%、4.1%、1.3%之外，其他行业利润均有不同程度增长。

（三）出口增长快于进口　受国内需求增长、成本上升的长期因素和国际农产品市场供给宽松、价格下行的短期因素影响，2014年我国农产品加工业进出口保持增长。全年农产品加工业累计完成出口交货值11 392.0亿元，同比增长4.5%，增速较上年下降3.4个百分点。加工业中，食品行业主要商品累计实现进出口总额919.1亿美元，增长3.2%，较上年下降3.7个百分点。出口增长4.9%，快于进口3.6个百分点。

（四）固定资产投资平稳增长　2014年，农产品加工业（不含中药）投资40 571.3亿元，占制造业总投资的24.3%；投资额同比增长16.4%，增速高于制造业2.9个百分点。农产品加工业资产负债率为47.7%。三大食品行业中，农副食品加工业资产负债率为52.1%，高于农产品加工业平均水平；食品制造业、酒/饮料和精制茶制造业的资产负债率分别为46.1%、44.6%，分别低于农产品加工业平均水平1.6个百分点、3.1个百分点。

（五）产品结构进一步优化　农产品加工消费需求正在向多元化、优质化、功能化等方向发展，市场供应产品种类显著增加、精深加工产品比例不断上升。在粮食加工与制造行业，传统面粉、大米、淀粉等初加工产品的市场相对疲软，而焙烤食品（如饼干、糕点、面包）、豆制品（豆类休闲制品、豆乳饮料）以及调味品产业则呈现快速增长势头；在蛋品加工行业，液态蛋、清洁蛋、专用蛋粉以及活性成分分离纯化等新型蛋制品的产销量高速增长，增长率高达30%以上。目前，北京90%以上的烘焙企业都已抛弃采用壳蛋而直接使用液蛋为加工配料。

（六）新市场开拓取得进展　2014年，农产品加工行业通过各种形式积极开拓新市场。一是主打健康品牌。受健康消费理念的影响，一些企业开始谋求新的增长点，将健康和均衡饮食作为研发产品的重点。例如，随着消费市场对食用菌加工产品认可度的不断提高，食用菌加工业发展迅速。食用菌饼干已获得良好的市场口碑和经营效益，即食杏鲍菇、杏鲍菇脆片等食用菌即食产品也大量上市并取得了良好的销售业绩，香菇、姬松茸和木耳等食药两用菌精深加工的营养保健品和药品在市场上也颇受欢迎。二是实施差别化产品战略。在2014年上半年亏损持续扩大的局面下，某方便面龙头企业改变战略，推出“真材实料”的方便面新品开启了以高价格为价值驱动的行业变革。

（七）传统供应链与互联网加快融合 随着电子商务的蓬勃发展及网络购物环境不断完善，越来越多的百姓开始网上购物，农产品销售由传统的菜场、超市渠道转向网络销售模式。诸如我买网、阿里巴巴、顺丰优选、京东、沱沱公社、优菜网等越来越多的电商竞相抢占市场份额，“平台化商业模式”“基地+传统B2C+故事性营销方式”“本地化+O2O模式”等各种营销方式不断涌现。电子商务的深入发展对传统物流思维和模式带来巨大的冲击，吸引众多农产品加工企业加入电商销售。2014年茶产业电商销售发展迅速，“双11”期间前100名茶企电商销售额总和突破两亿，而2012年仅为3 000多万元。蜂产品网销市场也逐渐兴起，部分企业抓住初期机遇期，成功抢得了大部分市场份额。电商化发展也逐步影响蜂产品原料的交易方式。2014年6月30日，蜂王浆在天津渤海商品交易所挂牌上市，成为首个上市交易的蜂产品，开启蜂产品交易新时代。

（八）行业竞争力不断提升 近年来，在政府的支持和引导下，我国科研单位及企业通过研发及消化吸收，运用机电一体化技术、自动化控制技术、膜分离技术、微波技术等，不断研发农产品加工生产工艺，大量新的加工工艺和装备技术获得突破，加工技术正向着提高资源的综合利用率，生产高效节能和高新技术实用化方向发展。2014年1月，“苹果贮藏保鲜与综合加工关键技术研究及应用”项目被授予2013年度国家科技进步二等奖，项目系统的应用了膜技术及微波等技术，实现了苹果贮藏保鲜及全果综合利用。豆制品加工业运用UHT超高温灭菌、均质工艺、半干法制浆工艺等先进技术，使产品质量更加稳定；在加工装备上采用计算机自动控制，实现豆制品生产从洗豆、泡豆、点浆、凝固到杀菌和包装的自动化生产，并形成一批技术装备的拳头产品，畅销国内外。一批自主研发的豆制品加工设备陆续出口，参与国际市场竞争。

（九）行业“走出去”步伐加快 中国农业企业海外投资并购项目从前几年多集中于非洲、东南亚、俄罗斯等欠发达市场，开始瞄准欧美发达市场，投资并购项目开始对准该地区的知名农牧业和食品加工企业，从着重获得农牧业资源向获得先进的管理技术、农产品加工先进技术及市场开拓转变，农业企业“走出去”战略开始向打造全产业链发展。2014年3月，中粮集团与荷兰农产品贸易集团Nidera签署协议，收购其51%的股权，完成了我国粮油行业最大规模的国际并购。

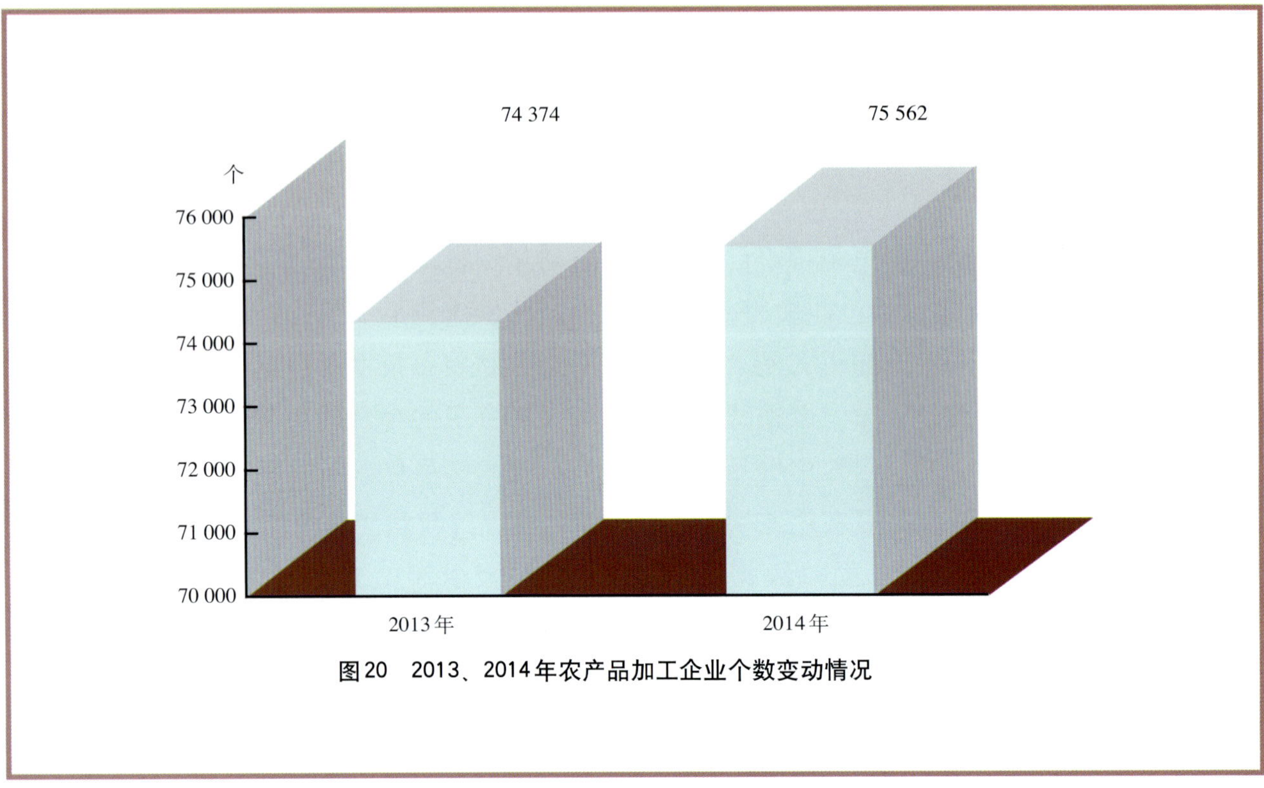

图20　2013、2014年农产品加工企业个数变动情况

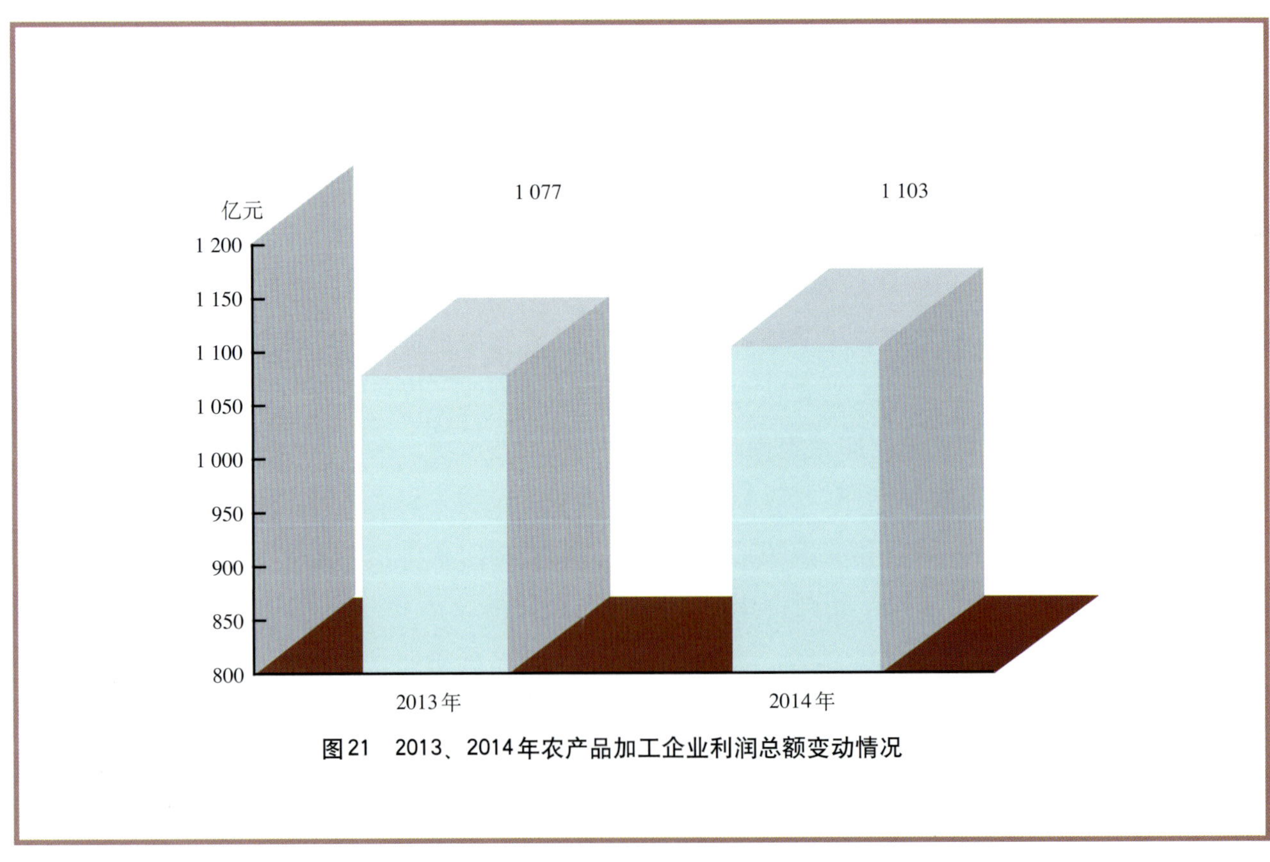

图21　2013、2014年农产品加工企业利润总额变动情况

休闲农业

休闲农业是我国近年来兴起的新型消费业态和重要民生产业。它的发展为农业增值增效、农民创业增收、农村繁荣稳定和经济社会持续发展做出了积极贡献。2014年，休闲农业持续健康发展。截至2014年年底，全国休闲农业的年接待人数达10亿人次，经营收入达3 000亿元，均保持10%以上的增长速度，呈现出快速增长的态势。

（一）农业文化遗产发掘工作积极开展 成立了由27位专家组成的中国重要农业文化遗产专家委员会，认定天津滨海崔庄古冬枣园等20个传统农业系统为第二批中国重要农业文化遗产，并着手部署第三批认定工作。出版了中国重要农业文化遗产画册，提升农业文化遗产影响力，努力实现文化、生态、社会和经济效益的统一。

专栏9

全球重要农业文化遗产的保护与管理

全球重要农业文化遗产（GIAHS）工作是我国农业国际合作的新亮点，对提升我国在国际农业领域的话语权与影响力，促进生态脆弱、经济落后、文化底蕴丰厚地区的农业可持续发展发挥了重要作用。2012年以来，农业部确立了“在发掘中保护，在利用中传承”的基本思路，构建了农业文化遗产动态保护与管理机制，有效促进了区域发展和遗产地农民生活水平的提高，产生了良好的社会、经济以及生态效益。

（一）推动申报GIAHS数量位居世界第一

我国农耕文化历史悠久，农业文化遗产种类繁多、特色明显、经济与生态价值高度统一，是最早响应并积极参与GIAHS保护的国家之一。经农业部积极推动与申报，自2005年“浙江青田稻鱼共生系统”被联合国粮农组织（FAO）认定为世界第一批GIAHS保护试点至今，我国的GIAHS数量已达到11个，位居世界第一。同时，我国还在国际上率先开展了国家级农业文化遗产发掘与保护。农业部已于2013年和2014年分两批公布了39项中国重要农业文化遗产，为GIAHS的下一步挖掘与申报工作奠定了良好的基础。

（二）保护与管理工作机制日趋完善

对农业文化遗产的保护远难于其他类型的遗产，需要在实践中创新制度、完善机制。农业部通过采取多项措施，多角度加强对农业文化遗产的保护与管理。一是起草了有关管理办法。农业部起草了《重要农业文化遗产管理办法》（征求意见稿），旨在规范农业文化遗产的申报与审核、保护与管理、利用与发展、监督与检查等工作。二是成立了专家委员会，以提供专家咨询和技术指导。为了对农业文化遗产发掘与保护工作提供有力的技术支撑，农业部分别于2014年1月和3月成立了由农业、生态、环境、经济、历史、文化、社会等领域的专家组成的农业部全球重要农业文化遗产专家委员会、农业部中国重要农业文化遗产专家委员会。三是建立了GIAHS（中国）工作经验交流会制度。经验交流会于2014年、

2015年分别在兴化、福州成功召开，会议促进了遗产地之间的GIAHS保护与管理工作的经验交流和分享，重点研究了提升工作水平的思路和举措。四是编制了《农业文化遗产简报》。自2012年以来，在农业部国际交流与合作专项支持下，两个月一期的《农业文化遗产简报》已成为农业文化遗产信息交流的重要平台。五是开展农业文化遗产地特色农产品摸底调查。2015年3月初，详细调查了我国GIAHS特色农产品种类、生产和销售、"三品一标"认证、市场开拓等基本情况，为下一阶段完善GIAHS标识使用与管理办法，GIAHS特色农产品的推介打好基础。

（三）农业文化遗产领域科研成果丰硕

农业文化遗产是典型的社会—经济—自然复合生态系统，更好地保护与发展需要多学科、跨领域、多角度地综合研究农业文化遗产。在农业部的支持下，中国科学院地理科学与资源研究所自然与文化遗产中心等有关科研院所开展了包括农业文化遗产的起源与演化、农业生物多样性与适应气候变化、生态环境效应与生态系统服务功能、多功能及多重价值与可持续性评价、生态农业与多功能农业发展、旅游发展潜力与可持续旅游发展对策、农业文化遗产保护的法律基础等在内的系统的多学科综合研究，发表或出版了一系列农业文化遗产研究的文章及专著，并倡导成立了东亚地区农业文化遗产研究会，促进了农业文化遗产学科领域的发展与青年人才的培养。

（四）国际合作逐步深入

我国作为最早开展农业文化遗产保护工作的国家，遗产保护的管理与实践已走在了世界的最前沿，成为我国农业国际交流与合作的重要内容。一是完成了FAO"南南合作"框架下GIAHS项目实施方案设计。2014年6月，经农业部与FAO协商，未来三年内FAO将从我国捐赠的"南南合作"信托基金中列支200万美元用于开展GIAHS有关工作，通过执行该项目提升我国在GIAHS事务上的影响力、话语权和主导地位。二是成功举办了首届"全球重要农业文化遗产"培训班。2014年9月，由农业部国际交流服务中心承办的联合国粮农组织(FAO)全球重要农业文化遗产（GIAHS）第一期培训班在华成功举办，培训了亚太地区12个国家23位代表。三是推动我国GIAHS与法国、韩国、泰国等国家的"结对子"工作。2014年7月，福州海峡茶叶交流协会与法国勃艮第葡萄园竞选世界遗产协会签订了《农业文化遗产合作交流备忘录》，双方将在农业文化遗产保护、农产品推介及休闲农业等方面加强交流与合作。此外，还组织韩国驻华大使馆农业参赞、泰国驻华大使馆农业公使衔参赞分别赴贵州从江侗乡稻鱼鸭系统、江西万年稻作文化系统，交流了遗产保护与管理有关情况。

（五）积极开展各类宣传活动

借助多平台积极宣传农业文化遗产，提升了GIAHS项目的知名度与影响力。2014年10月25—28日，"全球重要农业文化遗产在中国"主题展览首次亮相中国国际农产品交易会，来自11个遗产地约24个农业企业或合作社报名参展，涉及农产品近40多种，成为展会上最具特色和亮点的展区之一。为扩大对GIAHS的宣传与科普，农业部还组织设计了GIAHS画册、明信片等宣传材料，制作了GIAHS网站、宣传片，并协助中央电视台、意大利广播电视台、北京气象台等新闻媒体分别拍摄了《农业遗产的启示》《天人合一》《红河哈尼梯田地区特色饮食文化》等农业文化遗产题材的纪录片。

（二）休闲农业品牌加快培育 为树立休闲农业品牌，结合“建设美丽中国”的要求，农业部在贵州举行了中国美丽田园和中国最美休闲乡村发布活动，发布的10个“2013中国最美休闲乡村”和108个“2013中国美丽田园”，游客数量大增，农民收入较快增长。发布了100个“2014中国最美休闲乡村”和140个“中国美丽田园”。与国家旅游局共同认定了37个全国休闲农业与乡村旅游示范县、100个示范点。

（三）全国休闲农业创意精品推介活动顺利开展 为提高农业领域的创意与设计水平，促进农业领域产品和服务创新，带动农民就业增收，推进农业与文化、科技、生态、旅游的融合，根据《国务院关于推进文化创意和设计服务与相关产业融合发展的若干意见》（国发〔2014〕10号）要求，3月在北京举办了第二届全国休闲农业创意精品推介活动。推介的3 000余件产品、包装、活动和景观创意作品，销售额超3 000万元，投资签约额超过8亿元，达到了展示创意成果、借鉴创意理念、推动产业发展、丰富休闲农业内涵的目的。

（四）休闲农业基础性工作扎实开展 审定了《休闲农业术语、符号规范》《农家乐设施与服务规范》两项标准。完成了休闲农业发展战略研究，制定了《农业部关于进一步促进休闲农业持续健康发展的通知》，组织召开了全国休闲农业经验交流会。编写出版了《休闲农业实战营销》培训教材，全年培训休闲农业行业管理和从业人员400人次。做好休闲农业星级示范创建工作和中国休闲农业网改版升级。

休闲农业是符合经济、自然和社会发展规律、适应市场需求、蕴藏巨大潜力强农产业、富民产业，是利国利民、一举多效、牵动全局的朝阳产业、新兴产业。它的发展与国家正在实施的现代农业建设、生态文明战略、城乡一体化发展、美丽中国建设等高度契合。其发展正呈现出产业规模日趋壮大、产业类型丰富多样、发展方式逐步转变、品牌建设推进的特点。

专栏10

休闲农业示范创建活动

休闲农业与乡村旅游作为一种新型产业形态和新型消费业态，在服务居民、发展农业、繁荣农村、富裕农民、保护生态、传承文化、拉动内需等方面具有不可替代的地位和作用，与国家的发展战略密切关联、高度契合。

为加快休闲农业和乡村旅游的发展，转变农业发展方式、带动农民就业增收、推进美丽乡村建设、拉动国内消费升级，2010年农业部、国家旅游局联合印发了《农业部　国家旅游局关于开展全国休闲农业与乡村旅游示范县和全国休闲农业示范点创建活动的意见》（农企发〔2010〕2号，简称《创建通知》）。

示范创建活动以推动一、二、三产业融合、促进生产、生活、生态协调发展、开发农业多种功能、挖掘农业传统文化为目标，以促进农民就业增收和满足城乡居民休闲消费为核心，以规范提升休闲农业与乡村旅游发展为重点，以示范创建与示范带动相结合、政府引导与社会参与相结合、系统开发与突出特色相结合、设施改造与素质提升相结合为基本原则，创新机制、规范管理、强化服务、培育品牌，探索休闲农业与乡村旅游发展规律、理清发展思路、明确发展目标、创新体制机制，完善标准体系、优化发展环境，推动我国休闲农业与乡村旅游持续健康发展。

《创建通知》下发以来，各地高度重视，积极创建，培育了一批生态环境优、产业优势大、发展势头好、示范带动强的全国休闲农业与乡村旅游示范县和一批发展产业化、经营特色化、管理规范化、产品品牌化、服务标准化的示范点，取得了良好的社会、经济效益。

2014年，农业部和国家旅游局继续开展了全国休闲农业与乡村旅游示范县、示范点创建活动。通过基层单位申报、地方主管部门审核，共收到34个省（自治区、直辖市、计划单列市）报送的示范县申报材料61个、示范点申报材料160个。农业部和国家旅游局经过专家评审和网上公示，认定北京市平谷区等37个县（市、区）为全国休闲农业与乡村旅游示范县（以下简称示范县），北京市通州区第五季富饶生态农业园等100个点为全国休闲农业与乡村旅游示范点（以下简称示范点），并通过开展宣传推介，人才培训等工作，有效地推动了示范县、示范点相关产业不断发展壮大，实现了典型引路，以点带面的工作目标，为农业强起来、农村美起来、农民富起来做出了应有的贡献。

农作物病虫害防控

2014年，受病虫源基数偏高、天气异常等多种因素影响，全国主要农作物重大病虫害呈重发态势。夏粮生长期间，小麦抽穗扬花期遇连阴雨天气，赤霉病在长江流域、江淮、黄淮南部麦区呈大流行态势；小麦蚜虫因早春气温回升早，发生代次多、基数高，在黄淮海大部麦区呈大发生态势。秋粮生长期间，东北地区玉米螟基数较常年增加10%～20%，大部地区呈持续偏重以上程度发生态势，同时受降雨偏多影响，部分地区稻瘟病、玉米大斑病也呈面积扩大、加重发生态势；南方稻区遇多雨、寡照天气，不仅致使水稻“两迁”出现持续、大量迁入，大部分稻区发生接近大发生的2007年同期水平，同时也致使稻瘟病、纹枯病、稻曲病等病虫发生显著重于常年，大部为近10年、局部为近20年来最重的一年，对农业生产构成严重威胁。针对病虫发生危害严峻形势，农业部组织各地立足抗灾夺丰收，及早安排部署，广泛动员发动，强化督查指导，落实防控措施，全力控制危害，有力保障了粮食生产“十一连增”和农业生产稳定发展。

（一）全面加强病虫监测预警 2014年，农业部增设430个全国农作物重大病虫测报区域站，总数达1 029个。先后组织重大病虫发生趋势会商5次，发布《植物病虫情报》34期，编发《种植业快报——防病治虫专刊》24期；在中央电视台发布赤霉病、稻飞虱、稻瘟病等病虫警报5期，中央人民广播电台《三农早报》栏目发布病虫预报信息10期；通过中国农技推广网等网站发布各类病虫预报信息300多条，通过手机平台发布重大病虫彩信报11期次、近3万条。同时，继续推进病虫害监测预警数字化，研发完成了病虫发生趋势会商系统和马铃薯晚疫病实时监控系统，进一步优化了数据统计汇总、综合分析展示等功能；组织性诱、灯诱等自动监测计数试验试点，探索物联网技术在病虫害监测预警领域应用新途径。

（二）大力推进专业化统防统治 2014年，继续深入开展专业化统防统治“百千万”行动。结合落实小麦“一喷三防”补助政策、中央财政重大病虫专业化统防统治转移支付专项等，扶持发展一批有规模、有装备、有人才的规范化专业化防治服务组织；组织“专业化统防统治百强组织联百企”活动，搭建信息交流与农药械直销对接平台，降低服务组织运行成本，增加盈利空间；举办专题培训380期，培训持证上岗防控作业人员3.9万余名。截至2014年年底，全国已有专业化防治服务组织10.6万个，其中在农业部门备案的规范化组织达3.6万个，同比增加3 926个；从业人员达162万人，同比增加13万人；拥有大中型植保机械187万台（套），日作业能力达5 176千公顷，同比增加146.67千公顷；小麦、水稻、玉米等主要粮食作物重大病虫统防统治率达到30%，同比提高5个百分点。同时，在全国建立218个示范基地，借助专业化防治社会化服务平台，发挥统防统治组织化程度高、防控效果好的优势和绿色防控生态兼容、环境友好优势，开展统防统治与绿色防控融合推进试点，示范推广综合治理、农药减量控害技术。试验表明，融合推进一般可减少化学农药使用量20%～30%，产量约增加8%。

（三）积极推进病虫绿色防控 农业部印发了《2014年农作物病虫害绿色防控技术示范推广工作方案》，在蔬菜、水果、茶叶等园艺作物优势区，水稻、玉米等粮食作物主产区，建立绿色防控技术示范区150个，带动省县级建立绿色防控示范区近2 100个，核心示范面积达1 333.33多千公顷，辐射带动应用面积近6 666.67千公顷；举办高级师资培训班2期，茶树、柑橘大实蝇、免疫诱抗、健康植保等绿色防控技术培训班5期，农民田间学校100多期，培训高级培训师332名，技术骨干1 000名，农民技术带头人8 500名；集成适合不同地区推广应用的蔬菜、水果、茶叶、小麦、水稻、玉米、油菜、花生8种作物全程病虫害绿色防控技术模式84套，有力促进了绿色防控新技术、新成果和新产品推广与应用。据不完全统计，蔬菜、水果、茶叶、水稻、玉米等主要农作物病虫害绿色防控面积达61 333.33千公顷次，占病虫害防治总面积的20.7%，示范区农药使用量一般减少30%以上。同时，以油菜、苹果、草莓、番茄等蜜源植物或虫媒授粉植物为主，建立20个示范基地，组织开展蜜蜂授粉与绿色植保增产技术集成应用示范，初步明确增产、提质、增效和农药减量效果，集成了系列应用模式，奠定了大面积推广基础。

（四）广泛开展安全用药培训 2014年，农业部继续将安全用药知识培训纳入为农民办实事重要内容，组织实施“百县万名农民骨干科学用药培训行动”，在江苏、浙江、安徽等10省、100个县举办农药科学安全使用培训627场，培训专业大户、农民合作社、农业企业等新型经营主体技术骨干2.78万名。免费发送《安全科学使用农药挂图》3.1万份、《安全科学使用农药培训手册》3.4万份，安全施药防护衣2.9万件，防护面罩2.5万个。同时，建立高效低毒农药和现代植保机械应用示范区140多个，组织开展新型农药、药械对比试验示范，辐射带动应用高效低毒农药和现代植保机械；示范推广安全、高效、环保的新农药品种20多个，应用近6 666.67千公顷次；建立60个重大病虫害的抗性监测点和12个害虫抗性治理示范区，强化农药抗性监测，发布全国农业有害生物抗药性监测结果，指导各地开展科学安全用药。

（五）加大植物疫情处置力度 2014年，农业部以植物检疫宣传与执法检查为重点，强化宣传引导和技术指导，加大监控力度，及时处置疫情。围绕“宣传检疫法律法规、普及疫情防控知识、强化检疫监管措施、严防疫情扩散蔓延”主题，组织开展全国植物检疫宣传月活动，累计发放资料448.8万份、张贴标语64.6万条，开展巡回宣传1.1万次，制作板报2.1万块，接受咨询24.8万人次，举办培训班1 500余次，培训基层技术干部及其他相关人员20余万名，有效普及了植物检疫知识，推动了植物检疫法规的贯彻落实。组织开展蔬菜种子和南繁基地联合执法专项检查，集中整治蔬菜种子未经检疫调运、经营以及标注检疫证明编号不实等突出问题，依法处理水稻细菌性条斑病制种田近66.67公顷，查处并曝光了一批违法违规行为，扩大了植物检疫法制影响力。同时，切实加强重大植物疫情监测防控阻截工作。针对黑龙江省突发马铃薯甲虫疫情，迅速组织落实监测普查、检疫监管等防控阻截措施，有效遏制马铃薯甲虫扩散蔓延。针对柑橘黄龙病重发情况，在重点区域开展黄龙病疫情普查、召开柑橘黄龙病防控现场会、组派专家进行专项调研，为综合防治提供依据。针对辽宁彰武果园发生苹果蠹蛾疫情，派遣专家组实地指导疫情防控与阻截工作。此外，结合各地疫情发生情况，举办苹果蠹蛾、葡萄根瘤蚜、国外引种危险性有害生物监测与防控技术培训班，不断提升植物检疫人员的知识水平，增强保障农业生产安全能力。

由于见势早、行动快、措施实，有效遏制了农作物重大病虫发生危害，“虫口夺粮”保丰收成效显著。据统计，2014年，全国农作物病虫草鼠害实际发生4.77亿公顷次，同比减少1.9%。累计防治5.77亿公顷次，比上年略增，通过防治挽回粮食损失10 050万吨。其中，粮食作物重大病虫发生2.46亿公顷次，防治3.17亿公顷次，通过防治挽回粮食损失7 032万吨；棉花病虫发生0.16亿公顷，防治0.20亿公顷，挽回棉花损失近115万吨；油料病虫发生0.18亿公顷次，防治0.19亿公顷，挽回油料损失256万吨；农田草害发生1亿公顷，防治1.07亿公顷，挽回粮食损失2 540万吨；农田鼠害发生0.25亿公顷，防治0.18亿公顷，挽回粮食损失401万吨。

农产品市场体系建设

目前，我国农产品批发市场4 469家，产地市场约占70%。从市场规模看，据国家统计局统计，至2013年年底，亿元以上农产品专业批发市场发展到1 019家，比2004年增加622家；摊位数57.66万个，比2004年增加39.38万个；营业面积达到4 316.3万平方米，比2004年增加3.1倍；年成交额14 584.1亿元，增长5.7倍。从市场结构看，在亿元以上的专业农产品批发市场中，粮食市场占10.1%，肉粮禽蛋市场占13.5%，水产品市场占14.7%，蔬菜市场占30.6%，干鲜果品市场占13.4%，棉麻土畜烟叶产品市场及其他农产品市场占

17.9%，已形成以蔬菜水产等鲜活农产品为主的大型专业市场流通网络，在引导农民调整农业结构、实现增产增收和保障供给等方面，发挥了不可替代的作用。从地区分布看，随着城镇化进程的不断推进，消费人口逐渐向经济发达地区集聚，农产品生产基地也逐步向优势区域集中，蔬菜已经形成华南冬春蔬菜、长江上中游冬春蔬菜、黄土高原夏秋蔬菜、云贵高原夏秋蔬菜、黄淮海与环渤海设施蔬菜等优势区域。与这种格局相适应，各类农产品流通设施得到快速发展。从亿元农产品交易市场看，截至2013年年底，仅分布在广东、江苏、山东、浙江、河南和河北6省的亿元农产品交易市场超过800个。2014年，农业部重点围绕推进全国性示范市场建设、搞好农产品产地市场顶层设计两个重要方面开展工作：

（一）继续推进全国性产地示范市场建设，提升产品和产业影响力的积极作用已逐步显现 自2011年农业部和陕西省政府共同启动建设第一个全国性产地示范市场——洛川苹果市场以来，到2014年年底，已累计启动了牡丹江木耳、舟山水产、赣南脐橙、重庆生猪、斗南花卉、眉县猕猴桃、荆州水产、定西马铃薯、大连水产、信阳茶叶等11个全国性产地示范市场（以下简称全国性市场）建设。总的看，已启动建设的全国性市场所在地政府对建设工作高度重视，在组织协调市场用地、市场融资方面给予了大力支持，市场建设不同程度推进，基础较好的市场已经发挥出国家级市场功能，在带动相关产业规模化发展、标准化生产、商品化处理、产业化经营和品牌化销售，提升产品和产业的影响力等方面的积极作用已逐步显现。

1. 建立工作新机制，共同推进市场建设。全国性产地示范市场建设主要通过创新工作机制积极推进建设。一是建立联动工作机制。农业部与国家发改委、商务部形成了共同合作支持市场建设新机制，各市场所在省也建立了三级政府和相关部门组成的联动工作机制，整合有效资源支持市场建设。陕西省政府协调各部门支持洛川苹果市场20个项目4.45亿元支持眉县猕猴桃市场投入占总投入的20%。黑龙江东宁县政府出台优惠政策让利1 200万元以上，县财政和省相关部门支持超过900多万元。舟山市场各级财政支持近700万元。河南省支持信阳茶叶市场3 000万元。二是从品牌建设入手推动市场建设。启动建设的11个全国性市场，重点是从品牌打造入手，提升产业影响力和话语权。洛川苹果从需要政府帮助促销已经变成了争相购买的“金苹果”，洛川苹果品牌价值超过50亿元，成为洛川响亮的名片。斗南花卉、舟山水产、牡丹江木耳、信阳茶叶、大连水产也把品牌培育、宣传和保护作为工作重点，扩大社会影响，提高市场知名度和社会公信力。三是创建金融合作新方式。为支持国家级市场建设，国家开发银行发挥“投、贷、债、租、证”综合金融服务的协同优势，为市场量身定做了贷款支持方式，提供可达15年的中长期贷款；设计满足企业可持续发展的还款方式；提供中短期流动资金贷款；给予利率等贷款条件优惠；支持企业与资本对接，提供包括直接投资、发行债券和辅导上市等综合金融服务。黑龙江东宁农行为市场建设融资6 000万元，农村商业银行为商户贷款1.5亿元。洛川苹果、舟山水产、斗南花卉、荆州水产等市场建设都体现了社会主体投入、企业市场运作的理念。

2. 市场建设有序开展，价格形成等中心功能的作用逐渐显现。目前启动建设的11个全国性市场围绕建设一流市场、打造产业航母目标，五大中心功能的作用也逐渐显现。陕西洛川、眉县都成立了苹果、猕猴桃产业发展有限公司，形成了园区、合作社、市场主体共同组成的经济实体，这两个市场在五大中心的基础上又提出了标准化生产示范中心、文化展示中心等建设。洛川苹果市场规划投资近60亿元，目前完成投资18亿元，大部分功能区已基本建成，部分功能区已投入使用；眉县猕猴桃市场累计完成投资近10亿元，科技中心、会展中心、果品与物资交易区主体建筑已经建成。舟山水产市场升级改造总投资近9亿元，价格形成、信息发布、物流集散等主要功能区建成已投入运行。2013年1月起，编制发布每周水产品价格指数、月度水产品市场景气指数和季度外贸指数。斗南花卉市场每月通过市场刊物和网站发布玫瑰、百合等主要品种的“斗南花卉价格指数”及行情简要分析，部分实现了价格形成中心功能。重庆（荣昌）生猪市场成立了交易实体运作平台，成功升级仔猪网上交易系统，并已实现荣昌仔猪集中电子竞拍，对外定时发布仔猪价格。2014年1月，国家生猪市场的建设运营主体——重庆渝荣生猪交易有限责任公司成立，通过一年多的筹备和部署，生猪活体现货挂牌交易于5月20日正式上线。

3. 市场影响力和带动力增强，全国性市场作用彰显。舟山水产市场研发的价格指数的发布，大大提升了它在行业内的价格影响力，“舟山水产城价格指数”正在成为业内关注的“晴雨表”。由于全国性市场的龙头集聚效应，舟山水产交易额同比明显增长，连接华东4省1市沿海地区渔船11万艘次，产业集群效应显现。重庆（荣昌）生猪市场围绕创新交易方式，以仔猪拍卖交易平台为重点，积极发展生猪网上交割，不仅畅通了信息，节约了交易成本，增强了市场透明度，而且能够更好地反映市场供求和保障养殖户的利益，在一定程度上指导养殖户的生产规模与周期。

（二）加强顶层设计，编制《全国产地市场发展纲要》，指导农业系统产地市场建设健康发展 为加快推进农产品产地市场体系建设，充分发挥农产品产地市场对农业产业的带动作用，2014年农业部组织编制了《全国农产品产地市场发展纲要》（以下简称《规划》）。《纲要》明确了产地市场发展指导思想、基本原则、发展目标、主要任务和保障措施，重点是建设三级农产品产地市场，打造三级农产品产地市场体系，即全国性产地示范市场、区域性产地市场和田头市场。

1. 市场发展布局。依据《全国优势农产品区域布局规划（2008—2015年）》和《特色农产品区域布局规划（2013—2020年）》等相关文件，借鉴日本、韩国经验，到2020年，在优势产区和特色产区建成一批直接服务农户营销的产地市场，其中全国性产地示范市场30个，区域性产地示范市场300个，田头示范市场1 000个，通过示范带动和政策引导，形成布局合理、分工明确、优势互补的全国性、区域性和田头市场的三级产地市场体系。

2. 市场建设功能。全国性产地示范市场重点是打造两个平台，即国家产销平台和国家品牌培育平台。国家产销平台是通过市场实物交易、线上交易（包括电子结算、电子商务、拍卖、期货等）带动实现价格形成中心、产业信息服务中心、科技交流中心、物流集散中心、会展贸易中心“五大中心”功能，使全国性产地市场能够发挥指导国家同类农产品价格形成的作用，实现农产品的线下汇集和线上批量交易，积极推进电子商务，探索新型流通方式，推行公平交易，保障农产品销售渠道畅通，成为全国性产销平台。国家品牌培育平台，是结合全国性产地市场建设，搭建国家品牌培育推介平台，提出产品品牌建设方案，适时启动品牌宣传推介活动并形成制度，提升产品品牌影响力；发挥消费者、媒体、行业协会等方面参与品牌建设的积极性，加强品牌推介和宣传，深入挖掘品牌的文化和内涵、价值塑造及核心竞争力，培育国家品牌。区域性产地市场，是建在农产品优势产区，能够辐射带动市场所在县及周边县优势产业发展的农产品批发市场，是引领区域主导产业发展的“桥头堡”，是区域内农产品的价格形成中心、产业信息中心和物流集散中心，是连接产销市场的重要纽带。田头（村头、码头）市场，是建在农产品生产基地，辐射带动市场所在村镇及周边村镇农产品流通的小型农产品产地市场，主要开展预冷、分级、包装、干制等商品化处理及交易活动。田头市场是农民家门口的市场，属于典型的公益性流通基础设施，是提高农户营销能力，实现农产品产后“存得住、运得出、卖得掉”，发展农产品直销和电子商务等新兴流通业态的重要支撑。

3. 市场发展重点任务。《规划》从我国产地市场发展最薄弱环节入手，准确把握政府和市场主体在产地市场建设的地位和作用，区别对待市场建设的公益性和经营性设施，将培育壮大流通主体、强化产销信息服务、推广公平交易方式、发展农业电子商务、创建农业优质品牌、创新市场建设机制、构建利益连接纽带和完善基础设施建设八项工作作为产地市场建设的重点任务。

4. 市场发展新机制。《规划》提出建立“企业主导、政府支持、社会考核”的驱动机制，推动产地市场发展方式的优化转型。全国性产地市场以省部共建，引导其他资本进行建设；区域性产地市场以地方推动，社会资本投入为主建设；田头市场以地方政府主导与社会资本相结合。

5. 市场发展工作措施。一是明确职责分工，指导纲要实施。农业部门要围绕纲要发展目标和任务，切实承担责任，创造实施条件，认真落实各项工作。二是建立投入机制，推动产业发展。建立“政府引导、企业主体、社会投入”的产地市场建设多元化的投入机制。采取财政补助、贷款贴息、以奖代补、政府投资入股或资本金注入等方式，增加对市场公益性设施建设的投入，引导市场主体通过资本金注入、股份制改造、企业兼并重组等多种途径筹集建设资金，加大对市场基础设施的投入，吸引社会资本和金融机构投入产地市场建设。鼓励市场主体建立多种形式的担保质押制度，帮助扩大经营范围，提高营销能力。三是做好试点示范，探索商业模式。全国性产地市场示范重点是打造国家级产销平台和国家级品牌培育平台；区域性产地市场示范重点建设全国农产品产销对接示范中心。完善价格形成、信息服务和物流集散功能；田头市场示范重点在于强化市场信息服务和商品化处理等公益性职能。四是搭建信息平台，建立监测体系。重点开发农产品产地市场“信息监测系统”，采集全国性产地市场、区域性产地市场和田头市场示范点的建设运行信息、农产品交易信息和电子商务服务信息，掌握全国农产品产地市场农产品交易品种、交易价格、交易量和产品流向等信息，提升农产品产销对接效率。五是开展跟踪评价，引导市场建设。为指导全国性、区域性和田头市场建设，农业部制定统一的全国性、区域性和田头市场的建设运营评价参考指标，建立“跟踪评价、动态管理”机制。

专栏11

2014年都市现代农业暨“菜篮子”工程现场交流会召开

2014年4月28—29日，全国都市现代农业暨“菜篮子”工程现场交流会在四川省成都市成功召开。会议的主题是“加快发展都市现代农业，深入推进‘菜篮子’工程建设”。来自全国47个城市政府、31个省（自治区、直辖市）农业主管部门和13个农业部司局及直属事业单位共140多人参加了此次会议。会议采取大会交流和现场考察相结合的方式，充分交流各地发展都市现代农业和推进“菜篮子”工程的先进经验。为各地发展都市现代农业、推进新一轮“菜篮子”工作指明了方向。

本次会议达到了预期目的，取得了明显成效，主要表现为三个方面：一是建立了大城市都市农业工作交流的机制。会议采用的大会典型发言和现场交流的模式，不仅为各地提供了一个横向交流学习、相互借鉴的机会和平台，也使大中城市都市农业工作的交流机制逐步建立起来。会议期间，代表们充分交流，探讨各地的好做法、好经验，并就今后都市现代农业发展建立合作联合机制进行了沟通。二是明确了新时期大城市推进都市现代农业的思路目标。会议提出，大城市要把农业摆在城市发展的重要位置，要发挥财力比较雄厚，科技、人才、资本等要素积聚优势，有条件、有能力的城市要率先实现农业现代化、率先实现“三农”协调发展、率先实现“四化”同步发展；都市现代农业要充分发挥“服务、生态、优质、科技、富民、传承”六大功能；经过几年的努力，争取到2020年，把都市现代农业建设成为“菜篮子”产品重要供给区、农业先进生产要素聚集区、农业多功能开发先行区、农业标准化样板区、农产品物流核心区和生态农业示范区。三是指明了“菜篮子”市长负责制的主体责任。会议指出，20多年的实践表明，“菜篮子”市长负责制符合国情，是切实可行、管用的，但也应清醒地认识到“菜篮子”工程面临着保障均衡供给、确保质量安全和保持价格平稳的压力越来越大。会议进一步明确了新形势、新时期市长们要担负起保障供给、质量安全、应急保障和市场调控四个责任。

中央电视台、人民日报、新华社、光明日报、农民日报、中央人民广播电台、中国农业信息网、人民网、新华网、中农网等12家中央媒体和四川日报、四川电视台、成都电视台等10家地方媒体，对交流会进行全程跟踪报道，各类媒体报道和转发新闻200余篇，媒体的广泛关注宣传了都市现代农业发展的良好态势和成果，营造了良好社会舆论氛围。

农业信息化

（一）网络与信息系统安全工作全面加强 一是科学规划，完善网络安全管理制度。农业部编制了《农业部网络与信息安全保障能力建设规划》《农业部网络安全建设工作方案（2014—2017年）》和《农业部电子政务内网安全保障体系总体设计方案》；制订了农业部《新建信息系统上线安全管理规范》《信息安全等级保护定级指南》和《信息系统安全应急处置总体预案》，确保网络安全建设有章可循，网络安全工作有据可依。二是制定并印发了《2014年农业部网络安全检查工作方案》，对部机关各司局、直属单位组织开展了网络安全检查。为确保工作落到实处，还组织3个网络安全专项检查工作组对12个机关司局、直属单位进行了现场抽查，并组织相关专家对各单位上报的网络安全检查表和自评估表进行核查。三是组织制定了《农业部重要信息系统和政府网站安全专项检查工作方案》，开展了历时3个月的专项检查工作，进一步提升了农业部重要信息系统和门户网站的安全保障能力。

（二）农业物联网试验示范逐步开展 一是实施农业物联网区域试验工程，派出专家组督导进展情况，确保了区试工程的顺利开展。召开了区试工程年度总结会，交流了试点省市的好经验好做法，研究部署了下一阶段工作重点。开展了农业物联网成果观摩交流活动，组织各省、农业农村信息化示范基地、科研单位、企业代表考察了天津农业物联网区域试验工程示范基地，交流了天津、上海、安徽、北京、黑龙江、江苏农业物联网建设经验，现场观摩了农业物联网新技术、新产品、新模式。二是继续推进国家物联网应用示范工程。组织实施的黑龙江农垦大田种植、北京设施农业、江苏宜兴养殖业3个国家物联网应用示范工程智能农业项目获得国家发改委补助资金批复，内蒙古玉米、新疆棉花2个大田国家物联网应用示范工程二期建设项目获得发改委批复同意。三是促进农业物联网技术产品推广应用。在全国范围内组织征集了农业物联网成果，并组织专家从先进性、实用性、成熟度、可推广价值等方面进行评选，从中选出了148个硬件设备、80个软件设备、39个应用模式、43个市场化解决方案和典型应用案例，集中编入《全国农业物联网产品展示与应用推介汇编2014》。

（三）农业信息化管理高效透明 一是完成金农工程一期验收。同时，按照重点推进基础信息资源、农业行政管理及基层农村经营管理政务信息化建设的要求，在对接部内司局建设需求的基础上提出了金农二期建设框架，按照“资源共建共享、系统互连互通、业务协作协同”的建设原则，完善国家农业监测指挥管理信息化体系、国家农业电子政务体系、服务支撑体系、信息资源体系，全面提升政府部门的组织、协调、指导、监督及突发事件的快速应急等工作能力。二是建成了一批重要的信息管理系统和数据库。农业部畜牧业司按照先整合建立畜牧业统计监测平台，再升级完善分析预警平台，最终实现数据的采集、审核、分析、预警和信息发布等功能一体化的要求，整合全行业信息系统建设。渔业渔政局建立了水产养殖、海洋捕捞、水产品批发市场三套信息采集系统，能够及时获取动态的产销信息，更加科学有效地对行业进行管理。种子局建成了中国作物种质资源等一系列数据库，依托中国农业科学院建立了国家种业科技成果产权交易平台。农产品加工局整合行业数据资源，构建了覆盖全行业的农产品加工技术需求数据库、技术成果数据库和专家数据库。信息化在农业政务管理领域中的广泛应用，推动了“三农”管理方式的创新，切实提高了农业部门宏观决策能力，促进了农业行政管理的高效透明。

（四）积极探索农业电子商务 一是组织开展了22个省的问卷调查、多省实地调研、与有关专家和电商企业交流研讨，并与阿里巴巴、京东进行了业务层面深度对接，系统梳理了农业电子商务发展现状，研究提出了推动农业电子商务发展的基本思路和相关政策建议。二是多次与阿里巴巴和京东集团等大型电子商务企业商谈合作事宜，就建立数据共享机制并开展战略合作，加强农产品交易标准、质量追溯及经营主体诚信体系建设，加大农产品认证、质检等政府信息公开力度，支持和引导各类行业协会开展线下农产品营销组织工作，开展电子商务应用技能培训等方面进行了研究。三是对各省（自治区、直辖市）农业电子商务发展情况开展了书面调研，并组织有关专家赴上海、浙江、福建和四川4省（直辖市）开展了重点调研，全面了解农业电子商务发展面临的形势和挑战，总结梳理了开展农业电子商务的主要做法，在此基础上，着手制定促进农业电子商务快速健康发展的指导性文件。

（五）农业信息化基础不断夯实 一是做好顶层设计。围绕当前农业农村经济发展中的关键和热点问题，研究设计了未来五年农业信息化建设总体框架，组织有关专家着手编制农业农村信息化“十三五”发展规划和农业信息化工程建设规划。二是强化农业信息化标准建设。13项农业物联网国家标准制修订项目获得国家标准委批复立项。组织专家开展了农业信息化标准体系框架的研究工作，初步理清了农业信息化标准建设的现状和问题，进一步明确了农业信息化标准工作的重点任务。三是推进农业信息技术创新。组织中国农业科学院等8家创新单位制定了创新规划。组织40家全国农业农村信息化示范基地参加农业物联网成果观摩交流活动，促进开展信息技术研发与应用示范。

专栏12

信息进村入户深受农民群众欢迎

为了让现代信息技术更好地武装农民、建设农村、服务农业，大力提升农民信息获取能力、致富增收能力、社会参与能力和自我发展能力，促进信息服务惠及农村农民，有效缩小城乡“数字鸿沟”，按照2014年中央1号文件有关推进信息进村入户的部署要求，农业部在北京、辽宁、吉林、黑龙江、江苏、浙江、福建、河南、湖南、甘肃10省（直辖市）22个县开展了信息进村入户试点工作。一年来，试点工作取得了重要阶段性进展。截至2014年年底，已建成村级信息服务站2 549个，培训上岗信息员

3 558名，提供公益服务645.8万人次，开展便民服务89.8万人次、涉及金额4 530.3万元，实现电子商务交易额8 828.3万元，已有6省（直辖市）初步建立起以企业为主体的市场化运营机制。

（一）工作措施

信息进村入户试点工作启动以来，农业部坚持把其摆在推进农业信息化发展的首位，精心组织，强力推进。一是印发《农业部关于开展信息进村入户试点工作的通知》以及试点工作方案和指南，明确了该项工作总体思路、试点目标和重点任务。二是召开信息进村入户现场部署会。组织会议代表参观了世纪之村总部、乡镇农业服务中心、村级信息服务站等现场，中国电信、京东集团提出了合作设想并联合其他16家企业发出了积极参与信息进村入户试点工作的倡议。三是初步探索了政企合作、市场化运行机制。把市场化运行机制的建立作为推进信息进村入户工作的一项关键性措施来抓，与电信运营商、平台电商、服务商等提出了切实可行的政企合作解决方案。四是积极研发信息进村入户全国统一平台，努力推进12316云呼叫平台建设，力争尽早上线支撑试点工作。五是组织有关专家和地方团队全面梳理工作风险点，研究风险防控机制和业务运行支撑保障机制，以有效防范试点过程可能产生的政治、市场和技术风险。

（二）工作成效

实践表明，信息进村入户可以改变农业农村生产生活方式，是推动现代农业发展、繁荣农村经济、促进城乡发展一体化的新力量，是引领经济发展新常态、推动农业农村经济转方式调结构的新动力，是转变农业行政管理方式、建设服务型政府、密切联系农民群众的新途径，深受农民欢迎，呈现出合力推进、多方共赢的良好发展态势。

1. 有利于满足农民需求。信息进村入户将公益服务、便民服务、电子商务集聚到村级信息服务站，农民可以更加精准地得到政策、技术、市场行情、动植物疫病防治等方面的咨询服务，不再像过去凭经验、盲目跟风种养；农民可以就近缴纳电费、水费、电话费，可以就近购买车船票、预约就诊挂号，不再像过去要跑很多路到镇上网点去办理；农民可以在家里就能购买到物美价廉的生活消费品，享受到与城里人一样的消费服务。村级信息员和农民群众普遍反映，信息进村入户就是好，能够把世界带到村里，把村子推向世界，还可以让农民“买世界、卖世界”。

2. 有利于帮助企业拓展市场。信息进村入户为电信服务商、电商、服务提供商等企业提供了开拓农村市场的大平台。正因为这些企业一致认为农村是一片“蓝海”，在试点工作启动之时，就有18家相关企业联合发起倡议，愿与农业部门合作，共同开创“政府得民心、企业能盈利、农民享实惠”的发展格局。中国电信集团公司为所有的村级信息服务站提供免费12316拨打和免费WiFi服务，让“三留守”人员可以不花钱就与在外地打工的家人视频通话，在为政府提供公益服务的过程中实现了自身业务的同步发展。许多运营企业广泛吸收银行、保险、电商、物流等企业参与，不仅帮助相关企业将业务延伸到乡村，拓展了农村市场，而且为农民提供了小额信贷、现金存取、灾害保险、代购代卖等服务。

3. 有利于提升政府部门管理和服务能力。信息进村入户不仅可以使党的农村政策迅速送到千家万户，而且可以快速了解掌握农情、灾情、市场行情和社情民意，还可以改进政府部门的服务方式、拓宽服务范围、畅通服务渠道。通过信息进村入户，能够有效缩小城乡数字鸿沟，帮助农民实现弯道超车；能够将层层上报的传统统计调查方法改变为网上直报的方式，政府部门可以及时了解到最真实的基层情况；能够帮助农民有效对接市场，切实把“以产定销”转变为“以消定产”，减缓农产品价格波动；能够有效解决公益服务长期严重不足的问题，促进公益性服务与经营性服务相得益彰；能够将党的群众路线在广袤的农村甚至边远山区得到具体体现和落实。

农产品质量安全管理

2014年，农产品质量安全形势总体平稳向好，在范围扩大、参数增加的情况下，农业部组织的蔬菜、畜禽和水产品例行监测合格率分别达到96.3%、99.2%和93.6%，全年未发生重大农产品质量安全事件，为农业农村经济实现稳中有进、稳中提质、稳中增效做出了应有的贡献。

（一）专项整治 全国范围组织开展7个专项治理行动，出动执法人员418万人次，检查生产经营单位233万家，整顿农资市场26万个，查获假劣农资2.6万吨，行政处罚5 799件，为农民挽回直接经济损失4.7亿元。

1. 农药及农药使用专项整治。组织开展农药监管年活动，严厉打击假冒伪劣等非法行为。推行高毒农药定点经营和实名购买制度，推进园艺作物标准化生产、病虫害统防统治和绿色防控，推行低毒生物农药示范补贴。

2. “瘦肉精”专项整治。强化《饲料质量安全管理规范》的宣贯，开展跨省拉网监测，对16种“瘦肉精”类物质进行摸底排查，对排查中发现的问题，追根溯源，会同公安机关深挖制售源头，严查严办相关责任人。据不完全统计，2014年，各级畜牧兽医部门在“瘦肉精”专项整治中共立案查处违法案件273起，向公安机关移送48起。

3. 生鲜乳违禁物质专项整治。落实确保婴幼儿配方乳粉奶源安全的六项措施，严格对奶站和运输车的资质条件审查、强化监督抽检，现场检查奶站1.3万个、生鲜奶运输车7 000辆，奶站检查达标率为99.8%，运输车全部达标，从源头上保障国产婴幼儿奶粉安全。

4. 兽用抗菌药专项整治。制定兽药违法案件从重处罚公告，就规范兽药产品标签和说明书启动了执法检查行动，严厉打击兽药生产经营使用违法行为。

5. 畜禽屠宰专项整治。集中开展屠宰执法行动，严厉打击生猪私屠滥宰、收购和屠宰病死猪、注水或注入其他物质等违法行为。加快了与商务部相关职责的划转交接，印发了《国务院办公厅关于建立病死畜禽无害化处理机制的意见》，联合五部门召开电视电话会议进行专门部署，深入开展病死动物无害化处理试点。组织起草畜禽屠宰管理条例。

6. 水产品违禁药物专项整治。全面开展产地水产品质量安全监测，实施贝类产品、海捕水产品和主要渔用投入品质量安全风险隐患排查，严厉打击养殖生产者违法使用硝基呋喃类药物、孔雀石绿等违禁药物行为。

7. 农资打假专项行动。在春季、夏季和秋冬季等重点时节，集中开展执法检查，组织开展“放心农资下乡进村宣传周”活动，新增放心农资下乡进村示范点32个，加大大要案查办力度，集中力量查办了河南假肥料案，组织捣毁了河南、吉林和新疆等地数个特大种子制假售假黑窝点，向社会公布典型案例23个。

（二）农业标准化

1. 标准制修订。农业部会同国家卫计委发布了2014版农药残留国家标准，规定了387种农药在284种食品中的3 650项最大残留限量，基本覆盖我国常用农药品种和常见农产品和食品种类。新制定饲料安全、生产规程、检疫规程、转基因等农业国家标准和行业标准253项。组织制定了《加快完善我国农药残留标准体系工作方案（2014—2020）》，启动农药残留补充试验计划。

2. 标准实施示范。国家安排6亿元专项资金用于开展菜果茶标准化生产，开展农资统购统销、病虫害统防统治等“五统一”（农资统购统供、种苗统育统供、病虫害统防统治、产品统一处理加工、销售统一品牌）服务，新建“三园两场”1 600个，创建标准化示范县48个。新认证“三品一标”产品2.3万个，“三品一标”总数达到10.7万个。严格证后监管，“三品一标”跟踪抽检合格率达到99%以上。

3. 国际标准交流。农业部组团参加了国际食品法典农药残留委员会第46次会议，推动我国6项农药残留限量标准转化为国际食品法典标准，国际标准话语权显著提升。积极采用CAC标准1 000项，完成了387项农药残留限量标准的对外通报和咨询答复，对WTO成员通报的990项涉农技术性贸易措施中的302项进行了重点评议，提出官方评议意见，并对可能影响我国农产品出口的技术性贸易措施进行了国内预警通报。

（三）风险监测评估

1. 监测预警。例行监测范围扩大到151个大中城市、117个品种、94项指标，基本涵盖主要城市、产区和品种、参数。黑龙江、北京、浙江、湖南等地把产地环境、农产品和投入品纳入统一监测计划，加大资金投入，为监管工作提供了有力支撑。

2. 风险评估。新增风险评估实验室10家，认定风险评估实验站145个，把“菜篮子”和大宗粮油等12类农产品纳入风险评估范围，着力从生产全过程摸清危害因子种类、范围、危害程度及产生原因，提出全程控制措施和技术规范。

（四）应急处置

1. 舆情监测。实行全天候舆情监测，及时掌握农产品质量安全舆情动态。制定舆情应对工作预案，对发现的问题及时调查处置，实行跟踪评估；对虚假信息和不实报道，依托专家进行正面解读，及时消除负面影响。

2. 应急处置。修订《农产品质量安全突发事件应急预案》，进一步明确了各部门、各地方的责任分工和应对程序。江苏、山东、江西、四川、青岛等省市完善应急机制，安徽、湖南、甘肃、新疆、青海等地举办突发事件应急演练活动，提高了应急处置操作能力。

3. 科普宣传。积极利用新闻发布会和在线访谈平台，就农产品质量安全一些热点敏感问题进行解读，及时回应社会关切，给出正面导向。充分利用食品安全宣传周，开放检测中心和风险评估实验室，举办了丰富多彩的主题日活动，编印了《农产品质量安全生产消费指南》，组织30家农业生产经营企业联合发布质量安全倡议书，营造了良好舆论氛围，普及了农产品质量安全知识。

（五）监管体系建设

1. 监管机构建设。全国已有86%的地市、71%的县市、97%的乡镇建立了监管机构，落实专兼职监管人员11.7万人。内蒙古、山西、山东、甘肃、江西、四川等20多个省（自治区、直辖市）政府或政府办公厅印发了加强监管的意见，明确提出加快建立地、县、乡镇监管机构，落实属地责任。湖北、浙江、陕西、广西、吉林、辽宁等省将监管体系建设作为政府绩效考核的重要指标，协调编办出台指导性意见，与市县政府层层签订责任书。山东、湖南、海南、重庆、广东等省市探索建立村级监管员队伍，有效提升了基层监管能力。

2. 质检体系建设。国家落实质检体系建设投资17亿元，建设项目398个，将市辖农业大区补充纳入建设范围，有效弥补布局上的缺陷。印发《农业部关于加强农产品质检体系建设与管理的意见》，推进质检机构能力验证和机构考核，已竣工验收项目的地县质检机构有50%通过了计量认证，近三分之一通过了机构考核。

3. 体系队伍建设。组织举办监管、检测、应急方面培训20余期，将质量安全纳入了农村实用人才和大学生“村官”培训内容，共培训各类人员1.2万人，向全国农业系统发放检测技术培训光盘7 500套，将农产品质量安全检测员纳入了国家职业分类大典《农业行业职业分类构架表》，基层队伍业务能力有了新提高。

（六）制度机制建设

1. 推动修法。农业部积极参与《食品安全法》修订，做好《农产品质量安全法》修订前期准备工作，努力确保《食品安全法》和《农产品质量安全法》两法并行、相互衔接。

2. 明确职能分工。按照新的食品安全监管职责分工，农业部与食品药品监管总局开展了联合调研，进行了多次会商，签订了覆盖农产品质量安全监管各环节、加强协作配合的合作协议，在动植物疫病防控、“三剂”管理、豆芽菜监管、产地准出市场准入管理、全程质量追溯、检测资源共用等方面进一步厘清监管职责，健全协调配合工作机制，形成监管合力。

3. 质量安全县创建。农业部制定了国家农产品质量安全县创建方案及配套的考核办法，召开全国治理“餐桌污染”现场会。山东、四川、江苏、浙江、陕西、广东、上海等省市也积极开展省级质量安全县的创建，加大了示范投入。

4. 改革创新。积极开展检验检测认证机构整合工作，制定农业系统整合方案和指导意见。推进农产品质量安全信用体系建设，成立专门工作小组，出台指导意见，加强对各地工作的指导。推动国家农产品质量安全追溯信息平台建设，可行性研究报告已获发改委批复，进入正式建设阶段。推动将高效低毒农兽药补贴、质量追溯补助、质量安全县奖励等项目纳入政策扶持范围。

国家现代农业示范区建设

2014年，各国家现代农业示范区统筹谋划扶持政策，积极整合各类资源，加快推进现代农业建设，各项工作均取得明显进展。当年监测评价数据显示，江苏太仓、上海浦东、北京顺义等20个示范区已率先进入基本实现农业现代化阶段，比上年增加了6个，继续保持较快增加势头。

（一）全国现代农业示范区培训班暨经验交流会成功举办 农业部举办示范区培训班暨经验交流会，前两批153个示范区和各省农业部门的主要负责同志参加培训和经验交流会。发展改革委、财政部、人民银行、银监会四部门提出了基建投资、财政资金和金融支持现代农业发展与示范区建设的措施。会议代表还实地考察了黑龙江省现代化大农业建设现场，学习了“两大平原”现代农业综合配套改革试验的做法和经验。会议的成功召开，标志着示范区建设工作已由部门职责，拓展为各部门、地方政府的共同行为。

（二）第三批示范区认定工作顺利完成 农业部以第三批示范区申报创建为抓手，加强工作谋划、严格认定标准、注重过程管理，确保示范区创建质量。一是明确创建标准。提出“现代化水平先进、改革创新举措实、区域代表性强、示范作用明显”4项创建要求，以及原则上不支持贫困县申报等否决性条件，从标准上把好关口。二是严格规范程序。要求各地在上报第三批示范区建议名单前，采取实地考察、材料评审、现场答辩相结合的方式进行竞争性选拔，确保上报名单符合标准。三是组织合规性审核。组织专门力量对各省上报的示范区建议名单进行合规性审核，对不符合申报要求的县市不列入下一步评审名单，严控申报质量。四是召开市级示范区创建评审会。邀请各地市党委或政府负责同志进行现场称述和答辩，组织专家进行现场打分，提高市级党委政府重视程度和创建水平。经严格评审并公示，农业部认定了第三批157个示范区，加上前两批示范区的重合县市，全国示范区总量达到了283个。

（三）区农业改革与建设试点有序推进 农业部将示范区农业改革与建设试点作为推动示范区建设上台阶、促发展的“金字招牌”来打造，加强过程督导，创新考核方法，引导试点工作迈出更大步伐。一是开展绩效评价。农业部、财政部、银监会等5个试点牵头单位，举办了2014年试点绩效评价活动，由试点示范区党委或政府分管负责同志现场陈述试点做法和成效，其他试点示范区有关负责同志现场观摩、对比差距、取长补短、共同提高。二是开展末位约谈。在通报试点绩效评价得分情况和各试点工作进展的同时，农业部对得分排名后3位的试点示范区开展约谈，面对面探讨失分原因，查找工作差距，研究发展对策。三是扩大试点规模。支持首批试点未覆盖的辽宁、内蒙古、河南、湖南4个粮食大省各选择1个县开展了农业改革与建设试点，强化试点方案指导，进一步提高试点工作的针对性和科学性。据初步统计，到2014年年底，已有18个试点示范区建立了土地流转服务中心（农村产权交易中心），23个试点示范区组建了农业融资平台，14个试点示范区开展了农村信用体系建设，10个试点示范区制定了发展订单农业的支持政策等。

（四）示范区建设水平监测评价工作不断深化 农业部组织开展了2013年、2014年示范区建设水平监测评价工作，指导各地补充填报往年数据，初步搭建了示范区监测评价的基础数据库，为客观评价、督促指导创立了基础条件。一是认真分析监测评价数据，做到严格审核、系统分析、深入挖掘，横向、纵向、区域间等多维度比较分析示范区建设水平，并结合实地调研情况，对数据内涵进行深入研究，对变化成因进行深度剖析，实现有数据、有解读、有比较、有预测。二是推进监测评价信息公开，在农业部网站现代农业示范区专栏中全文公开发布了年度监测评价报告和数据，有关内容引起了各省农业部门、各示范区和社会各界的广泛关注，多次被相关媒体引用。

（五）发展路径和建设模式探索成效初显 各省、各示范区结合各自实践，广泛开展经验总结、问题剖析和对策研讨。编写了《中国特色农业现代化探索与实践——国家现代农业示范区发展报告》。一是围绕区域现代农业发展路径，立足推动各省工作，归纳提出了“以工作抓手为重点，以发展特色为指向”的现代农业发展六大模式，如归纳了以规模化机械化为主要特征的劳动节约型农业发展模式，以高效生态和特色精品为主要特征的土地节约型农业发展模式。二是围绕现代农业示范区建设模式，归纳提炼了七类模式，分别代表东北、西北、西南、中部、草原、都市等类型，如总结了黑龙江垦区现代化大农业建设模式，陕西延安市节水生态农业建设模式，贵州省湄潭县山区特色农业建设模式等。

（六）培训交流和宣传工作扎实推进 农业部进一步加强对示范区建设的业务培训、建设指导和宣传引导，提高示范区建设质量和水平。一是组织举办台湾现代农业培训研习班，分2期组织19个省42个示范区的93位农业系统干部赴台培训，参观学习台湾农业发展政策、农民合作组织发展、农产品质量安全、农产品加工流通、品牌农业建设、休闲农业发展等重点内容。二是宣传交流示范区建设新做法、新亮点，综合运用简报信息、典型材料、QQ群等方式，不断推出示范区看得见、摸得着、学得到的创新做法和经验，推动各地相互取长补短，激发创新活力，凝聚示范区比学赶超的内在动力。三是组织开展重大活动专题宣传，在示范区培训班暨经验交流会、示范区监测评价报告发布、第三批示范区创建认定等重大活动期间，将专题宣传与活动开展同期部署、同步推进。

（七）各方支持示范区建设的合力日趋形成 部门沟通协作机制初步建立，促进了财政专项、基建投资和金融资金为示范区建设提供更加有力的资金保障。一是在财政专项上，将示范区以奖代补资金由2014年的2.5亿元，扩大为2015年的10亿元。二是在基建投资上，安排4亿元中央预算内投资支持20个示范区开展旱涝保收高标准农田建设，落实建设任务26.67千公顷。三是在金融资金上，农业部与邮政储蓄银行联合下发了关于邮储储蓄资金支持示范区建设的意见，召开了部行合作支持示范区建设电视电话会议，提出到力争到2020年，邮政储蓄银行对国家现代农业示范区的涉农贷款余额达到2 000亿元。同时，继续推进与国家开发银行的合作，开发银行对示范区建设的贷款项目达到400个，贷款余额达到200亿元。

农业科研、推广与教育

2014年，农业科教事业保持了全面发展的良好势头，我国农业科技进步贡献率达到56%，有力支撑了粮食生产“十一连增”、农民增收“十一连快”。

（一）农业科技创新迈出新步伐 加强顶层设计，推进资源整合，强化条件支撑，依托转基因生物新品种培育重大专项、公益性行业科研专项、“948”计划等科研专项实施和现代农业产业技术体系、农业部重点实验室体系建设，加强农业基础性、前沿性科技攻关和关键技术研发，取得超级稻大面积亩产1 026.7千克等重要成果。

1. 推进农业科研项目管理创新。落实《国务院关于改进加强中央财政科研项目和资金管理的若干意见》（国发〔2014〕11号）精神，以“公开透明、适度竞争、科学规范”为原则，推动农业科研项目决策、执行、监督权责清晰、相互分离、相互制约，指南制定、过程管理、结题验收等工作环节分段管理。将行业科研专项、“948”计划统筹分为农业发展重大科技问题、特殊贫困片区特色农业发展问题、长期性基础性科技问题和应急性问题4个类别，统一编制申报指南。针对不同项目内容，分别采用直接委托、定向择优、自由竞争等方式确定项目承担团队。在自由竞争类项目中，由个人独立申报代替专家事先组团队的“PK式”申报，增加优秀青年科研人员展示实力、获得支持的机会。项目全程向社会公开，确保“可申诉、可查询、可追溯”。

2. 抓好重大农业科研项目实施。推进转基因生物新品种培育重大专项深入实施，加快转基因优质棉、抗虫及抗旱玉米、抗除草剂大豆等重大新品种培育。系统梳理基因克隆、转基因操作、新品种培育、生物安全四大领域课题成果，对专项科学聚焦瘦身，进一步明确主攻目标，加快实施产业化推进策略，支持育繁推一体化企业牵头组建实施团队，构建技术研发与安全评价协调同步、品种培育与应用能力紧密结合的运行机制。围绕农产品加工与质量安全、资源节约与生态环保、农业机械化和信息化等重点领域，加强重大关键共性技术研发，加强国际先进农业科技的引进消化吸收和再创新。强化现代农业产业技术体系管理，组织年度工作考评和“十二五”任务中期检查，在系统总结经验成效基础上，编制“十三五”优化调整方案。

3. 加强农业科研条件能力建设。落实《全国农业科技创新能力条件建设规划（2012—2016年）》，在2013年投资1.8亿元基础上，2014年投入4亿元，新启动9个重点实验室学科群建设。在科研、基地和人才等项目安排上向重点实验室倾斜。制定重点实验室考核评估办法，全面推进分工协作、资源共享、学术交流、综合性重点实验室牵头等机制建设。

4. 打造农业科技创新与集成应用平台。整合现有各类农业科研、技术推广、教育培训、资源环境和农村能源建设等方面的试验示范基地、示范村镇、基层站点，集聚项目、基地和人才等要素资源，建设100个国家农业科技创新与集成示范基地，推动科研、教育、推广一体化协同发展，促进科技与生产紧密结合。建设国家种业科技成果产权交易平台，合理协调交易机构、当事人和服务商三方关系，兼顾社会和经济效益，形成政府公共职能与市场机制有机协调，实现科技成果产权转化交易的规范有序和高效快捷，加速成果推广应用。打造我国首个深远海养殖平台，以海洋工程装备、工业化养殖、海洋生物资源开发与加工应用技术为基础，通过系统集成与模式创新，形成集苗种繁育、规模化养殖、海上物资补给、水产品贮藏于一体的大型渔业生产平台。

（二）农业技术推广取得新成效 统筹资源，完善机制，加快推进农业科技成果转化，提高农技推广服务能力，促进农业科技成果加快转化为现实生产力。

1. 完善全国农业科技成果转化交易服务平台建设。充实全国农业科技成果转化交易服务平台内容和功能，展示科研成果2 922项，完成交易55项，交易额超过2 500万元。成立国家种业科技成果产权交易中心，启动建设国家种业科技成果产权交易平台，吸纳国内外育种研发单位、种业企业开展授权品种展示和转化交易活动，引导评价、金融、法律等中介服务机构为展示交易当事人提供服务。

2. 深化基层农技推广体系改革与建设。继续实施基层农技推广体系改革与建设补助项目，落实中央财政资金26亿元。推进农技推广特岗计划试点，甘肃、山西等13个省份招聘特岗农技人员10 852名。继续实施万名农技推广骨干人才培养计划，全年培训3 500人。

3. 继续实施超级稻“双增一百”、东北地区玉米“双增二百”科技行动。在黑龙江、辽宁等17个省（自治区、直辖市）和6个超级稻新品种选育协作组继续实施全国超级稻新品种选育与示范项目，完成示范推广933.33万公顷、双增一百（每亩增产100斤、节本增效100元）的目标。在东北地区继续实施玉米“双增二百”科技行动，加速玉米新品种和高产栽培技术推广应用，促进了玉米增产和农民增收。

（三）农民教育培训实现新突破 适应新时期农民教育培训新形势和新要求，加强新型职业农民培育，壮大提升现代农业生产经营者队伍，为现代农业发展和新农村建设提供坚实的人力支撑。

1. 启动新型职业农民培育工程。创新培育机制模式，提高补助标准，重点培育家庭农场、农民合作社、农业企业及社会化服务组织等新型农业生产经营主体的骨干农民。中央财政投入11亿元用于新型职业农民培育，引导各地配套投入超过5亿元。全年培育新型职业农民超过100万人。

2. 探索构建职业农民培育制度。在陕西和山西2个整省、14个整市和300个示范县开展重点示范培育，建立健全培训体系，探索构建新型职业农民培育制度，进一步厘清新型职业农民的内涵及特征，明确了新型职业农民培育工作的路径、模式、方法，提出了符合我国实际的“三位一体、三类协同、三级贯通”新型职业农民发展道路。“三位一体”：培育环节而言，改变以往单纯对农民开展培训的形式，综合运用教育培养、认定管理和政策扶持三种手段培育农民；“三类协同”是就培育对象而言，将新型职业农民分为生产经营型、专业技能型和社会服务型三个类型，实行差别化培育。“三级贯通”是就培育成果运用而言，对新型职业农民进行资格认定，并分为初、中、高三个级别。

3. 强化条件能力建设。编制《全国新型职业农民培育条件能力建设规划（2014—2020年）》，加快推进空中课堂、田间课堂、流动课堂和智慧农民云平台一体化建设。投入6 000多万元经费，实施“农业部新型职业农民流动课堂”建设项目，重点支持试点示范区319所县级农广校，强化重点示范区教育培训支撑能力。

4. 加强农民职业教育指导。联合教育部印发《中等职业学校新型职业农民培养方案（试行)》，推动中高等职业教育教学改革，吸引更多农民参加中高等职业教育，提高职业素质技能。

农业农村人才队伍建设

2014年，全国各级农业部门以解决“谁来种地”问题为导向，以落实《农村实用人才和农业科技人才队伍建设中长期规划（2010—2020年)》为主线，以实施现代农业人才支撑计划为支撑，统筹推进农业农村人才队伍建设，为现代农业发展和新农村建设提供了强有力的人才支撑。

（一）人才工作形成新格局 农业部把学习习近平总书记关于人才工作的重要指示精神列入党员干部教育培训内容，组织部系统和各地农业部门深入学习领会。印发农业部人才工作要点，召开全国农业农村人才工作会议，抓行业就要抓行业人才的理念进一步树立。农业部成立国家农业科技创新联盟，充分凝聚全国农业科研力量，搭建分工协作的“一盘棋”农业科研工作新格局。职业农民培育成为推进农业现代化的战略举措，打造高素质生产经营者队伍迈出实质性步伐。各省区市农业部门进一步加强对人才工作的领导，人才工作体系不断完善。加大宣传引导力度，全年组织刊发人才工作新闻报道40余篇，在全国农业系统大兴识才、爱才、敬才、用才的良好风气。

（二）人才培养开辟新途径 启动实施新型职业农民培育工程，全年培育新型职业农民突破100万。新增7个部级农村实用人才培训基地，为20个基地配备了培训专用车辆。与中组部联合举办117期农村实用人才带头人和大学生“村官”示范培训班，规模比去年增加33%。会同中组部举办乡镇村党组织书记培训示范班。实施农村实用人才培养“百万中专生计划”，完成7万人的招生任务。加大农业职业技能开发力度，培训鉴定44万农业技能人才。会同中组部、人社部举办农业领域高层次专家国情研修班、农业科研创新团队能力建设高级研修班，帮助他们了解国情农情、提升科研水平、加强团队建设。继续对150名农业科研杰出人才及其创新团队予以专项经费资助，组织部分杰出人才出国（境）研修。实施“万名农技推广骨干培养计划”，大规模开展基层农技人员知识更新培训，举办农业科技人员网络大讲堂，累计培训80万人次。实施农技推广“特岗计划”，在13个省招聘特岗农技员1万余名，为基层农技推广队伍补充新生力量。

（三）人才评价取得新进展 在13个省299个县开展农村实用人才认定试点，其中北京、安徽、湖北、云南4个省市整省（直辖市）推进，探索认定管理、配套政策一体化评价认定体系。配合中央有关部门推进人才、科技项目评价改革。完善专业技术人员评价方式，会同人社部开展第十一届全国农业技术推广研究员任职资格评审，继续实行向县乡基层人员倾斜政策，共有1 428人获得晋升；开展2013年度农业部系统专业技术职务任职资格评审。下发《农业部办公厅关于加强农业引进国外智力工作的意见》，继续实施30个引进国外技术和管理人才项目。与全国总工会、人社部联合举办割胶工、沼气生产工、动物疫病防治员等技能竞赛，推进涉农企业技能人才评价试点，营造重视技能人才的良好氛围。

（四）人才激励打造新亮点 首次组织实施“全国十佳农民”资助项目，举办首届“全国十佳农民”揭晓仪式，组织首届“全国十佳农民”与台湾基础农民代表座谈交流，营造了关心农业、关爱农民、关注农村的良好氛围。会同有关部门在4家农业科研机构启动种业科研成果权益比例改革试点，探索创新人才得到合理回报的有效途径。各省加大人才激励力度，吉林、山东开展“万名兴农带富之星”“乡村之星”评选等活动，江苏设立“种业人才奖励基金”、内蒙古设立“青年创新基金”等举措，极大激发了各类人才的创业兴业热情。

（五）人才扶持实现新突破 中国农科院分三批实施了科技创新工程，中央财政投入专项资金，为农业科研人才提供长期稳定支持。联合教育部出台《中等职业学校新型职业农民培养方案（试行）》，为农民接受中等职业教育提供了方便和保障。中国人民银行等部门出台文件，加大对家庭农场等新型农业经营主体的金融支持。动员社会力量加大对农村实用人才创业的帮扶资助，实施“农业科教兴村杰出带头人”和“全国杰出农村实用人才”资助项目，共54人入选，每人获得5万元的资金资助。开展“培养造就新型职业农民队伍政策”研究，探索新型职业农民培育模式，为推动出台配套政策提供参考依据。各地从实际出发，在土地流转、金融服务、社会保障等方面，加大对农村实用人才和新型职业农民的政策扶持。

专栏13

“全国十佳农民”资助项目

2014年，农业部首次组织实施了“全国十佳农民”资助项目，10位新时代的职业农民获得荣誉，在全社会引起了强烈反响。

（一）立意高远

实施“全国十佳农民”资助项目，目的是通过广泛宣传新时代优秀农民的先进事迹，进一步树立重视农业、尊重农民的导向，调动广大农民务农种粮积极性，吸引更多优秀人才到农村创业兴业。项目设计目标明确，立意高远，是传播正能量的创举。

（二）标准科学

为了把最具时代特征的新型农民遴选出来，树立起亿万农民群众比学赶超的标杆，农业部把资助对象瞄准为从事种养业5年以上、生产技术先进、经营规模适度、市场竞争力强、生产环境可持续、示范带动作用显著的新型农民。确定这样的标准，既契合了当前发展现代农业的实际需要，也凸显出“全国十佳农民”的先进性，是农业现代化建设对农村人力资源需求的集中体现和生动诠释。

（三）人选过硬

最终确定的“全国十佳农民”，都是有文化、懂技术、善创新、会管理的新型农民，是广大农民的杰出代表。他们既是做出不平凡业绩的“能人”，又是老百姓够得着的“邻家大哥大嫂”。既是一线埋头苦干的普通农民，又有着新时代农民的梦想和担当。他们是亿万农民学习的榜样。这10位农民的当选，也从一个侧面反映出党的十八大以来“三农”工作取得的巨大成就。

（四）要求严格

各级农业部门在推荐人选时，坚持公开透明、公平公正，严格标准条件、程序要求，确保把业绩突出、群众公认的新型农民选出来。推荐人选除了看业绩贡献，还注重对他们的政治素质、守法情况和道德水平的考察。特别是在人选确定环节，以公众投票结果为依据，充分酝酿，认真比选。产生10名建议人选后，又在网上进行公示，并认真核实情况，确保评选结果经得起检验。

（五）方式新颖

“全国十佳农民”资助项目由农业部倡导，中华农业科教基金会、中国农业电影电视中心、农民日报社等单位具体组织。为了广泛吸引公众参与，通过纸媒、网络、微信等方式，组织公众对30名提名人选进行投票，10天内共吸引了900余万人次参与。为了进一步广泛宣传他们的先进事迹，还举办了首届“全国十佳农民”揭晓仪式，正式向全社会推介，并安排中央电视台七套在农历大年三十播出该节目，有效扩大了社会影响。

农业行政能力建设

2014年，农业部门按照以简政放权为突破口，加快政府职能转变的总体要求，稳步推进机构改革和职能转变，统筹做好事业单位分类改革工作，不断创新社团管理与服务，有效提升农业农村经济调控能力和农业公共服务水平。

（一）稳步推进机构改革和职能转变，着力构建与发展现代农业要求相适应的现代农业行政管理体制

1. 全面落实国务院机构改革重点任务。一是认真推进行政审批制度改革，与国务院审改办沟通提出取消下放30项行政审批事项的建议，取消下放比例达53%，不再保留非行政许可审批事项。同时，建议取消下放20个子项，将所有的工商登记前置审批改为后置审批。积极配合有关部门对所涉及的法律法规进行修订，及时对农业部相关规章和规范性文件进行清理，共废止部门规章6部，修订部门规章18部，废止规范性文件16件，国务院批准正式取消下放的13项行政审批事项已全部落实到位。二是推动畜禽屠宰监管职责移交工作。协调商务部印发生猪屠宰监督管理工作交接会会议纪要，推动畜禽屠宰监管职责交接工作尽快完成；推动中央编办通过电话督导等方式督促各地加快畜禽屠宰监管职责划转工作；召开全国畜禽屠宰监管暨生猪屠宰专项整治工作会议。截至2014年年底，全国除西藏外其他30个省份均已完成相关职责划转工作。三是切实加强农产品质量安全监管职责，推动与食药总局签订加强食用农产品质量安全全程监管合作协议，努力推进监管职责无缝衔接。

2. 扎实推进深化改革相关工作。一是成立农业部深化农村改革工作领导小组，由部长任组长，全面加强对深化农村改革工作的领导。

二是认真推进农业部承担十八届三中全会相关重点改革任务跟踪落实工作，按要求提出中长期改革建议。三是根据中央编办有关通知精神，重新印发相关司局“三定”方案，进一步优化机关司局职责定位和处室结构，完成相关派出机构——农业部长江流域渔政监督管理办公室组建工作。四是根据国办文件精神，进一步完善农业对外合作工作体系和机制建设，不断强化农业行政履职手段和能力。

3. 农业公共服务能力进一步增强。截至2014年年底，全国共有县乡两级基层农技推广机构7.63万个，其中，县级1.93万个、乡级5.7万个，基层农技推广机构普遍健全。全国兽医工作体系基本建成，初步建立了纵向贯通、横向衔接的兽医工作网络。新型兽医队伍建设稳步推进，全国共确认官方兽医10万余人，28万人次参加全国执业兽医资格考试，7万余人取得执业兽医资格。农产品质量监管机构建设扎实有效加快推进，将基层农产品质量安全监管体系建设纳入国务院办公厅重点督查内容，目前全国所有的省、86%的地市和71%的区县都组建了专门的农产品质量安全监管机构，97%的涉农乡镇都已挂牌建立农产品质量安全监管站所；农产品质量安全检验检测体系逐步完善，中央、省、市、县四级已投资建设质检机构3 332个，检测人员3.5万人。

4. 农业综合执法体系进一步完善。截至2014年年底，全国已有30个省、272个市（地、州）、2 322个县（市、区）开展了农业综合执法工作，基本实现县级全覆盖，农业部门的事中事后监管能力和水平有了明显提升。2014年，各级农业综合执法机构查处违法案件4.87万件，移送司法机关336件，为农民挽回经济损失15.7亿元；同时还调处涉农纠纷1.3万余件，协议赔偿额1.39亿元，有力维护了农民合法权益和农业生产经营秩序。

（二）统筹做好事业单位分类改革工作，着力构建为履行农业行政管理提供有力支持的农业事业单位新格局

1. 稳步推进部属事业单位分类工作。一是按照中央关于事业单位分类工作有关部署，在前期深入调研论证基础上，科学提出部属事业单位分类意见，并与相关部门积极汇报沟通。二是加强对部属科研单位分类工作的指导，研究提出具体分类方案。三是加强相关政策研究工作，组织召开部属事业单位分类改革工作座谈会、参公管理事业单位座谈会，充分听取不同类别事业单位对相关机构编制管理创新政策和财政政策的意见建议。

2. 切实加强部属事业单位机构编制管理工作。根据相关改革和工作需要，进一步优化部属事业单位领导力量，完善相关职能配置。推动部属科研单位相关机构编制调整和更名事宜，积极为部属科研单位创新发展创造有利条件。统筹研究部系统相关支撑服务单位布局优化与结构调整工作。研究推动国家食物与营养咨询委员会换届工作。加强事业单位岗位聘用管理与服务，审核批复7家部属事业单位岗位聘用实施方案。

3. 认真开展事业单位改革和管理创新研究。根据中央编办相关要求，开展建立健全事业单位机构编制标准体系研究，推动事业单位机构编制管理创新。组织开展事业单位加强和改进党的建设工作调研。

4. 扎实推进检验检测认证机构整合工作。在全面摸底调研基础上，研究出台部属事业单位检验检测认证机构整合工作方案和农业系统检验检测认证机构整合指导意见，为强化农业检验检测认证机构建设、提升服务能力做好顶层设计。

（三）加强社团管理和服务，着力构建与创新社团登记管理要求相适应的农业社团管理新方式

1. 稳妥开展退（离）休人员社团兼职清理规范工作。根据中组部部署，研究印发规范退（离）休领导干部在社会团体兼职问题的通知，进一步明确兼职审批和备案程序，在部系统全面组织开展退（离）休领导干部社团兼职摸底和清理规范工作。

2. 加强社团管理方式创新研究。跟踪做好推进社团管理改革、行业协会商会与行政机构脱钩等相关工作。配合推动学术性社团承接政府职能转移相关工作。

3. 做好社团日常管理与服务工作。审核完成65家部业务主管社团、基金会和民办非企业单位年检材料，推动中国马业协会等32家社团换届选举、法人变更、章程审核等工作，指导中国种子协会等5家社团参加社会组织评估工作；配合民政部做好取消社团分支机构和代表机构登记行政审批事项等工作。

农业灾害

（一）农业气象灾害 2014年，我国农业气象灾害以干旱、洪涝为主，低温冻害、台风、风雹等灾害均有不同程度发生，总体灾害轻于上年，但局部地区的干旱、台风等灾害异常偏重。2014年，全国农作物受灾面积24 866.67千公顷，其中成灾12 666.67千公顷，绝收3 090.67千公顷，比上年分别减少6 462千公顷、1 625.33千公顷和754千公顷；因灾损失粮食3 150万吨，减少560万吨（图22、图23）。

1. 干旱。2014年，全国干旱区域集中，北方冬麦区冬春旱和黄淮、东北部分地区伏秋旱较重。2013年入冬至2014年1月，北方冬麦区及湖北、四川、云南等地，平均降水量比常年同期偏少68%，平均气温偏高0.7℃，部分麦田失墒严重，局部发生旱情。到1月29日旱情最重时，山西、河南、陕西等省农作物受旱面积达3 500多万亩。3月，北方冬麦区降水比常年同期偏少三成至1倍，平均气温偏高2 ~ 4℃，晋陕豫三省交界处、黄淮北部旱情较重。7—8月，黄淮、江淮、西北和东北地区持续高温少雨，超过35℃天数达10 ~ 15天，其中河南中西部和陕西关中大部达15 ~ 20天，比常年偏多10天。东北地区平均降水量比常年偏少23%，为近6年来最少；黄淮地区偏少20%，为近13年来最少；西北地区偏少14%，造成部分地区伏秋旱严重。高温干旱叠加，导致内蒙古、辽宁、吉林、山东、河南、陕西等省秋粮单产下降。2014年，全国农作物因旱受灾面积12 266.67千公顷，其中成灾5 677.33千公顷，绝收1 484.67千公顷，比上年分别减少1 828.67千公顷、174.67千公顷和增加68.67千公顷。

2. 洪涝。2014年，洪涝总体偏轻，南方强降水频繁，部分地区受灾严重。2014年，全国共发生33次大范围的强降雨过程，其中，5—9月全国出现29次暴雨天气过程，其中南方25次，有28个县（市）日降水量突破历史极值，致使部分地区洪涝灾害较重。3月下旬，南方地区出现首次大范围较强降雨强对流天气过程，华南地区提前入汛。4月中下旬，南方大

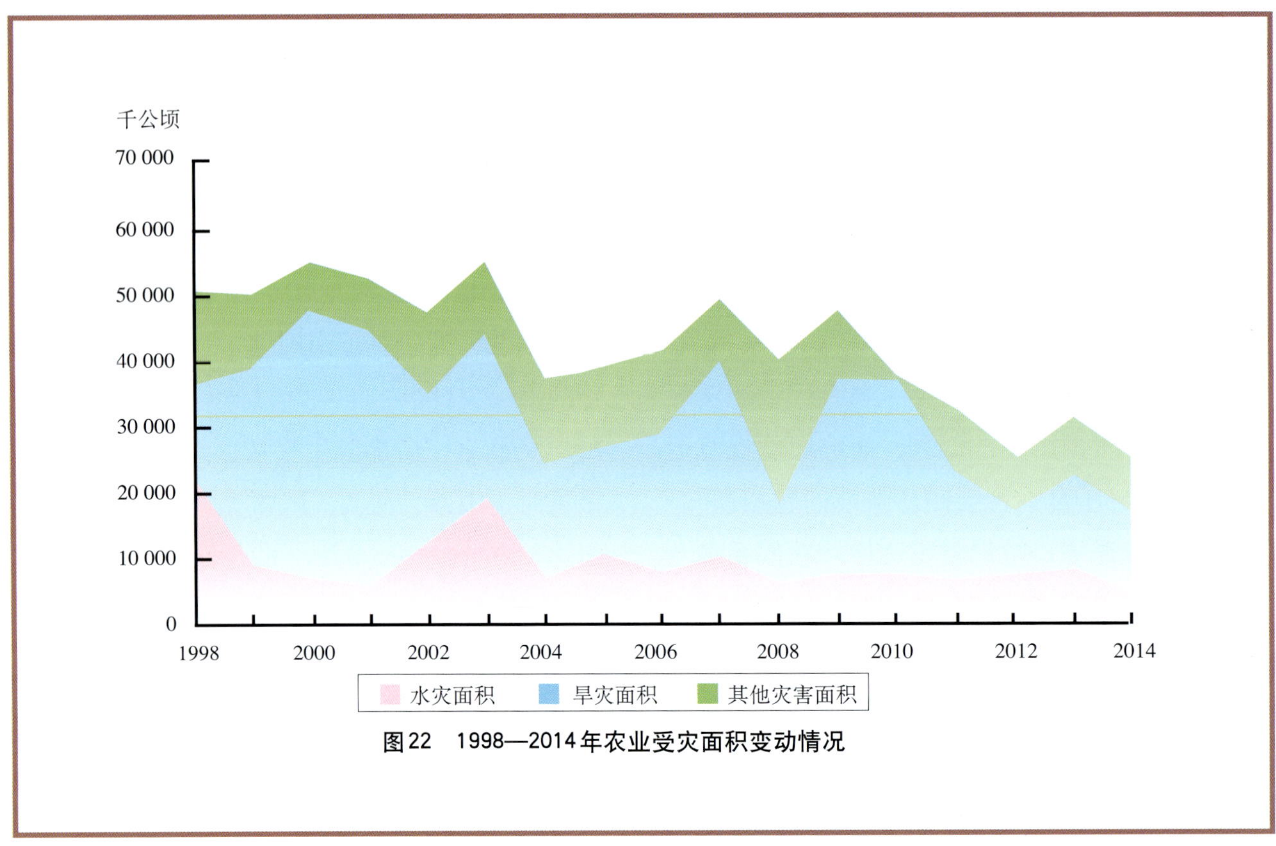

图22　1998—2014年农业受灾面积变动情况

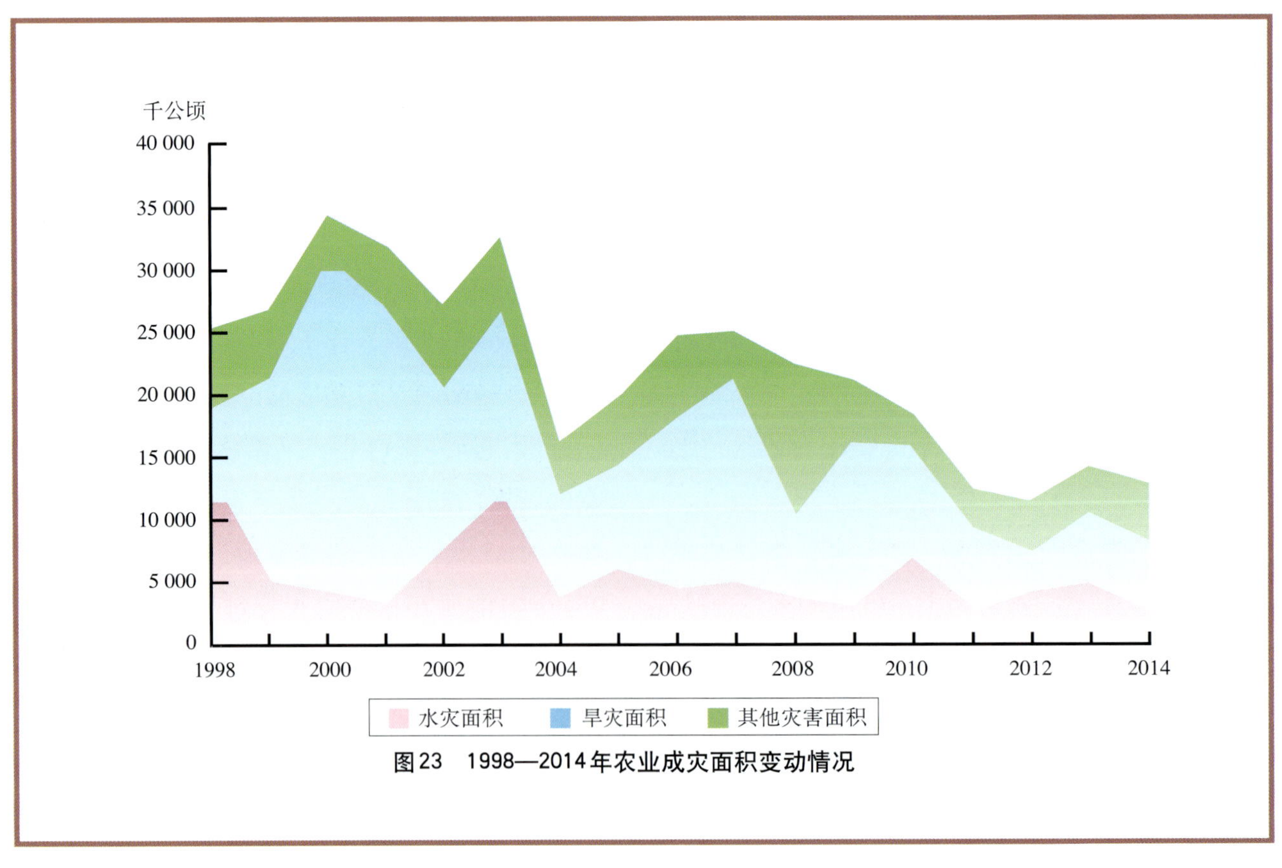

图23　1998—2014年农业成灾面积变动情况

部出现持续阴雨天气，湖北、湖南、江西中北部、浙江大部、安徽南部、江苏南部、广西东北部等地降水日数达10 ~ 16天。5月，南方大部多次出现大范围强降雨，导致部分农作物受灾、设施大棚受损。8月，长江中下游、江淮和西南地区出现持续低温阴雨天气，其中安徽、江苏降水日数普遍偏多2 ~ 6天，部分地区洪涝较重。2014年，全国农作物因洪涝受灾面积4 775.33千公顷，其中成灾2 726.67千公顷，绝收630.67千公顷，比上年分别减少4 096.67千公顷、2 170千公顷和914.67千公顷。

3. 低温冻害和风雹。2014年，低温冻害和风雹灾情略重，霜冻线两次下压至华南北部，影响区域广泛。2月上中旬，北方冬麦区大部降温4 ~ 8℃，局地降温达8 ~ 12℃；中东部地区最大降温幅度普遍在10℃以上，部分地区降温幅度达18℃，霜冻线两次南压至华南北部一带。低温造成江西、湖北、湖南、江苏、浙江、福建、贵州、广东、广西等省（自治区）的油菜、小麦、蔬菜、等农作物不同程度受冻。4月下旬至5月上旬，自西北向东出现两次大范围大风降温降水天气过程，造成甘肃、宁夏、新疆等地的棉花、春小麦、春玉米等农作物受灾。2014年，全国农作物因低温冻害受灾面积2 132.67千公顷，其中成灾932.67千公顷，绝收168千公顷，分别减少187.33千公顷、增加47.33千公顷和减少12.67千公顷；全国农作物因风雹受灾面积3 225.33千公顷，其中成灾2 193.33千公顷，绝收458千公顷，分别减少162千公顷和增加510.67千公顷、45.33千公顷。

4. 台风。2014年，台风登陆少于常年，单个台风登陆次数多，超强台风历史罕见。2014年生成台风23个，有5个台风登陆我国，比上年分别偏少4个和2个。第9号台风“威马逊”登陆时的中心附近风力和最低气压均达到或突破有记录以来历史极值，为1973年以来登陆华南地区的最强台风，也是1949年以来登陆广东、广西的最强台风。“威马逊”先后在海南文昌、广东徐闻和广西防城港三次登陆，造成广东、广西、海南3省区作物受灾696.67千公顷。第16号台风“凤凰”在我国4次登陆为历史罕见。2014年，全国农作物因台风受灾面积2 483.33千公顷，其中成灾1 148.67千公顷，绝收348.67千公顷，分别增加195.33千公顷、161.33千公顷和59.33千公顷。

（二）农作物病虫草鼠害 2014年，全国农作物病虫草鼠害发生面积476 904.78千公顷次，比上年减少9 225.60千公顷次，减少1.9%。造成粮食损失1 917.03万吨，比上年增加2.78万吨，增长0.2%。损失棉花38.74万吨，增加4.63万吨，增长13.6%。损失油料88.16万吨，增加3.41万吨，增长4.0%。全年累计防治面积577 220.34千公顷次，比上年增加0.4%。通过防治挽回粮食损失10 049.70万吨，增加369.08万吨。挽回棉花损失148.99万吨，减少0.72万吨。挽回油料损失364.08万吨，增加1.43万吨。

1. 蝗虫。2014年，全国蝗虫发生危害面积3 292.83千公顷次，比上年增加15.2%。其中，东亚飞蝗1 217.50千公顷次，亚洲飞蝗35.15千公顷次，分别比上年减少6.9%、34.5%，西藏飞蝗92.22千公顷次，增加6.6%；农区土蝗1 944.50千公顷次，减少20.1%。全年防治蝗虫面积1 713.13千公顷次，其中东亚飞蝗905.42千公顷次，亚洲飞蝗21.65千公顷次，西藏飞蝗85.0千公顷次，农区土蝗700.40千公顷次。飞蝗防治效果达到75%以上，土蝗防治效果达到36%以上。

2. 黏虫。2014年，全国黏虫发生面积5 518.16千公顷次，比上年减少2 506.03千公顷次。造成粮食损失23.27万吨，减少15.99万吨。各种作物的黏虫防治面积5 904.70千公顷次，减少1 516.58千公顷次。挽回粮食损失103.78万吨，减少107.65万吨。其中，小麦黏虫发生929.97千公顷次，比上年减少107.39千公顷次，造成损失2.54万吨，减少0.15万吨。玉米黏虫发生4 121.56千公顷次，减少2 130.67千公顷次，造成损失18.56万吨，减少14.36万吨。

3. 小麦病虫害。2014年，小麦病虫害发生面积62 207.07千公顷次，比上年增加3 194.65千公顷次，造成小麦损失287.38万吨，增加43.62万吨。全年防治面积85 089.28千公顷次，增加8 147.14千公顷次，挽回小麦损失1 610.69万吨，增加209.14万吨。其中，小麦条锈病发生3 043.05千公顷次，比上年增加431.79千公顷次；防治小麦条锈病5 249.03千公顷次，挽回小麦损失85.24万吨。小麦赤霉病发生4 533.33千公顷次，比上年增加273.57千公顷次，造成损失29.11万吨，增加7.57万吨。防治面积14 139.25千公顷次，增加3 257.57千公顷次，挽回损失251.48万吨，增加73.33万吨。小麦白粉病发生5 470.82千公顷次，增加67.79千公顷次。小麦纹枯病发生9 393.53千公顷次，增加751.14千公顷次。小麦蚜虫发生17 122.72千公顷次，造成损失76.97万吨，防治面积22 154.85千公顷次，挽回损失568.06万吨。小麦吸浆虫发生1 856.77千公顷次，比上年减少392.67千公顷次，造成损失7.93万吨，防治面积2 786.62千公顷次，挽回损失51.24万吨。麦蜘蛛发生面积6 937.19千公顷次，比上年增加612.80千公顷次。

4. 水稻病虫害。2014年，全国水稻病虫害发生93 769.49千公顷次，比上年减少3 033.88千公顷次，造成稻谷损失42.94万吨。全年水稻重大病虫害防治面积共计147 027.90千公顷次，比上年减少1 008.95千公顷次，挽回粮食损失3 524.11万吨。稻飞虱、水稻螟虫、稻纵卷叶螟、稻瘟病、纹枯病、水稻病毒病等“三虫三病”发生面积达到80 393.62千公顷次，比上年减少3 840.94千公顷次，造成稻谷产量损失372.81万吨。其中，稻飞虱发生面积24 456.60千公顷次，稻纵卷叶螟发生面积14 974.34千公顷次，二化螟发生面积14 014.58千公顷次，三化螟发生面积1 466.14千公顷次，分别比上年减少11.8%、11.3%、1.5%、10.7%，大螟发生面积2 116.11千公顷次，增加2.4%；稻瘟病发生面积5 136.22千公顷次，增加36.9%；纹枯病发生面积17 878.69千公顷次，增加2.5%。水稻病毒病发生350.67千公顷次，减少222.65千公顷次，防治面积1 357.44千公顷次，减少1 559.57千公顷次。

5. 玉米病虫害。2014年，全国玉米病虫害发生面积74 560.85千公顷次，比上年减少7 014.47千公顷次，造成玉米损失544.78万吨，减少94.87万吨。其中玉米大小斑病发生8 461.76千公顷次，玉米螟23 579.77千公顷次，玉米丝黑穗病1 010.01千公顷次，分别比上年减少9.2%、2.3%、35.3%。全年防治玉米病虫害69 653.99千公顷次，挽回玉米损失1 581.39万吨。

6. 马铃薯病虫害。2014年，全国发生面积6 772.93千公顷次，比上年减少187.73

千公顷次，造成损失88.12万吨。全年防治面积6 705.01千公顷次，减少590.51千公顷次，挽回损失199.94万吨，减少6.41万吨。其中，马铃薯晚疫病发生2 137.50千公顷次，减少154.41千公顷次，造成损失44.55万吨，减少1.23万吨。防治2 645.01千公顷次，减少686.90千公顷次，挽回损失102.26万吨，减少11.28万吨。

7. 棉花病虫害。2014年，全国发生面积15 882.93千公顷次，比上年减少2 902.42千公顷次，造成棉花损失32.92万吨，减少2.61万吨。其中棉铃虫发生面积3 486.65千公顷次，减少825.07千公顷次。全年防治棉花病虫19 523.78千公顷次，挽回棉花损失114.94万吨。

8. 油菜病虫害。2014年，全国发生面积8 817.37千公顷次，比上年略增760.37千公顷，造成油菜籽损失31.84万吨。其中油菜菌核病发生3 175.82千公顷次，增加12.0%，油菜霜霉病发生1 526.08千公顷次，增加5.9%，油菜蚜虫发生2 597.72千公顷次，增加12.2%。全年防治油菜病虫9 822.77千公顷次，增加576.30千公顷次，挽回油菜籽损失118.08万吨，增加24.69万吨。

9. 农田鼠害。2014年，全国农田鼠害发生24 657.21千公顷，比上年减少913.21千公顷。造成粮食损失170.92万吨，农田鼠害防治面积达到17 712.59千公顷，占发生面积的71.8%，挽回田间粮食损失401.10万吨。

10. 农田草害。2014年，农田草害发生99 976.39千公顷，比上年增加2 503.49千公顷。防治面积106 851.81千公顷，化学除草面积比上年增加1 085.47千公顷。

（三）畜牧业灾害 2014年，畜牧业遭受的自然灾害主要有洪涝灾害、地震灾害、草原火灾、草原鼠虫害。

1. 洪涝灾害。2014年，受强降雨和台风影响，福建、广西、湖南和云南等地的洪涝灾害较重。全国因灾受损场户3.3万个（户），损毁倒塌牲畜棚圈471.1万平方米，死亡生猪等牲畜27.8万头，家禽2 600万只，直接经济损失约30.8亿元。

2. 地震灾害。2014年，新疆和云南等地区发生了6级以上地震。据统计，新疆和田、云南盈江和普洱等地因灾受损场户9.3万个，损毁倒塌牲畜棚圈2.28万座，7.06万平方米，死亡牲畜1.4万头（只）。

3. 草原火灾。2014年，全国共发生草原火灾158起，其中一般草原火灾150起，较大草原火灾7起，重大草原火灾1起。受害草原面积39 338.6公顷，经济损失2 204.6万元，受伤2人，牲畜损失1 223头（只）。与上年相比，全国草原火灾次数增加68起，受害草原面积增加4 261.3公顷。

4. 草原鼠虫害。2014年，全国草原鼠害危害面积为3 481.2万公顷，约占全国草原总面积的8.8%，危害面积比上年减少5.8%。草原鼠害主要发生在河北等13个省（自治区）。其中，西藏、内蒙古、新疆、甘肃、青海、四川6省（自治区）危害面积合计3 209.1万公顷，占全国鼠害危害面积的92.2%。2014年，全国草原虫害危害面积为1 388.1万公顷，比上年减少9.3%，草原虫害危害面积占全国草原总面积的3.5%。草原虫害主要发生在河北等13个省（自治区）。其中，西藏、内蒙古、新疆、甘肃、青海、四川6省（自治区）危害面积合计为1 141万公顷，占全国草原虫害危害面积的82.2%。

（四）动物疫情 2014年，动物疫情形势总体平稳，未发生区域性重大动物疫情。

2014年，西藏、江苏发生5起A型口蹄疫疫情，江西、江苏发生2起O型口蹄疫疫情，湖北、贵州、云南、黑龙江发生4起家禽H5亚型禽流感疫情。2013年11月，小反刍兽疫疫情再次由境外传入我国，涉及23个省份，累计发病羊3.8万只，死亡1.7万只，扑杀7.3万只，在农业部和各地畜牧兽医部门的共同努力下，疫情已迅速得到有效控制。

2014年，全国未接到亚洲I型口蹄疫疫情报告。

（五）渔业灾害 2014年，台风、洪涝、病害、干旱等各类自然灾害共造成受灾养殖面积832 880公顷，水产品损失131.88万吨，沉船1 255艘，人员损失88人，直接经济损失211.86亿元，因灾受损程度较上年大幅减轻。各级渔业部门认真贯彻落实国务院和各级政府关于安全生产的部署，在建立长效机制上下功夫，在灾害救助上下功夫，明确监管职责，完善应急预案，加强应急值守和应急救援；深入开展“平安渔业示范县”和“文明渔港”创建活动；制定公布了《渔业船员管理办法》，开展了宣贯和培训；开展了“安全生产年”“安全生产月”“防灾减灾日”和“六打六治”打非治违等专项行动；按照台风、洪涝等灾害防御“提前准备、靠前指导、及时反馈”的指导思想，坚持并完善《渔业应对台风工作制度》，强化24小时应急值班制度，确保应急值班工作顺利、有效开展；继续加强与气象、交通等部门的合作，协同推进渔业气象灾害预报预警工作，认真落实水上搜救联动机制，配合做好水上突发事件应急处置。2014年度，渔业系统共调度公务船277艘次、渔船1 372艘次，参加海难救助961起，救助渔民6 716人，救助渔船2 600艘次、其他船舶数百艘，挽回经济损失8.2亿元。

农业可持续发展

（一）农业野生植物保护进一步加强 一是继续开展农业野生植物资源调查。编制《国家重点保护农业野生植物资源调查方案》，组织各省对97个物种重点分布区开展资源调查，收集野生植物资源调查表格、图片和视频材料等800余份。各地根据资源调查结果，重新核实农业重点野生植物资源分布情况，进一步丰富和完善了国家重点保护农业野生植物资源分布数据库。二是推进原生境保护点建设与监管。加强对已建成农业野生植物原生境保护点日常监测管理与管护，开展保护点的资源和生态环境动态监测，及时掌握物种消长情况和生态环境变化。继续在广西、湖北和宁夏等地选择野生稻、野生大豆、小麦野生近缘植物等15个原生境保护点开展跟踪监测。三是农业野生植物资源鉴定评价取得丰硕成果。开展野生稻、野大豆、野生果树等野生植物资源的抗旱、抗寒、抗病等优异性状进行鉴定评价，从中筛选具有重要利用前景的农业野生植物资源10份。利用现代生物技术，对农业野生植物含有的高产、优质、抗病虫、抗寒、抗旱、高效利用养分等优异基因进行发掘、定位、克隆，发现具有潜在利用价值的种质材料。目前，全国共建设农业野生植物原生境保护区达178个，保护区总面积19.11千公顷，覆盖27个省份，对小麦野生近缘植物、野生稻、野生大豆、野生莲、野生花卉、野生中药材等47个物种进行了有效保护。

（二）外来物种入侵防控取得新进展 一是扎实推进外来入侵物种防控管理。完成《农业外来物种入侵突发事件应急预案》的修订工作，积极组织专家与基层工作者开展《外来物种管理办法》的研讨和意见征求，同时主动征求各相关部门的意见，推动《办法》早日出台。在内蒙古举办全国外来入侵生物防控技术培训班，对外来草本植物普查技术规程、常见入侵物种防控技术等内容进行系统培训。二是组织开展外来入侵物种现场灭除与应急防控。组织在湖北省英山、辽宁沈阳和重庆潼南分别开展福寿螺，豚草与水葫芦的3次全国性现场集中灭除活动。全年累计动员群众90余万人次，组织铲除行动80多次，累计防治（铲除）外来入侵生物450多万亩，发放宣传材料53万份。针对湖北水葫芦、内蒙古少花蒺藜草与刺萼龙葵、辽宁豚草与刺萼龙葵和重庆水葫芦外来入侵生物暴发突发事件，启动应急机制，组织专家赴现场进行指导，制定突发事件应急处理技术方案，多方筹措资金，组织开展防治，有效控制了外来入侵物种的扩散和蔓延，降低了农牧业的损失。相关工作成果得到了广泛认可，并被国际著名刊物《自然》杂志进行了报道。三是加强外来入侵物种监测预警与综合防控示范。探索建立外来入侵物种条形码识别系统，研究外来入侵物种安全性评估指标体系，开发重要外来入侵物种安全性评价系统。利用国产环境与灾害监测预报卫星影像资料数据，采用遥感技术手段，对外来入侵物种情况开展动态监测。以薇甘菊、黄顶菊、刺萼龙葵、福寿螺等外来入侵物种为对象，开展外来入侵物种的化学、生物、替代防治技术研究，建设6个生态控制示范基地与3个天敌生物防治基地。继续在广西、湖北、江西、福建等地开展以生物防治为核心的豚草和水花生的持续治理技术示范和推广应用，继续开展利用紫茎泽兰加工生物有机肥、生物活性炭、生物质燃料、染料，完善外来入侵物种持续治理和技术试点示范机制。

（三）农业面源污染防治取得积极进展 一是强化全国农业面源污染监测网络建设。全面加强由分布于30个省份的273个种植业源和25个畜禽养殖源国控定位监测点组成的农业面源污染监测网络监测能力，进一步提升农业面源污染动态变化监控和预警水平。以新疆、甘肃等17个省份为重点区域，建立的210个国控监测点组成的农用地膜残留监测网络运行良好，为有效防控“白色污染”，加强地膜回收于资源化利用提供了有效的基础支撑。编制印发了2014年度全国农业面源污染调查与监测工作方案，制订了农业面源污染监测技术规范（试行），进一步加强农业面源污染监测的常态化、规范化和制度化。二是农业面源污染防治综合示范区建设不断深入。加强江苏太湖、云南洱海、安徽巢湖和湖北三峡库区等重点流域建立的4个农业面源污染防治综合示范区建设，从源头预防、过程控制和末端治理等环节入手，以畜禽养殖污染防治、农田氮磷控源减排、农村废弃物循环利用等为重点，探索流域农业面源污染防治的有效机制。

（四）农业清洁生产示范建设迈出新步伐 一是继续实施农业清洁生产示范项目。落实中央经费2.88亿元，在新疆、甘肃、山西、河北、山东、辽宁、吉林和黑龙江8省份73个县实施地膜回收利用为主要内容的农业清洁生产示范项目，新增地膜加工能力66 775吨，新增回收地膜面积1 421.2千公顷。二是建设农村清洁工程示范村。结合“美丽乡村”创建，在北京、河北等25个省份建设100个农村清洁工程示范村，开展田园清洁、家园清洁和水源清洁设施建设，积极推进人畜粪便、生活垃圾和污水、作物秸秆的无害化处理和资源化利用。截至2014年年底，全国农村清洁工程示范村达到1 700余处。

（五）农村沼气建设与秸秆综合利用成效显著 2014年，国家下达25亿元农村沼气建设任务，安排户用沼气7.61亿元、39万户，养殖小区和联户沼气4.73亿元、9 917处，乡村服务网点2.66亿元、6 910个，大中型沼气工程9.92亿元、589处，直接受益农户将达82.86万户。在大气污染防治重点地区及粮棉主产区启动实施秸秆综合利用示范项目，中央投资7亿元，重点支持秸秆收集储运体系、秸秆五料化利用。制定《秸秆综合利用技术目录（2014）》和《秸秆综合利用技术手册》，指导全国秸秆综合利用工作。

（六）农业可持续发展政策逐步完善 农业部组织编制了《全国农业可持续发展规划(2015—2030年)》(以下简称《规划》)，针对各地农业可持续发展面临的问题，将全国划分为优化发展区、适度发展区和保护发展区，积极引导带动地方和社会投入，组织实施水土资源保护工程、农业农村环境治理工程、农业生态保护修复工程、试验示范工程等重大工程，全面夯实农业可持续发展的物质基础。《规划》于2014年年底报送国务院。同时，积极开展全国农业可持续发展的相关研究工作。农业部配合国家发展改革委编制了《农业环境突出问题治理总体规划（2014—2018年)》，重点对东北黑土地保护、农牧交错带已垦草原治理、耕地重金属污染治理、农业面源污染治理四个专题进行了认真研究。国家发展改革委会同农业部等12部门联合印发《全国生态保护与建设规划（2013—2020年)》，更加注重生态保护，增加了海洋区，调整了区划布局，重点建设“两屏三带一区多点”为骨架的国家生态安全屏障，提出了森林、草原、荒漠、湿地与河湖、农田、城市、海洋七大生态系统和防治水土流失、推进重点地区综合治理、保护生物多样性、保护地下水资源、强化气象保障等12项建设内容，为今后一个时期全国生态保护与建设提供了行动纲领。

农业国际合作与交流

2014年，我国农业国际交流与合作进一步发展，农业对外开放水平进一步提升，全年实现农产品贸易健康发展、农业境外投资合作持续进步、农业软实力和国际影响力逐步提高，与重点国家（地区、国际组织）的农业多双边合作交流也取得较为显著的成效。

（一）农产品贸易持续健康稳定发展 2014年我国农产品进口额1 225.4亿美元，同比增长3.1%，出口额719.6亿美元，同比增长6.1%，连续第二年出口增长速度高于进口增长速度，贸易逆差505.8亿美元，减少4.8亿美元；进出口市场结构进一步优化，特色农产品持续发挥竞争优势，水产品出口（同比增长7.1%)、蔬菜出口（同比增长7.9%)、畜产品出口（同比增长5%）稳定发展。第19届国际渔业博览会、第6届薯博会、第7届国际种业博览会、第12届农交会等精品展会成功举办，推动了中国农业品牌的树立。在第4届中国—亚欧博览会、第2届中国优质水果推介活动、第4届中国—东盟优质水果推介活动等推动下，各地优质农产品不断销往中亚、东欧和东盟国家。在中国—俄罗斯和中国—乌克兰农业双边机制的磋商和推动下，俄同意向中方重新开放兔肉贸易，年增加双边农产品贸易额约3亿元；潍坊市龙头企业与在俄拥有5 700个销售点的零售巨头签署了贸易合作协议；潍坊综合保税区内6.78亿元投资的对俄农产品出口冷链基地项目正式动工；中乌30亿美元贷款农业合作项目取得突出进展，通过该项目已从乌进口谷物58万吨。《农业产业损害监测预警体系管理办法（试行）》发布，农业产业风险防控和政策保护体系不断完善。

（二）农业对外投资合作不断拓展 我国农业对外合作呈现出全方位、宽领域、多层次的格局，截至2014年6月底，我国对外农业直接投资超过57亿美元，比2004年增长逾5.7倍，我国企业在全球74个国家和地区设立境外农业企业578家，覆盖了种植、林业、畜牧、渔业和相关服务业等各个行业，以及农业生产、加工、仓储和物流等主要环节。为对我国企业在境外的农业投资合作提供规划指引和政策服务，农业对外合作部际联席会议制度正式建立。有关金融机构对于农业对外合作的支持不断增强，到2014年年底中国进出口银行已向农业部推荐的80多个农业对外合作贷款项目批贷人民币200多亿元；农业部与中国出口信用保险公司共同印发了《关于支持农业对外合作项目的通知》，深化了在对外投资信用保险方面的合作。通过双边农业合作机制的反复磋商，我国企业在重点国别的农业投资合作项目不断推进，中俄合资兔肉养殖加工项目已完成项目注册、在俄征地、融资以及相关考察设计工作，中资企业在乌克兰的投资和农业开发业务不断进展，苏丹政府承诺提供土地及有关优惠政策用于中苏农业投资合作开发区建设。

（三）农业国际影响力与软实力进一步提升 与联合国粮农组织（FAO）、世界粮食计划署（WFP）、国际农业研究磋商组织（CGIAR）、世界动物卫生组织（OIE）等重要国际农业组织的合作水平有所提高，我国在相关领域的话语权不断提升。在FAO框架下的“南南合作”项目有序实施，农业部外经济合作中心、湖南杂交水稻研究中心、中国水产科学院淡水渔业研究中心、中国热带农业科学院、农业部沼气科学研究所5家机构被认定为FAO“南南合作”参考中心，上述机构在相关领域获得世界级认可。福建“福州茉莉花与茶文化系统”、江苏“兴化垛田传统农业系统”、陕西“佳县古枣园系统”获FAO批准成为“全球重要农业文化遗产”，我国拥有的全球重要农业文化遗产数量达到11个，继续位居各国之首。为发展中国家举办了140期培训班，培训了3 500多名农业技术和管理人员培训；第一批14个援非农技示范中心的监测评价工作顺利完成；第14期援埃塞俄比亚农业职教项目成功实施，为发展中国家培训了大批农业官员、技术与管理人员、青年学生，传授、推广了一大批我国实用的农业技术与管理经验，为推动我与发展中国家农业合作发挥了积极作用。

（四）多双边机制交流和重要外事活动成果突出 农业多双边和区域交流机制逐步完善和深化，农业领域对外合作不断取得务实成果，农业作为国家优势外交资源的积极作用充分发挥。习近平主席2014年3月访问德国期间，见证中德农业部签署了《在华共建中德农业中心的框架协议》，推动中德农业中心于2015年正式启动；7月访问古巴期间，在古巴菲德尔·卡斯特罗的农场中与其参观中古桑树和辣木合作种植情况，见证中古农业部签署了《古中农业示范园区框架协议》，开启双方农业合作的新阶段。李克强总理5月访非期间宣布，与非洲共同实施农业优质高产示范工程，并在5年内为非洲国家培训1 000名农业技术及管理人员；10月访问FAO总部并发表了重要演讲，宣布今后5年向FAO捐款5 000万美元用于与发展中国家“南南合作”，推动我国农业发展成就和经验获得更多国际认同；12月出席上合组织总理会议，提出出资5 000万美元用于成员国农机推广和人员培训，惠及各国农牧民。亚太经合组织（APEC）第3届农业与粮食部长会议成功召开，汪洋副总理及APEC的18个经济体部长级代表团出席会议，会议通过了《APEC粮食安全北京宣言》，强化了APEC粮食安全和农业合作机制。第9届中国—中东欧国家农业经贸合作论坛首次在境外举办，15个中东欧国家的部长级代表团出席，带动了我与中东欧的农业投资、贸易、技术合作。

（五）与“一带一路”沿线国家的农业合作逐步深入　“一带一路”建设农业合作主张得到积极宣介，与“一带一路”沿线国家开展的农业生产示范和产能合作逐步深入。中塔农业科技示范园及商品棉、棉花种子生产基地在塔吉克斯坦落地，部分品种已获塔农业部审定注册证书。在中国—缅甸农业合作机制的协调下，总额1亿美元的中缅农业小额信贷项目和3.5亿美元优惠信贷的缅现代农业改进与育种项目顺利推进。东南亚天然橡胶生产带建设以及与马来西亚、柬埔寨等国的天然橡胶育种、种植、加工开发合作取得积极进展。在越南、老挝、缅甸、印度尼西亚、柬埔寨等地开展的水稻、玉米、蔬菜等优质高产农业技术和品种试验示范中，一些品种表现出较大增产优势，得到当地政府和农民的充分认可。老挝动物疫病防控实验室和中老边境动物疫病监测站建设、中柬农业技术促进中心建设、中蒙跨境动物疫病防控和区域化管理、越南水稻稻飞虱监测、与哈萨克斯坦联合治蝗等工作有序开展，我国与“一带一路”沿线国家的农业合作内容不断拓展。

（六）国际农业科技交流与合作日益增强　以在全球代表性国家（地区、国际组织）建立联合实验室及实施技术合作项目为主要方式，我国的国际农业科技交流与合作力度不断增强。“中芬农业发展与创新合作平台”成功搭建，为我国与芬兰在乳业、农机、燕麦和生物质能源等领域的技术合作提供了保障。与FAO、全球环境基金（GEF）等国际组织和机构合作，动物疫病防控、食品质量安全、农业废弃物利用、农村能源等技术合作项目在华逐步实施。“中—澳可持续农业生态联合实验室”在澳大利亚建立，推动了双方在可持续农业生态领域的科研合作。我国与巴西、美国、新西兰等国的联合实验室建设及科技合作持续推进，依托这些联合实验室，国内与海外农业科研机构在农业生态、农产品加工、作物品种改良、入侵物种防控、果树科学、作物病虫害防控、畜牧业与动物疫病防控等农业科学领域建立了更为密切的合作关系，我国自主创新能力获得提升。

2014年

农业和农村政策

2014年农业和农村政策

总体评价

2014年，党中央、国务院按照稳增长、调结构、促改革、惠民生的总体思路，准确把握农业生产成本快速攀升、国内外价差持续加大、农业资源日益短缺、农村社会结构加速转型、城乡资源要素流动加速的态势，把改革作为根本动力，立足国情农情，顺应时代要求，加大农村改革力度、政策扶持力度、科技驱动力度，加快构建集约化、专业化、组织化、社会化相结合的新型农业经营体系，进一步健全农业支持保护制度，持之以恒强化农业、惠及农村、富裕农民。

强农惠农富农政策力度不断加大。2014年，农业部和财政部共同管理的专项转移支付项目资金1 170亿元，比上年增加65亿元，主要用于促生产、保供给等四大领域项目。其中，生产补贴政策项目746亿元，科技服务支持政策资金131亿元，防灾减灾项目资金109亿元，生态与资源保护项目资金184亿元。强农惠农富农政策成效显著，我国农业科技进步和装备提升加速，为粮食生产实现“十一连增”提供了强有力的支撑。

农村基本经营制度进一步巩固完善。农村土地承包经营权确权登记颁证试点稳步有序推进。2014年，继续扩大农村土地承包经营权确权登记颁证试点范围，选择在山东、四川、安徽3个省开展整省试点，其他省份各选择一个县（市、区）开展整县试点（共27个）。截至2014年年底，全国29个省份（不含西藏、重庆）的1 988个县（市、区）开展了农村土地承包经营权确权登记颁证工作，涉及1.3万个乡镇、19.5万个村，已完成确认耕地面积1 266.67万公顷。全面总结全国农村集体资产清产核资情况，组织开展第二批全国农村集体“三资”管理示范县创建工作，积极推动农村集体“三资”管理平台建设，部署开展全国农村财务管理专项检查调研工作，为进一步激发农业农村发展活力、加快建立城乡一体化发展体制机制奠定了坚实的基础。涉农乱收费专项治理活动取得新进展，农民负担处于较低水平，减轻农民负担形势总体平稳，农村干群关系继续改善。

规模经营快速发展。在坚持土地集体所有的前提下，实现所有权、承包权、经营权三权分置，引导土地经营权有序流转，积极培育新型农业经营主体，发展多种形式的农业适度规模经营，推进农村土地制度和农业经营制度创新。受劳动力转移持续增加、优质高效农业发展前景看好和各地政府强力支持等多重因素影响，农村土地流转明显加速，农户承包地规范有序流转的机制初步建立，规模经营加快发展，实现了集中连片种植和集约化、规模化经营，节约了生产成本，促进了农业发展和农民增收。进一步加大对家庭农场、专业大户、农民合作社、龙头企业、农业社会化服务组织等新型农业经营主体的扶持力度，加快落实规模经营主体的配套扶持政策。

农村综合改革深入推进。围绕“花钱建机制”的思路，继续抓好“四项改革”，积极推进一事一议财政奖补及美丽乡村建设试点工作，稳步开展农村综合改革示范试点和国有农场办社会职能改革试点，启动建制镇示范试点工作，农村综合改革不断深化，取得了积极进展，有力促进了城乡发展一体化体制机制创新。农村改革试验区项目进展顺利，首批试验区改革试验工作取得了阶段性成效，第二批试验区和试验任务顺利批复，在稳定和完善农村基本经营制度、健全农村土地管理制度、现代农村金融制度和农村产权制度改革方面取得明显成效，为推动农村改革全局发挥了积极作用。农村金融改革不断深化，农村金融扶持力度不断加大，农村金融产品不断创新，农业保险市场发展迅速，涉农直接融资稳步推进，金融机构服务“三农”的职责意识进一步强化。

农产品市场调控机制进一步健全。2014年小麦、稻谷最低收购价水平再次提高，在小麦、稻谷上市旺季，主产区最低收购价政策陆续启动。适时启动玉米、油菜籽、食糖临时收储政策，推进棉花、大豆目标价格补贴试点，推动解决粮食收储仓容紧张问题，健全重要农产品市场分析预警机制。我国农产品市场调控进一步完善，价格对农业生产和农民增收的激励作用得到更加充分的发挥。

种业体制改革逐步深化。各有关部门、各地区贯彻落实《关于深化种业体制改革　提高创新能力的意见》精神，聚焦种业创新体制，着力抓好深化种业体制改革政策落实，先后推动出台了一批新举措新政策，现代种业发展继续呈现了良好势头。以调动科技人员积极性为核心，推动种业科研创新体制改革；以促进企业做强做大为目标，推动出台扶持政策；以保障供种安全为根本，推进国家级育种制种基地建设；以选育突破性品种为重点，组织开展国家良种科研联合攻关；以净化种业市场环境为保障，强化市场监管和知识产权保护。

农业技术推广体系改革和建设进入快车道。2014年中央财政投入26亿元，在全国31个省（自治区、直辖市）、3个计划单列市、2个农业部直属垦区和新疆生产建设兵团共37个省级单位支持基层农技推广机构开展科技服务工作。2014年，全国共组织15 600余名农业科技专家参与农技推广工作，遴选了187 214名农业技术指导员，建设了6 970个农业科技试验示范基地，培育了1 841 941个科技示范户，辐射带动了2 350万个周边农户，培训基层农技人员、种养大户、普通农民492万人次，在2 200个县建设了农业科技网络书屋24万个，共发布3 909个（次）主导品种和3 176项（次）主推技术，使主导品种和主推技术的入户率和到位率达到95%以上，为促进国家粮食丰收和农民增收作出了重要贡献。

农民工公共服务体系逐步完善。各地进一步做好新形势下为农民工服务工作，为农民工群体逐步融入城镇，实现农民工市民化目标打下坚实基础。着力稳定和扩大农民工就业创业，维护农民工的劳动保障权益，推动农民工逐步实现平等享受城镇基本公共服务和在城镇落户，促进农民工社会融合，进一步加强对农民工工作的领导。在此背景下，2014年农村劳动力转移规模持续增加，就业培训与服务力度不断加大，农民工收入水平继续保持增长，工资拖欠问题有所缓解，城乡基本公共服务均等化逐步推进。

农业法律法规进一步完善。围绕依法兴农、依法护农的目标任务，在完善立法、规范执法、化解矛盾等方面进行了积极探索和努力，取得了显著成效。加强农业立法，对植物新品种保护条例和兽药管理条例的相关条款进行了修订；制定出台了饲料质量安全管理规范、进口饲料和饲料添加剂管理办法、渔业船员管理办法3件农业部规章；各地农业部门制定出台了一批地方性法规规章。进一步规范农业执法，加大农业执法和服务力度，有力维护农业生产经营秩序和农民合法权益。加强行政复议工作，依法妥善化解涉农行政纠纷，维护行政相对人合法权益。

财政支农政策

2014年，农业部和财政部共同管理的专项转移支付项目资金1 170亿元，比上年增加65亿元。主要用于促生产、保供给等四大领域项目。

（一）生产型补贴政策 2014年生产补贴政策项目746亿元。其中，农机购置补贴237.55亿元，补贴各类农业机械448万台（套），受益农户达到378.6万户，耕种收综合机械化水平达到61%，同比提高1.5个百分点。全面推行“全价购机、定额补贴、县级结算、直补到卡”的资金兑付方式，加强农机购置补贴信息公开专栏建设，及时查处违规产品和企业，努力确保补贴政策科学高效规范廉洁实施。农作物良种补贴215亿元，补贴品种覆盖水稻、小麦、玉米等10个主要品种，主要品种做到了应补尽补，各地进一步规范操作程序，强化措施落实，有效促进了新品种及高产栽培技术的推广，为粮食稳定增产和农民持续增收发挥了重要作用。渔业柴油补贴253亿元，对近海及内陆捕捞和养殖渔船、远洋渔船、港澳流动渔船进行石油价格改革补贴，对降低渔业生产成本、增加渔民收入、维护渔区稳定、落实渔船“双控”目标、促进远洋渔业发展等方面起到了重要作用。畜牧水产发展扶持资金40.3亿元，包括实施畜牧良种补贴项目，覆盖生猪、奶牛、肉牛和羊4个畜种；实施畜牧水产标准化规模化补助项目，进一步提高畜禽生产的发展和标准化养殖水平；在吉林、黑龙江、山东等15个肉牛主产省市实施肉牛基础母牛扩群增量项目；在江西、安徽等10省（自治区、直辖市），开展南方草山草坡综合利用试点，主要支持天然草地改良、优质稳产人工饲草地建植、标准化集约化养殖基础设施建设、草畜产品加工设施设备建设；在奶牛主产省和苜蓿优势区建设3.33万公顷高产优质苜蓿示范基地等。

（二）科技服务支持政策 2014年科技服务支持政策资金131亿元。其中，粮棉油糖高产创建20亿元，在全国建设11 876个粮棉油糖高产创建万亩示范片，并选择60个县开展增产模式攻关试点。园艺作物标准化创建6亿元，共创建园艺作物标准园929个，新建日光温室面积650.67公顷，改造日光温室面积178.33公顷。基层农技推广体系改革建设补助26亿元，基本覆盖所有农业县，增强了基层公共服务能力，调动了基层农业科技人员进村入户开展技术服务的积极性。测土配方施肥补助7亿元，全国累计建立示范片10.23万个，技术示范面积达900万公顷，涉及2.1亿农户提供测土配方施肥技术服务，技术推广面积1亿多公顷。农民培训补助11亿元，重点围绕新型农业生产经营主体，培训专业大户、家庭农场主等人员超过100万人。现代农业产业技术体系13.23亿元，对50个农产品体系的首席科学家、岗位科学家和综合试验站站长给予基本研发费补助，形成从产地到餐桌、从生产到消费、从研发到市场的各个环节紧密衔接、环环相扣、服务国家目标的农产品产业技术支撑体系。旱作农业技术推广补助10亿元，在河北、山西、陕西、甘肃、青海、新疆、内蒙古、宁夏8省、自治区共推广以地膜覆盖为主的旱作农业技术168.33万公顷。现代农业示范区试点补助2.5亿元，对25个国家现代农业示范区实施以奖代补。农产品初加工补助6亿元，采用“先建后补”方式，带动新建1.8万座农产品储藏、保鲜、烘干等初加工设施。河北地下水超采区综合治理试点15亿元，在地下水严重超采的衡水、沧州、邢台、邯郸市的51个县（市、区、场），调整种植模式，推广冬小麦春灌节水稳产配套技术、小麦保护性耕作节水技术和水肥一体化节水技术。农村土地承包经营权确权登记颁证补助13.6亿元，在山东、安徽和四川开展整省推进试点，其他省各选择一个县开展整县试点。

（三）防灾减灾支持政策 2014年防灾减灾项目资金109亿元。其中，农业防灾增产关键技术补助50.6亿元，实现冬小麦“一喷三防”在主产省全覆盖，以及开展农作物病虫害防治、草原鼠害防治等，这些技术对在关键时点预防区域性自然灾害、及时挽回灾害损失发挥了重要作用。动物防疫经费58亿元，用于重大动物疫病强制免疫补助，对口蹄疫等重大疫情扑杀予以补助，对村级动物防疫员工作经费予以补助，对生猪规模养殖场病死猪以及屠宰环节病死猪无害化处理予以补助等。

（四）生态与资源保护政策 2014年生态与资源保护项目资金184亿元。其中，草原生态保护奖补160.69亿元，在13省份和新疆生产建设兵团、黑龙江省农垦总局实施，安排禁牧草原面积8 200万公顷、草畜平衡草原面积1.73亿公顷，改善了284万户牧户生产生活条件，同时加强后续产业培育和扶持，推动畜牧业生产方式转变和农牧民收入提高，基本实现了草原生态改善，以及“禁牧不禁养、减畜不减肉、减畜不减收”的政策目标。耕地保护与质量提升8亿元，选择770个县，重点推广秸秆还田、绿肥种植、增施有机肥、地力培肥改良综合配套等技术，计划实施面积313.59万公顷。湖南重金属污染土壤治理试点11.56亿元，主要用于调整种植结构，推广低镉水稻品种。转产转业与渔业资源保护4亿元，放流重要水生生物苗种和珍稀濒危物种，有效促进了渔业种群资源恢复。农产品产地重金属污染防治3亿元，继续在重污染区进行土壤重金属污染情况普查，并进行长期定位监测。

农村土地承包经营权确权登记颁证

（一）政策背景及主要内容 中央高度重视农村土地承包经营权确权登记颁证工作，2013年中央1号文件明确提出，用5年时间基本完成农村土地承包经营权确权登记颁证工作，妥善解决承包地块面积不准、四至不清等问题。2014年中央1号文件又进一步强调，抓紧抓实农村土地承包经营权确权登记颁证工作。2014年年底中办国办《关于引导农村土地经营权有序流转发展农业适度规模经营的意见》（中办发〔2014〕61号）对土地承包经营权确权登记颁证工作作了系统部署，明确了政策原则和任务责任。

（二）政策执行情况及效果评价 为贯彻落实中央要求，扩大农村土地承包经营权确权登记颁证试点范围，中央选择在山东、四川、安徽3个省开展整省试点，其他省份各选择一个县（市、区）开展整县试点（共27个）。除中央要求的整县试点外，其他各省份也从本地实际出发，进一步扩大试点范围。江西、宁夏、海南等省（自治区）已在全省（自治区）范围开展，江苏、湖北、广东等省要求每个地级市至少选择1个县（市、区）进行整县试点。据农业部统计，截至2014年年底，全国29个省份（不含西藏、重庆）的1 988个县（市、区）开展了农村土地承包经营权确权登记颁证工作，涉及1.3万个乡镇、19.5万个村，已完成确认耕地面积1 266.67万公顷。总的看，各地试点工作稳步有序推进。

（三）推进政策实施的主要措施 为做好试点工作，各地各部门加强工作指导，积极稳妥推进各项工作。

1. 地方党委、政府认真贯彻落实中央要求，采取有力措施，稳步有序推进试点工作。一是加强组织领导。各省（自治区、直辖市）通过召开工作推进会、座谈会、电视电话会等形式，及时传达中央精神，研究部署工作。各省（自治区、直辖市）普遍成立了党委政府分管领导为组长的领导小组。吉林省由省长任组长、4位副省级干部任副组长，下设由副省长为主任的办公室。四川省将登记联席会议成员单位从6个部门扩充至20个部门。二是加强督导检查。安徽省分管书记、省长，分别到全省20个整县试点单位进行了实地督导；江西省农业部门组织百名处长进驻全省涉农县开展督导；湖北、广东省探索建立厅领导和责任处室负责同志与试点单位工作挂钩联系机制，进行指导督促检查。三是广泛动员群众参与。各地采取多种形式，加大宣传发动力度。四川青神县探索开展“两到场两集中一委托”方法，即由村民议事会成员和承包农户到现场指界，集中公示、集中签订承包合同，对外出人员无法到场的必须进行书面委托。吉林省珲春市针对出国务工人员较多的情况，制定了统一的宣传单、委托文书，通过传真、邮件等多种方式与外出人员联系，确保不漏一户。山东、四川、安徽等地试点村组都成立了村民理事会、议事会或代表会，及时研究处理各类矛盾纠纷。四是严格规范操作。北京、江苏等18个省份已出台了试点实施意见或工作方案；山东、四川等10个省份出台了政策处理意见或问答。试点地区按照标准规范操作，安徽省农委和国土部门联合出台了招标格式文本、数据保密规定和测绘机构推荐目录；湖北省制定了统一的技术规程。五是加强工作经费保障。各地积极落实工作经费，2014年，有16个省份共落实省级财政补助经费12亿元。其中，山东安排6.3亿元、福建2亿元、安徽1.17亿元、吉林1.16亿元、江苏5 000万元。

2. 各部门认真履职，相互协作配合，强化工作指导，抓紧抓实试点各项工作。2014年，农业部、中央农办、国土资源部、财政部、法制办、国家档案局等登记领导小组各成员单位通力合作开展工作。一是加强工作指导。中农办、国务院法制办、国土资源部围绕健全土地承包经营权登记制度等重点问题加强研究；农业部与国家档案局联合印发了《农村土地承包经营权确权登记颁证档案管理办法》，对归档范围和保管期限作出了明确规定；农业部制定出台了《农村土地承包经营权调查规程》等3项农业行业标准，并以农业部第2062号公告予以公布实施，印发了《关于建立农村土地承包经营权确权登记颁证进展情况上报制度的通知》，建立了工作进度上报制度。二是强化工作保障。推动财政部积极研究落实中央财政补助经费，设立了中央农村土地承包经营权确权登记颁证专项转移支付经费，按照农村集体耕地面积10元/亩的标准，中央补助总计181.4亿元，分5年实施，2014年已拨付补助经费13.6亿元。农业部下拨2 850万元试点工作经费，用于各省组织开展培训、信息化建设等工作。三是加强调研督导。年初农业部组织7个调研组，赴湖南、黑龙江等7省开展专题调研，并于5月向国务院领导报送了《关于农村土地承包经营权确权登记颁证工作座谈会贯彻情况的报告》。7—8月又组织4个组赴山东、安徽、四川等8省调研，在总结试点经验基础上，起草形成了《关于认真做好农村土地承包经营权确权登记颁证工作的意见》文件初稿。四是加强宣传培训。农业部在农经网站上开辟了宣传专栏，在《农民日报》上组织系列报道，并编发《试点工作简报》22期，宣传交流各地好经验好做法，先后举办4期培训班，培训600余人次。

农村集体资产和财务管理

（一）政策背景及主要措施 党中央、国务院高度重视农村集体资产和财务管理工作，在历年中央1号文件中都提出了明确要求。2014年中央1号文件明确提出，加强农村集体资金、资产、资源管理，提高集体经济组织资产运营管理水平，发展壮大农村集体经济。为贯彻落实中央1号文件精神，2014年农业部主要采取了以下措施，为进一步激发农业农村发展活力，加快建立城乡一体化发展体制机制奠定了坚实的基础。

1. 全面总结全国农村集体资产清产核资情况。农村集体资产是发展农村经济和实现农民共同富裕的重要物质基础，对于发展壮大集体经济，增强集体经济组织服务功能，增加农民财产性收入具有重要作用。为摸清农村集体家底，盘活农村集体资产，农业部在部署开展农村集体资产清产核资情况督导检查的基础上，完成全国农村集体经济组织清产核资情况报告，并上报国务院。报告全面总结了农村集体资产清产核资工作情况，系统梳理了清产核资产生的积极效果，认真分析了当前农村集体资产管理存在的主要问题，提出了下一步工作的思路和建议。

2. 组织开展第二批全国农村集体“三资”管理示范县创建工作。2012年，农业部首次开展全国农村集体“三资”管理示范县创建工作，在提高农村集体资产监管运营水平、加强农村集体资产管理机构建设等方面取得了显著效果。近年来，各地不断加大工作力度、创新管理方式、拓展工作内容，农村集体“三资”管理水平稳步提升，涌现出许多好的典型。为充分发挥示范县的典型引路和示范带动作用，推动全国农村集体资产管理工作迈上新台阶，农业部下发《关于开展第二批全国农村集体“三资”管理示范县创建工作的通知》，认定北京市海淀区等155个县（市、区）为第二批示范县，以点带面推进农村集体资产管理工作。

3. 积极推动农村集体“三资”管理平台建设。加快推进农村集体“三资”信息化管理平台建设，是提高农村集体“三资”管理质量和效率的重要途径。但是，目前全国农村集体“三资”信息化管理水平仍非常滞后，44%的村还没有实行会计电算化，记账手段远远落后于时代要求。为全面了解掌握农村集体经济组织经营管理状况，有效落实农民群众民主管理民主监督的权利，农业部在深入调研的基础上，研究提出全国农村集体“三资”信息化管理平台建设需求情况和基本规划大纲，推动全国农村集体“三资”信息化管理平台建设，争取早日实现中央与地方各级平台的并网融合。

4. 部署开展全国农村财务管理专项检查调研工作。村级财务管理是管好用好农村集体资产，发展壮大集体经济，依法保障农民集体收益分配权的重要基础和保障。2013年，农业部联合财政部、民政部、审计署联合下发《关于进一步加强和规范村级财务管理工作的意见》（以下简称“四部委文件”），明确提出切实做好村级会计基础工作，完善村级财务民主监督机制，加强对农村财务的审计监督，稳定和加强农村财会队伍建设等内容。为贯彻落实四部委文件精神，切实抓好农村财务管理规范化建设，农业部部署开展全国农村财务管理专项检查调研工作，通过县级自查、省级抽查、部级督查的形式，重点就四部委文件贯彻落实情况，以及当前村级财务管理、民主监督、财务公开、审计监督、农村财会队伍建设情况进行专项检查调研。

（二）取得的主要成效

1. 摸清集体家底，奠定了产权制度改革基础。各地通过开展农村集体资产清产核资工作，全面清理了各项资金、资产、资源，债权债务和所有者权益。通过清查、盘点、核实，摸清了农村集体资产和资源的存量、分布、结构状况；通过公开、公示、整改，保证了清产核资结果准确无误和老百姓认可。清产核资后，村集体的固定资产有照片资料和电子台账，集体土地、四荒地、滩涂、水面、建设用地等资源的区位和面积有详细的登记，为明晰农村集体资产权属，推进农村集体产权制度改革奠定了坚实的工作基础。截至2013年年底，全国农村集体经济组织账面资产（不含资源性资产）总额2.4万亿元，村均408.4万元；农村集体土地总面积4.46亿公顷，其中耕地、林地等农用地面积3.69亿公顷。

2. 完善规章制度，规范了资产财务管理行为。各地以贯彻落实四部委文件精神为契机，建立健全相关规章制度，进一步规范了农村集体资产和财务管理行为。北京、上海、江苏、甘肃等地县乡两级严格要求各项收支必须有真实合法有效的凭证，支出必须履行民主程序和审批手续；村集体公益事业建设项目及集体资产和资源的发包、租赁和转让必须经过招标投标程序。广东、浙江、湖南等地将农村集体资产和资源的交易纳入农村集体“三资”信息化管理平台，实行公开交易，并制定交易实施细则和交易责任追究制度，为规范农村集体资产和财务管理行为夯实了制度基础。

3. 搭建管理平台，强化了资产财务管理手段。为巩固清产核资成果，各地在清产核资的基础上，建立起具备“分级管理、实时监控、预警纠错、数据共享、信息服务”等功能的农村集体资产信息化管理系统，全面提升了农村集体资产监督管理的水平。目前，全国已建立7个省级、85个地（市）级、1 570个县级农村集体资产信息化管理平台。北京、上海、黑龙江等省份率先在全省（直辖市）范围内全面实现了由省（直辖市）到村的信息化管理，确保农村集体资产财务管理规范化、信息化水平不断提高。

4. 理顺干群关系，维护了农村社会和谐稳定。农村集体资产财务管理不公开、不透明、不规范，是引发农民群众上访，导致干群关系紧张的重要因素。据统计，2013年反映集体资产管理、分配等问题的信访，已占到农村农业类的23%。通过强化集体资产财务管理，一方面消除了农民群众疑虑，化解了干群矛盾；另一方面增强了群众参与集体资产监督管理、促进集体经济发展、维护财产利益的积极性。特别是在资源发包、工程建设、招投标中充分发挥群众民主监督作用，将过去的事后监督变为现在事前、事中、事后的全程监督，规范了村干部行为，从源头上和制度上遏制了农村基层腐败现象的发生，真正做到了给群众一个“明白”、还干部一个“清白”，有力促进了农村基层党风廉政建设。

减轻农民负担

（一）政策背景和主要内容 近年来，各地各有关部门坚持以《国务院办公厅关于进一步做好减轻农民负担工作的意见》（国办发〔2012〕22号）精神为指导，认真贯彻落实中央减轻农民负担和强农惠农富农政策，农民负担总体控制在较低水平，为推进农村改革发展、保持农村社会和谐稳定发挥了重要作用。但少数地方减负意识有所淡化、监管力度有所减弱，部分领域涉农乱收费问题时有发生，向村级组织乱收费乱摊派问题较为突出，新型农业经营主体负担有所显现，一事一议筹资筹劳还需进一步规范，造成农民负担的体制机制性因素仍未完全消除。为进一步做好减负各项工作，农业部等6部门联合下发了《关于做好2014年减轻农民负担工作意见》（农经发〔2014〕5号），主要内容包括：

1. 总体要求。高度重视减轻农民负担工作，继续以贯彻落实国办发〔2012〕22号文件精神为重点，按照中央1号文件要求，加强组织领导，完善规章制度，突出重点治理，强化检查监督，做到思想认识不松懈、重视程度不降低、监管力度不减弱，坚决查处和纠正涉农领域侵害群众利益的腐败问题和加重农民负担行为，确保农民负担不滋生、不反弹。

2. 主要任务。一是深入治理涉农价格和收费中的突出问题。继续开展对农村义务教育、计划生育、农民建房、农机服务、殡葬服务、农民用水用电等领域价格和收费的专项治理，落实对农民的费用减免和价格优惠政策，严禁行政机关和事业单位在履行（代行）行政职能过程中强制收费或代收经营服务性收费，严禁经营公用事业的企业超标准收费、强制服务收费和搭车收费。二是清理整顿加重村级组织负担的行为。重点治理以建设公益事业、提供服务、达标升级、要求赞助、报刊订阅等名义向村级组织摊派收费问题。严禁将政府承担的建设和服务费用、部门工作经费、人员费用等转由村级组织承担，严禁各种要求村级组织出钱出物出工的达标升级活动，严禁村级组织用罚款和违规收取押金、违约金等方式来管理村务。三是完善和规范一事一议筹资筹劳管理。进一步完善一事一议筹资筹劳实施办法，严格界定筹资筹劳的适用范围，合理确定筹资筹劳限额标准和以资代劳工价标准。强化筹资筹劳方案审核和专项检查，组织开展一事一议项目专项审计。研究制定一事一议规范管理县管理办法，开展对规范管理县的动态监测，建立有进有出的监管机制。四是推进拓展农民负担监管范围。加强对农村基础设施建设、农村公共服务，以及农业技术推广、动植物疫病防控、农产品质量安全监管等公益性服务领域农民负担问题的监管，加强对家庭农场、专业大户、农民合作社等新型经营主体的负担监管，防止乱收费在新的领域滋生蔓延。五是强化减负惠农政策落实监督检查。加强对农民负担新情况新问题的跟踪调查、情况核实和督查督办。通过明查暗访，对农民负担问题不定期、有重点地开展专项检查，认真组织开展农民负担年度检查。选择问题较多的市（地）、县，联合开展农民负担综合治理，切实防止区域性农民负担反弹。六是推动涉及农民负担相关领域改革。继续深化农村综合改革，推动消除造成农民负担问题的体制机制性因素。探索完善政府投入机制、积极创新征订方式等措施，进一步推动和改进党报党刊发行工作。进一步加大支持力度，完善现有农田水利设施，推进水价综合改革，切实减少农民不合理水费支出。

（二）政策执行情况及效果评价

1. 强化部门协作，深入开展了农民负担重点治理。组织开展了对农村义务教育、计划生育、农民建房、农机服务、殡葬服务、农业用水用电等领域的专项治理，共清退向农民多收款项1.06亿元，减轻农民负担8.88亿元。针对区域性农民负担问题较多的情况，农业部与7个省份联合选择9个县（市）进行了综合治理，共退还向农民多收款项685.6万元，清退向村级组织转嫁摊派费用457.4万元。

2. 坚持问题导向，清理整顿了村级组织负担问题。组织开展了加重村级组织负担问题的清理整顿，共清退要求村级组织配套项目资金、开展达标升级活动、进行捐资赞助等方面的违规费用0.93亿元，减轻村级组织负担1.93亿元，推动一些省份出台了规范村级组织非生产性开支和加强村、社区工作准入的制度性文件。

3. 严格政策标准，规范实施了一事一议筹资筹劳。农业部印发了《一事一议规范管理县认定管理暂行办法》，建立了一事一议规范管理县动态监管机制；组织开展了对全国60个县240个项目资金劳务筹集、使用和管理情况的专项审计，纠正了一些地方将一事一议变成固定收费项目、超范围筹资筹劳、产生村级债务等问题。2014年中央财政安排一事一议奖补资金228亿元，促进了村级公益事业建设健康有序开展。

4. 主动适应形势，创新开展了农民负担监督检查。农业部对2013年农民负担重点检查情况进行了通报，并通过新闻媒体向社会公开，提高了各地对减负工作的重视程度。2014年联席会议6部门创新检查方法，细化检查程序，突出检查重点，加大通报力度，通过对吉林、江西、甘肃3省农民负担的重点抽查，共督办整改检查发现问题141个，推动地方自查自纠问题2 143个，减轻农民负担3 375万元。各地坚持结合实际开展农民负担年度检查和一事一议专项检查，有效保障和维护了农民群众的合法权益。

2014年全国农民直接承担的费用（包括上交集体各种款项、各种社会负担、一事一议筹资及以资代劳）人均38.49元，比上年减少5.18元，下降11.9%，取消农业税后农民负担水平连续两年降低。尽管农民负担继续稳定在较低水平，但从农民负担监测、信访、检查、调研情况看，部分涉农领域乱收费问题仍屡禁不止，村级组织负担呈增加趋势，一事一议组织实施还不够规范，惠农补贴发放中乱收代扣问题时有发生，防止农民负担反弹的压力仍然较大。

发展适度规模经营

（一）政策背景和主要内容 农村土地经营权流转和规模经营是事关农业农村发展的一件大事，也是深化农村改革的一项重要内容。在工业化、城镇化进程中，农村劳动力逐步转移，他们原来经营的土地流转出来，使得农业从业者的土地经营规模不断扩大，先进的农业技术装备得到利用，为建设现代农业创造了必要条件。这是世界农业发展的普遍现象。目前我国正处于这一阶段。近年来，各地从实际出发积极探索，取得了一定成效，积累了一些经验。中央对此高度重视，2014年年初《中共中央国务院关于全面深化农村改革，加快推进农业现代化的若干意见》（中发〔2014〕1号）提出完善农村土地承包政策、发展多种形式规模经营、扶持发展新型农业经营主体。2月，农业部印发《关于促进家庭农场发展的指导意见》，从工作指导、土地流转、落实支农惠农政策、强化社会化服务、人才支撑等方面提出了促进家庭农场发展的具体扶持措施。11月，中央办公厅、国务院办公厅《关于引导农村土地经营权有序流转发展农业适度规模经营的意见》（中办发〔2014〕61号）明确指出，土地流转和适度规模经营是发展现代农业的必由之路，有利于优化土地资源配置和提高劳动生产率，有利于保障粮食安全和主要农产品供给，有利于促进农业技术推广应用和农业增效、农民增收，应从我国人多地少、农村情况千差万别的实际出发，积极稳妥地推进。主要内容包括：

1. 以“三权分置”重大理论为指导，推进农村土地制度和农业经营制度创新。在坚持土地集体所有的前提下，实现所有权、承包权、经营权三权分置，引导土地经营权有序流转，坚持家庭经营的基础性地位，积极培育新型农业经营主体，发展多种形式的农业适度规模经营，走出一条有中国特色的农业现代化道路。既要加大政策扶持力度，加强典型示范引导，又要因地制宜、循序渐进，使农业适度规模经营发展与城镇化进程和农村劳动力转移规模相适应，与农业科技进步和生产手段改进程度相适应，与农业社会化服务水平提高相适应。

2. 规范引导农村土地经营权有序流转。鼓励承包农户依法采取转包、出租、互换、转让及入股等方式流转承包地，引导农户长期流转承包地并促进其转移就业。鼓励农民在自愿前提下采取互换并地方式解决承包地细碎化问题。严格规范土地流转行为，没有农户的书面委托，农村基层组织无权以任何方式决定流转农户的承包地。严禁通过定任务、下指标或将流转面积、流转比例纳入绩效考核等方式推动土地流转。加强土地流转管理和服务，健全流转市场运行规范，发展土地流转市场。合理确定土地经营规模，防止追求超大规模经营，既引导土地资源适度集聚，又注重通过扩大服务和合作提升规模化经营水平。

3. 加快培育新型农业经营主体。继续重视和扶持普通农户发展农业生产。重点培育以家庭成员为主要劳动力、以农业为主要收入来源，从事专业化、集约化农业生产的家庭农场，使之成为引领适度规模经营、发展现代农业的有生力量。加大对家庭农场、专业大户、农民合作社、龙头企业、农业社会化服务组织等新型农业经营主体的扶持力度。加强对工商企业租赁农户承包地的监管和风险防范，各地对工商企业长时间、大面积租赁农户承包地要有明确的上限控制，建立健全资格审查、项目审核、风险保障金制度，定期对租赁土地企业的农业经营能力、土地用途和风险防范能力等开展监督检查。

4. 扶持粮食规模化生产。通过新增补贴向粮食生产规模经营主体倾斜，优先安排农机具购置补贴，开展生产者补贴试点、目标价格保险试点、营销贷款试点、逐步实现粮食生产规模经营主体“愿保尽保”等措施，重点扶持粮食规模化生产；通过粮食主产区、粮食生产功能区、高产创建项目实施区的产业规划和相关农业生产扶持政策引导经营主体生产粮食；通过合理引导土地流转价格，以降低粮食生产成本，稳定粮食种植面积。可以采取停发粮食直接补贴、良种补贴、农资综合补贴等措施，遏制撂荒耕地。

（二）政策执行情况及效果评价

1. 引导和扶持家庭农场健康发展。一是多种形式加强宣传贯彻，及时向新闻媒体宣传促进家庭农场发展的政策措施，营造各界关注家庭农场事业、促进家庭农场发展的良好氛围。二是开展家庭农场经营者培训。农业部将家庭农场经营者纳入新型职业农民、农村实用人才、“阳光工程”等培育计划。2014年，在农村实用人才培训计划中安排了20期家庭农场经营者培训，共计培训1 600人次左右。三是指导地方出台专门扶持政策。全国已有20个省（自治区、直辖市）下发了扶持家庭农场发展的专门意见，15个省（自治区、直辖市）出台了省级示范家庭农场管理办法。

2. 土地流转总体上平稳有序。土地流转呈现出主体多元、形式多样的发展态势。流入方仍以农户为主，但向家庭农场、合作社、龙头企业等新型农业经营主体流转的比重逐步上升；农村集体经济组织成员之间的转包仍是最主要的流转形式，但出租、股份合作等流转形式比重上升较快。土地流转管理和服务水平不断提高。土地流转合同签订率稳步提高，据农业部统计，已签订流转合同涉及耕地占流转总面积的66.7％，1 324个县（市）、17 268个乡镇建立了流转服务中心，农户承包地规范有序流转的机制初步建立。通过土地流转，实现了集中连片种植和集约化、规模化经营，节约了生产成本，促进了农业发展和农民增收。

3. 土地规模经营取得积极进展。目前，超过30％的耕地已经流转，一大批有生命力的规模经营农户正在发展。据农业部统计，截至2014年年底，全国土地流转面积约2 686.67万公顷，占家庭承包耕地面积的30.4％；经营面积在50亩以上的规模经营农户超过341.4万户。这些规模经营农户通过增加农业生产要素投入，促进农业集约化经营，有效提高了农业产出效益，已成为推动我国农业现代化发展的骨干力量。

4. 加快落实规模经营主体的配套扶持政策。完善针对规模经营主体的配套扶持政策，是促进发展现代农业的重要保障。农业部积极配合财政部、银监会等部门，抓紧落实已出台的政策措施，研究制定新的农业补贴、棉花大豆目标价格改革试点、金融扶持政策，积极推动规模经营主体发展，同时积极指导各地出台扶持政策措施。目前，江苏、福建、云南、四川、山西、浙江、陕西、甘肃、天津9省已结合当地实际，明确具体的扶持措施。江苏省提出了重点扶持土地经营规模100亩至300亩的种粮农户；山西省提出了建立省、市、县三级示范家庭农场名录。

推进农村综合改革

2014年，围绕“花钱建机制”的思路，继续抓好“四项改革”，积极推进一事一议财政奖补及美丽乡村建设试点工作，稳步开展农村综合改革示范试点和国有农场办社会职能改革试点，启动建制镇示范试点工作，农村综合改革不断深化，取得了积极进展，有力促进了城乡发展一体化体制机制创新。

（一）继续巩固深化乡镇机构、农村义务教育、县乡财政管理体制和集体林权制度改革，夯实了农村发展的制度基础

1. 乡镇机构改革继续巩固深化。围绕巩固和深化乡镇机构改革成果，切实加强工作指导，及时跟踪乡镇机构改革的新情况新问题，进一步总结地方好的经验做法，大力推广“一站式”服务、“办事代理制”等实践证明行之有效的便民服务措施。根据《中共中央、国务院关于地方政府职能转变和机构改革的意见》（中发〔2013〕9号）精神，中央编办积极推进地方政府职能转变和机构改革工作，重点指导地方把功夫下到机构的精干设置、重点领域的体制和职能调整、管理服务资源的整合上，发挥地方政府贴近基层、就近管理、便民服务的优势，一些涉及农村的市场监管、经济社会管理职能得到加强。扎实推进经济发达镇行政管理体制改革试点工作，加强工作指导和经验总结，研究完善进一步推进改革的政策措施。

2. 农村义务教育改革深入推进。调整完善农村义务教育经费保障机制，继续落实“两免一补”政策，提高生均公用经费基准定额60元，支持农村中小学校舍维修改造。据统计，2014年，中央财政安排改革资金878.9亿元，全国约1.1亿名农村义务教育阶段学生全部享受免学杂费和免费教科书政策，向小学一年级新生免费提供正版学生字典，中西部地区

约1 240万名家庭经济困难寄宿生继续获得生活费补助。全面改善贫困地区义务教育薄弱学校基本办学条件，推进义务教育学校标准化建设，中央财政安排资金310亿元。继续实施农村义务教育学生营养改善计划，提高中央补助标准，中央财政安排资金171.4亿元，惠及农村学生3 200万人。继续实施农村义务教育学校教师特设岗位计划和中小学教师国家级培训计划，提升农村中小学师资队伍水平，中央财政安排相关资金约68亿元。

3. 县乡财政管理体制改革不断深化。根据深化预算管理制度改革的要求，进一步完善省以下财政体制和预算管理制度，改革和完善财政转移支付制度，促进财力下移，调动地方政府积极性。稳步推进“省直管县”和“乡财县管”改革工作，调整和完善县级基本财力保障机制，促进均衡省以下财力，增强基层政府提供基本公共服务能力。2010—2014年，中央财政共安排县级基本财力保障机制奖补资金5 528亿元。加强乡镇财政管理和指导，完善村级组织运转经费保障机制。

4. 集体林权制度改革进展顺利。认真做好明晰产权、承包到户后续工作，进一步落实家庭承包经营制度，加强林权纠纷调处，推进林业股份合作制度创新，加快新型林业经营体系建设步伐，完善社会化服务体系。林权流转步入良性发展轨道，绿色富民产业不断壮大，金融保险制度逐步完善，解放和发展了林业生产力，有力促进了林农增收。

（二）积极推进村级公益事业建设一事一议财政奖补和美丽乡村建设试点工作，逐步构建了农村公益事业发展新机制 2014年，深入开展村级公益事业建设一事一议财政奖补工作，逐步完善政策措施，加强规范管理，加大财政投入力度，增强群众参与意识，在坚持民主议事程序和尊重农民主体地位等原则的基础上，重点支持村内道路、小型水利等农村公益事业建设，着力改善农村人居环境，促进基层民主政治建设。据初步统计，2014年，各级财政累计投入一事一议财政奖补资金654.25亿元，带动村级公益事业建设总投入1 100多亿元，覆盖了全国2 853个县（市、区，含兵团、垦区）21.5万个行政村，陆续建成31万个村级公益事业建设项目，其中村内道路14.32万个，占46.2%，村内小型水利项目5.35万个，占17.3%。同时，在有条件的地方，以道路硬化、卫生净化、村庄亮化、环境美化、生活乐化为目标，坚持先规划后建设，加大资金投入和整合力度，充分调动多方积极性，积极稳妥推进美丽乡村建设试点，进一步改善农村人居环境。据统计，2014年，全国共有6 782个村纳入试点范围，各级财政累计投入奖补资金121.81亿元，其中中央财政29.45亿元，整合其他财政资金78.99亿元，受益农民达1 300多万人，一批宜居宜业宜游的美丽乡村正在初步形成。

（三）稳步开展农村综合改革示范试点，探索了破除农村体制机制障碍的有效途径 2014年中央财政安排农村综合改革转移支付资金30亿元，鼓励支持河北、山西等17个省份，围绕农村公共服务运行维护、农村集体经济有效实现形式、农村产权制度改革、农业社会化服务体系等方面先行先试，探索可复制、可推广的制度模式，为全国面上推进相关改革积累经验。其中，农村公共服务运行维护试点，主要在河北、辽宁等11个省份开展，以解决村级基础设施管护、公共环境卫生等基本公共服务“最后一公里”为重点，以管促建，建管结合，探索建立农村公共服务运行维护长效机制。这项试点与一事一议财政奖补政策配套衔接，有效弥补了现行农村公共服务政策的“空白点”，为基层干部服务农民群众提供了重要抓手，密切了党群干群关系，巩固了基层政权基础，初步实现了“小改革、大机制，小资金、大舞台”的目标。福建、河南、湖南、广西、云南、新疆等省份也自主开展了试点工作。

（四）稳妥推进国有农场办社会职能改革试点，初步理顺了国有农场发展机制 国有农场办社会职能改革试点从2012年正式启动，首批确定了内蒙古、辽宁等8个省份开展试点，力争用3年左右时间，将地方国有农场承担的属于政府职能范围的事务，逐步移交给当地政府承担和管理。2013年，试点省份扩大到17个。2014年，中央财政安排15亿元，继续支持试点工作，将国有农场办社会职能逐步移交到当地政府，并做好相关机构人员的移交安置工作，理顺国有农场发展机制，减轻国有农场及农工负担。目前，首批试点的8个省份改革工作进展顺利，国有农场办社会职能正逐步移交到当地政府，办社会机构人员的移交安置工作平稳推进，国有农场和农工的办社会负担大幅减轻。

（五）顺利启动建制镇示范试点工作，探索城乡互惠互动机制 新型城镇化推进过程中，建制镇基础条件最差、融资能力最弱、发展难度最大。加快建制镇发展，有利于基础设施、公共服务、现代文明向农村延伸，是建设社会主义新农村应有之义和重要举措，也是推动城乡统筹发展的必然要求和有效手段。2014年，根据中央城镇化工作会议精神，为探索财政支持建制镇发展的有效途径，财政部、发展改革委、住房城乡建设部联合下发了《关于开展建制镇示范试点工作的通知》（财农〔2014〕261号），正式启动试点工作。鼓励试点地区围绕创新城乡发展一体化体制机制、农村公共服务供给机制、建制镇投融资体制、优化产业发展环境等方面，大胆探索，勇于创新，努力将建制镇发展成为以城带乡、乡村联动、一体发展的重要载体，增强建制镇的可持续发展能力、综合承载能力和辐射带动能力，为全国建制镇发展提供可借鉴推广的经验和模式。2014年，中央财政安排19亿元，支持全国90个建制镇开展示范试点工作，每个试点镇原则上支持3年。

农村改革试验区建设

2014年，各级各有关部门切实加强支持指导，各地扎实推进探索创新，首批试验区改革试验工作取得了阶段性成效，第二批试验区和试验任务顺利批复，农村改革试验区工作不断取得新进展。

（一）着力完善试验区领导体制和工作机制 为更好地使农村改革试验区工作融入中央全面深化改革总体布局，建立了与中央全面深化改革领导小组办公室和经济体制与生态文明体制改革专项小组的工作衔接制度，完善了试验区工作领导体制。为更好地发挥农村改革试验区工作联席会议制度优势，完善了中央农村工作领导小组领导下的、各部门按照职责分工牵头负责、其他部门配合、农村改革试验区办公室负责日常沟通协调的分工协作的工作机制。

（二）抓紧批复第二批试验区和试验任务 为深入贯彻落实党的十八大、十八届三中、四中全会和中央农村工作会议精神，全面落实党中央、国务院领导同志批示要求，经农村改革试验区工作第三次联席会议研究，并经中央农村工作领导小组批准，2014年11月农业部会同农村改革试验区工作联席会议有关成员单位联合批复了北京市通州区等34个地区为第二批农村改革试验区，和首批9个农村改革试验区分别承担深化农村土地制度改革、完善农业支持保护体系、建立现代农村金融制度、深化农村集体产权制度改革、改善乡村治理机制等5个方面的14项试验任务。截至2014年年底，新形势下的农村改革试验区数量已经达到58个，覆盖全国28个省（自治区、直辖市），改革试验内容涵盖了农村改革各主要领域，基本形成了比较完备的改革试验工作体系。2014年11月底，召开了农村改革试验区工作交流会，进一步明确了新时期农村改革试验的目标任务、工作重点和推进举措，为做好下一步农村改革试验区工作指明了方向、提供了遵循；举办了农村改革试验区干部培训班，围绕增强对改革试验任务的理解、掌握推进改革试验的方法、开阔改革试验工作的视野等，进行专题辅导，提高了试验区干部改革试验工作组织实施能力。

（三）扎实推进探索试验 首批各试验区立足当地实际，围绕试验主题，不断完善制度设计，健全实施规范，一些领域的探索取得了明显成效，一些做法已经发挥了示范效应。在稳定和完善农村基本经营制度方面，相关试验区积极探索稳定农村土地承包关系，健全土地承包经营权流转制度，着力推进农业经营体制机制创新和农业生产方式转变，有效地提升了农业规模化、集约化水平和组织化程度。在建立现代农村金融制度方面，相关试验区围绕扶持“三农”发展、服务县域经济，着力破解当前农村存在的融资难、担保难、金融服务薄弱、金融总量不足、信用环境不佳等问题，金融服务“三农”的能力和水平明显增强。在农村产权制度改革方面，相关试验区积极探索集体经济有效实现形式，创造条件拓宽农民财产性收入渠道，多种形式推进农村集体产权制度改革，在清产核资、分类确权、建立产权交易市场、开展集体经济组织股份化改革等方面进行了卓有成效的探索。在完善城乡一体化体制机制方面，相关试验区立足于促进工业化、信息化、城镇化和农业现代化同步发展，着力构建城乡一体化发展政策体系，在深化户籍制度改革、推进新型城镇化进程、形成城乡平等要素交换关系、实现城乡基本公共服务均等化等方面，进行了有益探索。

农村集体产权制度改革

（一）政策背景和主要内容 农村集体产权制度改革工作围绕制定《积极发展农民股份合作赋予农民对集体资产股份权能改革试点方案》，开展农村集体产权制度改革有关问题研究，部署农村产权交易市场建设摸底调查等内容开展，取得明显成效，为进一步全面深化农村改革，激发农业农村内在发展活力，加快建立城乡一体化发展体制机制奠定了坚实基础。

1. 研究制定农村集体产权制度改革试点方案。制定出台保障农民集体经济组织成员权利，积极发展农民股份合作，赋予农民集体资产股份权能试点方案，是中央贯彻落实三中全会决定的重大改革举措。为完成好改革试点方案的制定工作，2014年以来，农业部组织相关人员深入基层调研，集中研究起草，广泛征求意见，反复讨论修改，历经党中央、国务院三次高规格会议审议后正式通过。11月，经国务院同意，农业部、中农办、国家林业局正式联合下发《关于印发〈积极发展农民股份合作赋予农民对集体资产股份权能改革试点方案〉的通知》（农经发〔2014〕13号），要求各省、自治区、直辖市人民政府按照中央要求，组织做好有关改革试点工作。

2. 开展农村集体产权制度改革问题研究。改革农村集体产权制度是全面深化农村改革的重要任务，中央对此高度关注。特别是党的十八大以来，在三中、四中全会决定和中央1号文件中多次提出明确要求。2014年以来，农业部认真贯彻落实中央要求，加大力度稳步推进农村集体产权制度改革。深入广东、浙江、上海、湖北、山东、江苏、四川等地开展调研，全面了解各地改革进展情况。为总结交流各地农村集体产权制度改革的实践经验，研究探讨推进改革的有关问题，举办全国农村集体产权制度改革工作座谈会，部分市（县、区）、改革村的同志介绍了改革做法和经验，中央相关部门、各省（自治区、直辖市）农业部门负责同志及有关研究机构专家参会，研究探讨推进改革的思路和举措。配合国务院发展研究中心举办农村集体产权制度改革研究座谈会，中央领导同志到会讲话，农业部领导作主旨发言，地方代表介绍了改革做法及经验，专家学者就改革涉及的重大问题进行了研讨。对于农村集体产权制度改革的相关研究成果，包括对农村集体经济、农村集体所有制等的理论研究，产权制度改革全国进展情况、地方实践做法及下步推进改革的工作打算等，多次形成报告向中央汇报。

3. 部署全国农村产权流转交易市场建设情况摸底调查。为全面了解各地农村产权流转交易市场建设情况，掌握农村产权流转交易基本数据，分析产权流转交易存在的问题，推动农村产权流转交易公开、公正、规范运行，农业部制定下发《关于开展全国农村产权流转交易市场建设情况摸底调查工作的通知》（农办经〔2014〕18号），部署在全国范围开展农村产权流转交易市场建设情况摸底调查，重点对各地农村产权流转交易市场建设基本情况及成效、农村产权流转交易市场的交易品种及交易情况、农村产权流转交易市场存在的突出问题及相关建议等情况进行摸底调查。

（二）政策执行情况及效果评价

1. 全面启动了农村集体产权制度改革试点工作。改革试点方案经中央审议通过以后，农业部随即以办公厅文件形式发函各省、自治区、直辖市人民政府办公厅，要求按照《方案》要求，确定试点县（市、区），制定具体改革试点方案，并按规定时间报送。共有北京市等29个省份各选定1个县（市、区）开展试点。各试点县在深入调研、慎重考虑、科学选点、周密谋划的基础上，认真研究论证试点实施方案，在相关部门达成一致并报经省级人民政府同意后，形成了报送农业部的试点实施方案。经与中农办、国家林业局会同有关部门认真研究各地上报的试点实施方案，并报请国务院同意，农业部正式批复北京市大兴区等29个县（市、区）开展农村集体产权制度改革试点。通过安排试点进行探索，将为当地乃至全国不断推进农村集体产权制度改革提供实践经验、找到可行办法。

2. 切实增强了各地对农村集体产权制度改革工作的认识。为统一思想、凝聚共识，指导各地稳步开展农村集体产权制度改革，农业部组织召开了四次农村集体产权制度改革培训班，邀请各省（自治区、直辖市）农业部门分管领导，围绕改革涉及的重点难点问题进行了深入讨论，达成了许多共识，有效指导了各地改革工作。据不完全统计，截至2014年年底，全国已有15个省份下发了指导农村集体产权制度改革的专门文件或实施方案，4.7万个村和5.7万个村民小组完成了改革，村组两级量化资产4 362.2亿元，当年股金分红386.4亿元。北京、苏州以及珠江三角洲等地区已经全面推开，改革覆盖面达到95%以上，工作成效显著。另外，《积极发展农民股份合作赋予农民对集体资产股份权能改革试点方案》的出台，也为各地组织开展相关改革试点和制定具体试点方案提供了有力的政策指导。

3. 初步形成了全社会关注农村集体产权制度改革的良好氛围。在2014年中央农村工作会议、全国农业工作会议、农村改革试验区工作交流会等会议上，以及在基层调研过程中，中央领导多次强调农村集体产权制度改革的重要性。有关农村集体产权制度改革的最新研究成果，核心内容已被写入2015年中央1号文件。中央电视台《新闻联播》不仅对中央全面深化改革领导小组第五次会议审议《方案》作了专门报道，还以《选取改革试点　赋予农民更多财产权利》为题对《方案》的目标方向和主要内容进行了详细报道。此外，《人民日报》《经济日报》《农民日报》，以及中国政府网、新华网等中央媒体均对农村集体产权制度改革作了大量专题报道。农村集体产权制度改革已经引起了社会各界的广泛关注。

推进农民合作社发展

（一）政策背景和主要内容　党的十八大明确了发展专业合作和股份合作的大方向，党的十八届三中全会鼓励农村发展合作经济，强调一个“扶持”、三个“允许”。2014年中央1号文件提出鼓励发展专业合作、股份合作等多种形式的农民合作社，引导规范运行，着力加强能力建设。按照中央要求，各地各有关部门继续把发展农民合作社作为构建新型农业经营体系、推进农业现代化的重要举措，采取有效措施，加大指导扶持服务力度，为引导和推动农民合作社规范健康发展提供了良好条件。

1. 加强规范引导，提高农民合作社运行质量。规范化建设伴随合作社发展的全过程，是发展农民合作社的重要任务。2014年，农业部、发展改革委、财政部等全国农民合作社发展部际联席会议九部门制定下发了《关于引导和促进农民合作社规范发展的意见》，明确了合作社规范化建设的总体思路、目标任务和政策措施。国家工商总局出台了《农民专业合作社年度报告公示暂行办法》，利用企业信用信息公示系统，推进开展农民专业合作社登记注册信息和即时信息公示，并在全国范围内组织开展了农民专业合作社公示信息抽查，促进农民合作社加强规范管理。水利部会同发展改革委、民政部、农业部、国家工商总局等发布了《关于鼓励和支持农民用水合作组织创新发展的指导意见》，明确了农民用水合作组织发展导向和政策支持。18个省份出台了合作社地方性法规，13个省份制定了规范化建设指导意见，为农民合作社发展提供了制度遵循。一些地方还采取规范化建设年、财务管理规范化活动、设立社务公开日等方式，促进了农民依法建社、按章办社、以制管社。

2. 扎实开展国家示范社创建，树立农民合作社典型样板。评定国家示范社是国务院批复成立全国农民合作社发展部际联席会议的一项重要职责。全国联席会议开展了成立后的国家示范社首次评定工作，农业部下发了《关于开展国家农民合作社示范社申报工作的通知》，重申了标准，明确了程序。经地方推荐、审查复核和媒体公示，2014年11月22日，农业部、发展改革委、财政部等全国联席会议九部门下发了《关于公布国家农民合作社示范社名单的通知》，联合认定了4 013家国家示范社。这些示范社规模较大、实力较强，管理民主、运行规范，带农增收效果明显，是合作社中的先进典型，对合作社健康发展起到了示范带动、典型引路作用。

3. 规范合作社有序开展信用合作，增强合作社服务能力。合作社开展信用合作是党的十八届三中全会的明确要求，是全面深化农村改革的一项重要任务。2014年3月，农业部会同银监会下发了《关于引导农民合作社规范有序开展信用合作的通知》，强调加强合作社信用合作监管、推动地方落实监管指导职责。10月，银监会、农业部等联合下发了《关于引导规范开展农村信用合作的通知》，明确了农村合作金融政策界限。银监会牵头成立了发展新型农村合作金融组织工作领导小组，会商农业部等部门批复了山东省开展新型农村合作金融试点方案，联合确定金寨、玉田、沅陵3个农村改革试验区承担新型农村合作金融组织试验任务。农业部组织各地开展了合作社信用合作情况摸底调查，形成了《农民合作社开展信用合作情况调研报告》。

4. 完善扶持政策，壮大合作社发展实力。加大财政资金、税收优惠、金融信贷等方面的支持力度，加强合作社发展政策保障。财政部印发了《关于做好2014年财政支持农民合作社创新试点工作的通知》，明确要求创新财政资金投向使用机制，推动合作社创新发展模式。2014年，中央财政安排农民专业合作组织发展资金20亿元，比上年增长7.5%，其中农民合作社创新试点资金6亿元，比上年增长20%，试点范围扩大到12省市。农业部在北京、吉林、浙江、湖北、重庆五省市开展合作社贷款担保保费补助试点，为124个合作社提供担保金额3.03亿元，担保贷款放大比例达1 ∶ 33.3，充分发挥了财政资金“四两拨千斤”的杠杆效应，有力撬动了金融资本对合作社的支持。银监会印发了《关于做好2014年农村金融服务工作的通知》，重点引导银行业金融机构着力加大新型农业经营主体的支持力度；与农业部联合下发了《关于金融支持农业规模化生产和集约化经营的指导意见》，持续加大对农业规模化生产和集约化经营的金融支持。截至2014年9月底，银行业金融机构对包括合作社在内的农村各类组织贷款6 629亿元。

5. 支持合作社承担涉农项目，改善合作社发展条件。把运行规范的合作社尤其是示范社作为政策扶持重点和国家“三农”建设项目的重要承担主体。扩大农民合作社承担农田水利、农业综合开发、农技推广、农村土地整理、农产品加工等项目规模。支持合作社实施造林、森林抚育和种植业贷款项目。开展农田水利设施、农业综合开发建设形成资产转交合作社持有和管护机制试点。明确合作社配套辅助设施用地按农业用地管理。2014年农产品初加工设施补助政策安排资金6亿元，扶持1 500多个合作社和1万多个农户建设初加工设施1.8万座。

6. 强化人才培养，为合作社发展提供智力支持。农业部组织开展县乡合作社辅导员培训和农村实用人才合作社带头人轮训，编制专门培训计划，积极引导支持各地农业部门及社会力量开展合作社人才培训。据初步统计，各级农业部门累计培训了46.2万人次。通过多种形式的培训，把法律政策交给农民，提高了农民合作意识和规范办社能力。

7. 促进产销衔接，畅通合作社销售渠道。农业部将“农社对接”纳入党的群众路线教育实践活动“为农民服务”重要内容，中央党的群众路线教育实践活动领导小组办公室将“农社对接”作为上下联动的典型推广。2014年各级财政共安排1.61亿元扶持“农社对接”。截至2014年年底，参加“农社对接”的合作社达2.13万家，建立直销店（点）2.79万个，覆盖社区3.21万个，消费人群1.06亿人，销售额340.87亿元。

（二）政策执行情况及效果评价 2014年，农民合作社持续健康发展。截至2014年年底，全国在工商部门依法登记的农民合作社达128.9万家，比上年同期增长31.2%；出资总额2.73万亿元，增长44.2%；实有成员9 227万户，占农户总数的35.5%，提高了7个百分点。当前，合作社由数量增长向数量增长与质量提升并重转变，由注重生产联合向产加销一体化经营转变，由单一要素合作向劳动、技术、资金、土地等多要素合作转变，合作社规范化建设水平不断提升，在发展现代农业、促进农民增收、建设社会主义新农村中逐步成为重要的主导力量。

1. 合作关系更加紧密。合作社坚持民主管理，普遍成立了成员（代表）大会、理事会、监事会等“三会”制度，章程、组织机构、管理制度逐步完善，加强了财务管理和会计核算，注重盈余分配，形成了更加紧密的合作机制。2014年年底，按交易量（额）进行盈余分配的合作社数量比2013年增长了25.3%。全国合作社有60%实行了财务社务公开，65%建立了生产记录档案。

2. 服务能力不断增强。合作社在产前、产中、产后各个环节，实行生产资料供应、农机作业、统防统治、技术信息、加工储藏、产品销售等统一服务，帮助成员解决一家一户办不了、办不好、办了不合算的问题。截至2014年年底，合作社为成员提供的经营服务总值超过1万亿元，超过50%的合作社实行产加销一体化服务，统一购买生产投入品总值2 581亿元，约10%的合作社兴办农产品加工流通。

3. 主导产业发展壮大。合作社依托当地资源优势，组织带动农户开展标准化、专业化、规模化生产，大力开发特色产业和优势产品，有效促进了产业集群集聚，形成了类型多样、特色鲜明的产业带、产业群，实现了一村一品、一社一业，将产业优势转化为经济优势。90%

的合作社为农户提供多种形式的技术服务，7万多家合作社拥有注册商标，一大批合作社通过了绿色、有机农产品质量认证，有的还申报了地理标志，成为农业品牌战略的实施主体。

4. 成员收入持续增加。合作社快速发展，经济实力、竞争能力不断增强，农产品销售实现优质优价，增加了农民的产品销售收入；积极发展农产品加工流通，延长产业链条，提高产品附加值，让农民更多分享产业发展收益；吸纳农民就近就业，增加了工资性收入；盘活集体资产，实现了保值增值，扩大了农民财产性收入来源。2014年，合作社实现经营收入约5 000亿元，实现可分配盈余907亿元。据测算，合作社成员普遍比生产同类产品的非成员增收20%以上，有的甚至达到30%～50%。

深化种业体制改革

2014年，各有关部门、各地区贯彻落实《国务院办公厅关于深化种业体制改革　提高创新能力的意见》（国办发〔2013〕109号，简称《意见》）精神，聚焦种业创新体制，发扬主动担当、攻坚克难、合力推进的改革精神，着力抓好深化种业体制改革政策落实，先后推动出台了一批新举措新政策，现代种业发展继续呈现了良好势头。

（一）以调动科技人员积极性为核心，推动种业科研创新体制改革　为激发科技人员活力，突破现有体制制约，农业部、科技部、财政部于2014年10月联合印发《关于开展种业科研成果机构与科研人员权益比例试点工作的通知》，决定在中国农科院和中国农业大学所属的4家科研机构率先启动改革试点，明确了科研机构与发明人对成果权益比例和权属约定原则，提高了发明人权益比例，调动科研人员创新的积极性。为畅通科技成果转化渠道，农业部依托中国农科院筹建了国家种业科研成果交易平台，推动成果公开公平交易，12月首批成果交易突破3 000万元。为鼓励科技人员向企业流动，人力资源社会保障部积极研究出台推动科技人才流动的指导意见，甘肃、湖北、浙江、湖南、黑龙江等省允许保留人事关系到企业工作，工龄满30年的可在原单位退休。

（二）以促进企业做强做大为目标，推动出台扶持政策　为加快提升企业育种创新能力，农业部对有育种能力的企业开辟品种审定绿色通道，5月发布《国家级水稻玉米品种审定绿色通道试验指南》，面向28家育繁推一体化企业开通绿色通道。相关部门对育繁推一体化企业研发经营所得、资产重组等给予税收减免，并强化信贷金融支持。现代种业发展基金积极参与研发创新，已投入3.5亿元支持10家企业发展。国家项目加大向企业倾斜，种子工程、生物育种能力建设和商业化育种等专项投入6亿多元，支持企业商业化育种能力建设。推动隆平高科、垦丰种业等企业投资5亿元，组建华智水稻、中玉金标记两个分子育种平台，从海外招聘多位高水平研发人才，为企业提供分子育种技术服务。江苏、吉林、福建、浙江等设立省级种业基金或商业化育种专项，扶持优势企业发展。

（三）以确保供种安全为根本，推进国家级育种制种基地建设　农业部会同发改委和相关省级部门整体规划海南、甘肃、四川三大国家级育种制种基地布局，积极推进基地建设前期工作。7月农业部联合发改委、财政部、国土资源部和海南省政府成立南繁基地规划编制工作领导小组，按照中央支持、地方负责、社会参与、市场运作原则编制规划，海南省将1.79万公顷南繁用地纳入基本农田永久保护，实行用途管制；重点规划了3 533公顷科研核心区和333公顷生物育种专区并落实到具体田块。通过国家级制种大县认定，创设扶持政策，健全管理体系，推进基地建设。2014年中央财政将38个制种大县纳入产粮大县奖励范围，新增奖励资金2亿元。甘肃、四川、贵州、宁夏等省区在优势制种基地设施改造、保险补贴、流转补助等方面出台配套政策措施。

（四）以选育突破性品种为重点，组织开展国家良种科研联合攻关 为创新育种攻关机制，加快选育突破性优良品种，科技部组织编制国家良种科研攻关规划，农业部成立了攻关专家委员会，组建优势企业与科研单位联合攻关团队，确立了“科研单位带项目、企业带资金、优势互补、利益共享”联合攻关机制，制定了联合攻关工作方案，组建了以育繁推一体化企业和科研单位共同参与的联合攻关团队，并于12月先期启动玉米、大豆两个作物品种联合攻关。为强化种业基础性工作，农业部牵头编制了《全国种质资源保护与利用中长期发展规划（2015—2030）》，明确种质资源发展总体目标，提出了第三次种质资源全国普查、濒危资源抢救性收集、优异资源深度发掘等重点行云贵和任务，切实加强濒危资源抢救性收集和优异资源深度发掘。

（五）以净化种业市场环境为保障，强化市场监管和知识产权保护 2014年农业部联合公安部、工商总局开展打击侵犯品种权和假劣种子专项行动，强化联合打假机制，狠抓大案要案查处，联合纪检检察机关开展追责问责，落实基地监管主体责任；建立案件信息公开平台，联合媒体和维权企业，曝光违法企业，公开查处结果，形成了打假高压态势，遏制了基地抢购套购、制假售假等违法行为，市场秩序明显好转，企业自育品种销量明显增加。建立市场秩序行业评价机制，依托中国种子协会开展市场秩序行业评估，落实属地管理责任，完善种子企业信用评价。在种业十大信用明星企业和通辽、荆州等地启动种子委托经营与可追溯管理试点，推动骨干企业组建种子电商平台，打破地方保护，促进公平竞争。结合全国人大修订《种子法》，在加强种质资源保护、强化品种保护管理、坚持简政放权、加大处罚力度等方面提出新要求，加快构建适应现代种业要求的法律制度体系。

此外，农业部联合北京市政府成功举办2014年世界种子大会，展示我国种业发展成就，促进国际合作交流。农民日报、种子协会等联合开展种业十大功勋人物推评活动，弘扬种业精神，为种业改革发展营造了良好氛围。

深化农村金融改革

（一）政策背景与主要内容 2014年中央1号文件对农村金融改革作出明确要求：

1. 强化金融机构服务“三农”职责。稳定大中型商业银行的县域网点，扩展乡镇服务网络，根据自身业务结构和特点，建立适应“三农”需要的专门机构和独立运营机制。强化商业金融对“三农”和县域小微企业的服务能力，扩大县域分支机构业务授权，不断提高存贷比和涉农贷款比例，将涉农信贷投放情况纳入信贷政策导向效果评估和综合考评体系。稳步扩大农业银行“三农”金融事业部改革试点。鼓励邮政储蓄银行拓展农村金融业务。支持农业发展银行开展农业开发和农村基础设施建设中长期贷款业务，建立差别监管体制。增强农村信用社支农服务功能，保持县域法人地位长期稳定。积极发展村镇银行，逐步实现县市全覆盖，符合条件的适当调整主发起行与其他股东的持股比例。支持由社会资本发起设立服务“三农”的县域中小型银行和金融租赁公司。对小额贷款公司，要拓宽融资渠道，完善管理政策，加快接入征信系统，发挥支农支小作用。支持符合条件的农业企业在主板、创业板发行上市，督促上市农业企业改善治理结构，引导暂不具备上市条件的高成长性、创新型农业企业到全国中小企股份转让系统进行股权公开挂牌与转让，推动证券期货经营机构开发适合“三农”的个性化产品。

2. 发展新型农村合作金融组织。在管理民主、运行规范、带动力强的农民合作社和供销合作社基础上，培育发展农村合作金融，不断丰富农村地区金融机构类型。坚持社员制、封闭性原则，在不对外吸储放贷、不支付固定回报的前提下，推动社区性农村资金互助组织发展。完善地方农村金融管理体制，明确地方政府对新型农村合作金融监管职责，鼓励地方建立风险补偿基金，有效防范金融风险。适时制定农村合作金融发展管理办法。

3. 加大农业保险支持力度。提高中央、省级财政对主要粮食作物保险的保费补贴比例，逐步减少或取消产粮大县县级保费补贴，不断提高稻谷、小麦、玉米三大粮食品种保险的覆盖面和风险保障水平。鼓励保险机构开展特色优势农产品保险，有条件的地方提供保费补贴，中央财政通过以奖代补等方式予以支持。扩大畜产品及森林保险范围和覆盖区域。鼓励开展多种形式的互助合作保险。规范农业保险大灾风险准备金管理，加快建立财政支持的农业保险大灾风险分散机制。探索开办涉农金融领域的贷款保证保险和信用保险等业务。

（二）政策执行情况及效果评价 截至2014年年底，全国金融机构全口径涉农贷款余额23.6万亿元，当年新增3.0万亿元，同比增长13.0%，继续保持涉农信贷投入持续增长的趋势。

1. 农村金融扶持力度不断加大。一是货币信贷政策。第一，差别化存款准备金政策。2014年以来，人民银行两次实施“定向降准”，分别下调县域农村商业银行和农村合作银行存款准备金率2个和0.5个百分点，对符合审慎经营要求且“三农”或小微企业贷款达到一定比例的商业银行下调人民币存款准备金率0.5个百分点。第二，对农村金融机构的支农再贷款支持力度进一步加大。调整信贷政策支持再贷款发放条件，下调支农、支小再贷款利率0.25个百分点、0.4个百分点，2014年12月末全国支农再贷款余额2 154亿元，比上年同期增加470亿元，该年累计发放3 102亿元。第三，继续发挥再贴现引导优化信贷结构的功能。2014年12月末，再贴现余额为1 372亿元，比上年同期增加235亿元，该年累计发放3 858亿元。二是财政税收政策。第一，县域金融机构涉农贷款增量奖励力度加大。截至2014年年底，中央财政累计向试点地区1.74万农户次县域金融机构和小额贷款公司拨付奖励资金115.34亿元，其中2014年中央财政拨付奖励资金26.03亿元，比上年增长24.5%。第二，农村金融机构定向费用补贴力度加大。截至2014年年底，中央财政累计向5 062户次农村金融机构拨付补贴资金103.45亿元，其中2014年中央财政拨付补贴资金26.19亿元。第三，继续实施农村金融税收优惠政策。2014年12月，国务院常务会议决定，将以下两项已经执行到期的税收优惠政策延长至2016年12月31日：对金融机构农户小额贷款的利息收入免征营业税，并在计算所得税应纳税所得额时，按90%计入收入总额；对保险公司为种植业、养殖业提供保险业务取得的保费收入，在计算应税所得额时，按90%计入收入总额，并对县域农村金融机构的金融保险业收入减按3%的税率征收营业税。同时，将享受税收优惠政策的农户小额贷款限额，从5万元提高到10万元。第四，农业保险保费补贴力度加大。目前，中央、省级、市县财政分别提供了30%～50%、25%～30%、10%～15%的保费补贴，各级财政合计保费补贴比例达到75%左右。地方特色优势农产品主要由地方给予保费补贴。截至2014年年末，中央财政累计拨付保费补贴资金632.7亿元，其中2014年拨付144.52亿元，是2007年的6倍多，年均增长31%。三是加强评估完善正向激励机制。第一，继续实施信贷政策导向评估。人民银行发布了《关于做好2013年度涉农和小微企业信贷政策导向效果评估有关事项的通知》（银办发〔2014〕36号），积极完善各项指标评分标准，加强对评估结果的综合运用，推动评估结果与再贷款、再贴现、同业拆借准入和限额调整、债券市场备案等有效结合。第二，加强对县域法人金融机构将新增存款一定比例用于当地贷款的考核，对新增存款投放当地达到标准的县域法人金融机构执行较低的存款准备金率，并适当给予优惠利率的支农再贷款支持。同时，加强对农村信用社改革进展情况的动态监测，充分发挥支农再贷款、再贴现等政策工具的激励作用，促进农村信用社改善农村金融服务。

2. 农村金融机构改革不断深化。一是推进中国农业银行“三农金融事业部”改革。2013年11月底在原有12个省（自治区、直辖市）试点的基础上扩大到全国19个省（自治区、直辖市）。目前，农业银行县域72%的机构、79%的人员、83%的存款和85%的贷款已纳入试点范围。截至2014年12月末，19个试点省（自治区、直辖市）县事业部贷款余额2.26万亿元，比年初增加2 340亿元，增幅11.55%，高于试点分行整体贷款增幅0.96个百分点。二是推进中国农业发展银行改革。2014年国务院第63次常务会议已原则同意农业发展银行改革实施总体方案，进一步强化政策性职能，在农村金融体系中切实发挥出主体和骨干作用。三是培育和发展新型农村金融组织。截至2014年年末，全国共发起设立1 296家新型农村金融机构，其中村镇银行1 233家（已开业1 153家、筹建80家），贷款公司14家（已开业14家），农村资金互助社49家；累计吸引各类资本893亿元，存款余额5 826亿元，各项贷款余额4 896亿元，其中小微企业贷款余额2 412亿元，农户贷款余额2 137亿元，两者合计占各项贷款余额的92.9%。同时，小额贷款公司业务规模不断扩大。截至2014年年末，纳入人民银行统计体系的小额贷款公司8 791家，从业人员11万人，贷款余额9 420亿元，同比增长15%。四是发展新型农村金融合作组织。目前开展农村信用互助的机构和组织主要有四类。

第一，银监会批准设立的农村资金互助社。截至2014年3月末，全国共组建农村资金互助社49家，服务社员3.6万人，存款余额16.4亿元，贷款余额13.1亿元。第二，扶贫办牵头批设的贫困村互助基金试点。截至2014年3月末，全国共成立扶贫互助社20 700家，参与社员191.4万人，筹资余额49.6亿元，放款余额18.1亿元。第三，开展信用合作的农民专业合作社。截至2014年3月末，开办信用合作的农民专业合作社2 159家，参与社员19.9万人，累计筹资36.9亿元，累计放款42.4亿元。第四，供销社内部融资平台。截至2014年3月末，开展资金互助的供销社341家，参与社员15.1万人，筹资余额26.7亿元，放款余额19.2亿元。

3. 农村金融产品不断创新。一是加大新型农业经营主体的金融支持。2014年人民银行出台《关于做好家庭农场等新型农业经营主体金融服务的指导意见》（银发〔2014〕42号），重点加大对新型农业经营主体购买农业生产资料、受让土地承包经营权、从事农业基础设施建设维修等农业生产的信贷支持。积极开展“主办行”制度，指导农业发展银行、农业银行、邮政储蓄银行和农村信用社等涉农金融机构在农业重点县各支持至少一家新型农业经营主体。二是创新抵押担保方式。进一步健全完善林权抵押登记系统，扩大林权抵押贷款规模。不断推广以农业机械设备、运输工具、水域滩涂养殖权等为标的的新型抵押担保方式。稳步推进承包地经营权、农户住房财产权抵押融资试点。启动了粮食生产规模经营主体营销贷款试点。

4. 农业保险市场发展迅速。一是农业保险覆盖面不断扩大。2014年，我国农业保险保费收入325.70亿元，同比增长6.2%；提供风险保障1.66万亿元，同比增长19.7%；参保农户2.47亿户次，同比上升15.71%。目前，农业保险在开办区域上已覆盖全国所有省（区、市）。2014年农业保险主要农作物承保面积达到1.01亿公顷，约占全国播种面积的61.6%，其中，水稻、玉米、小麦三大口粮作物的保险覆盖率分别达到68.7%、69.5%和49.3%。二是服务水平不断提高。全国共建立农业保险乡（镇）级服务站2.3万个，村级服务点28万个，覆盖全国48%的行政村，协保员近40万人。三是目标价格保险试点范围进一步扩大。在黑龙江、河北、湖南、河南分别启动水稻、玉米、小麦目标价格保险试点，生猪价格保险试点从北京扩大到四川、重庆和湖南等省，蔬菜价格保险试点从上海扩大到江苏、广大、山东、宁夏等省（自治区）。气象指数保险、水文指数保险等创新型产品也不断涌现。小额贷款保证保险业务得到较快发展。

5. 涉农直接融资稳步推进。在银行间市场，截至2014年年末，218家涉农企业（包括农林牧渔业、农产品加工业）发行782只、7 233.39亿元债务融资工具，期末余额2 953.58亿元。在证券交易所，2013—2014年，首发上市的农业企业有3家，融资17.3亿元；农业类上市公司再融资20家，融资250.6亿元。截至2014年年末，共有66家涉农非上市公众公司在全国股份转让系统挂牌，其中2014年新增公司55家，5家公司共发行股份4 556.9万股，共募集资金12 511.45万元。2014年，共3家涉农企业发行公司债券融资18亿元，共28家涉农企业发行中小企业私募债券融资53.26亿元，1只涉农小额贷款资产支持专项计划成功设立，融资5亿元。在期货市场，2014年，商品期货交易所新增挂牌品种包括晚籼稻和玉米淀粉。另外，根据基金业协会登记备案数据，截至2014年第三季度末，各类私募基金投资农林牧渔等涉农行业投资余额172亿元。

农产品市场调控

2014年，我国农产品市场调控进一步完善，价格对农业生产和农民增收的激励作用得到更加充分的发挥。

（一）继续出台最低收购价政策 为确保口粮安全，国家继续在粮食主产区实行小麦、稻谷最低收购价政策。其中，小麦最低收购价于2013年10月公布，主产区2014年生产的小麦（三等，下同）最低收购价为每50千克118元，比上年提高6元。稻谷最低收购价于2014年2月发布，主产区2014年生产的早籼稻、中晚籼稻和粳稻最低收购价分别为每50千克135元、138元和155元，比上年分别提高3元、3元、5元。在小麦、稻谷上市旺季，主产区最低收购价政策陆续启动，有效防止了农民“卖粮难”。在2014年秋冬种前，国家又公布了2015年小麦最低收购价，价格水平保持不变，给了农民稳定的预期。

（二）适时启动玉米、油菜籽、食糖临时收储政策 为保护农民利益，2014年国家继续在主产区实行玉米、油菜籽临时收储政策。其中，玉米临储价每50千克黑龙江111元，吉林112元，内蒙古、辽宁113元。油菜籽临时收储价格为每50千克255元。针对黑龙江省生霉粒超标玉米销售的问题，国家出台《关于做好东北等部分地区生霉粒超标玉米收购工作的通知》，明确了生霉粒超过5%玉米的收购工作，保护了农民利益。出台以财政贴息的方式支持制糖企业收储300万吨食糖的政策，保护蔗农生产积极性。

（三）开展棉花、大豆目标价格补贴试点 为了完善农产品价格形成机制，按照2014年中央1号文件要求和国务院部署，2014年4月，国家发改委、财政部、农业部联合下发了《关于发布2014年棉花目标价格的通知》，决定启动新疆棉花目标价格改革试点。经国务院批准，2014年棉花目标价格为每吨19 800元。5月，经国务院批准，国家发展改革委、财政部、农业部联合发布通知，决定在东北和内蒙古启动大豆目标价格改革试点，2014年大豆目标价格为每吨4 800元。实行棉花和大豆目标价格政策后，取消棉花和大豆临时收储政策，生产者按市场价格出售棉花和大豆。当市场价格低于目标价格时，国家根据目标价格与市场价格的差价和种植面积、产量或销售量等因素，对试点地区生产者给予补贴；当市场价格高于目标价格时，国家不发放补贴。具体补贴发放办法由试点地区制定并向社会公布。

（四）着力解决粮食收储仓容紧张问题 针对东北和湖南、江西等地粮食仓容紧张问题，农业部配合发改委、财政部、粮食局等部门，研究腾仓拍卖、轮库串换、扩建仓容、进出口调控等政策，并组织专家赴湖南等地开展实地调研，形成关于粮食产销格局的基本判断和促进粮食流通体制改革的意见，有效确保早稻、秋粮上市后顺利收购入库。

（五）健全重要农产品市场分析预警机制 建立农产品市场监测预警机制是世界上许多国家和国际组织引导农业生产、服务市场调控、支撑现代农业发展的重要工具。2014年，农业部继续加强农业信息监测预警和信息发布服务。一是定期开展水稻、小麦、玉米、猪肉等18个重点品种的月度、季度、年度会商，提高形势分析研判的质量，按时编发《农产品供需形势分析月报》，为领导决策提供重要参考。二是在农产品价格异动时候赴产销区调研，引导生产平稳运行。针对猪肉、羊肉价格持续下跌颓势赴主产区调研，在早籼稻、大豆、玉米集中上市季节和小麦播种季节赴主产省调研，研判市场形势，稳定市场预期。

（六）组织召开中国农业展望大会 为进一步强化农业信息监测预警体系建设、引导农产品市场健康运行，组织中国农科院信息所等单位于4月20—21日召开了2014中国农业展望大会，发布了《中国农业展望报告（2014—2023)》，首次以科学的分析模型和方法，对我国主要农产品中长期供需形势进行了预测。展望报告认为，未来十年中国农业将保持稳定发展态势，消费增长速度略快于生产增速，但中国人的饭碗将仍然牢牢端在自己手中，能够满足2020年全面建成小康社会的农产品需求。

专栏14

农产品目标价格改革试点

按照党的十八届三中全会和中央1号文件关于完善农产品价格形成机制的部署要求，2014年国家全面取消棉花、大豆临时收储政策，实行棉花、大豆目标价格改革，探索推进农产品价格形成机制与政府补贴脱钩的改革，目标是在保障农民利益的前提下充分发挥市场在资源配置中的决定性作用。

（一）目标价格改革试点主要内容

一是在全国范围内取消棉花、大豆临时收储政策。政府不干预市场价格，价格由市场决定，生产者按市场价格出售棉花、大豆。二是对新疆棉花、东北和内蒙古大豆实行目标价格补贴。种植前公布棉花、大豆目标价格。目标价格制定要综合考虑种植成本、国际价格、财政支出和WTO相关规则等因素。当市场价格低于目标价格时，国家根据目标价格与采价期内采价点平均市场价格的差价对试点地区生产者给予补贴；当市场价格高于目标价格时，不发放补贴。三是完善补贴方式，目标价格补贴额与种植面积、产量或销售量挂钩。

（二）农业部开展的主要工作

农业部认真贯彻落实党中央、国务院和部党组的部署要求，超前研究、主动承担、积极作为，重点围绕目标价格设定、市场价格确定、补贴落实到户、防止“卖难”四个关键问题，从改革决策、设计、执行、评估全程深度参与。一是积极参与改革方案设计。组织有关方面就改革操作细节进行深入研究，配合发改、财政等部门逐一制定和审定相关方案，推动完善了改革试点政策和操作设计。二是积极参与目标价格测算。充分发挥农业部农业生产成本收益调查系统的优势，立足保障棉农、豆农基本收益，与新疆、黑龙江、吉林、辽宁、内蒙古密切沟通，与发改、财政等部门共同研究，以前三年平均利润作为目标价格测算依据，并考虑到物价上涨及农业生产成本逐年递增的实际，配合发改、财政等部门合理制定棉花、大豆目标价格。三是主动参与市场价格监测。积极参与制定《棉花大豆目标价格改革市场价格监测方案》。充分发挥农业部农产品价格监测系统优势，加入国家棉花、大豆目标价格监测体系，组织采价员开展多次专题培训，在新疆设置棉花价格监测点126个，每日下午三点前报送数据；在东北三省和内蒙古设置大豆价格监测点82个，每周两次上报数据。为最终确定棉花、大豆市场监测价格提供了有力依据。四是推动出台相关调控措施。推动出台了《棉花目标价格改革应急工作方案》和有关关键性调控措施；积极参与协调骨干企业带头收购籽棉等保障农民顺利售棉的配套措施，并参与研究确定了对内地棉区的补贴标准，有效弥补了内地棉农损失。五是深入开展督导和调研。主动承担新疆伊犁州、昌吉州和兵团六师、八师及内蒙古自治区改革试点督导调研任务，密切关注政策执行中存在的问题及农民群众的诉求，紧盯棉花、大豆产销情况进行分析会商，有效推动了相关措施的出台，全年没有发生大面积、长时间"卖棉难"。六是牵头组织试点政策评估。主动承担目标价格改革试点评估工作，组织开展多次专题调研并发放调查问卷。多次召开专题会议，建立了部省联动配合、专家第三方独立评估的工作机制，形成了《棉花目标价格改革试点评估报告》《大豆目标价格改革试点评估报告》，为完善改革方案和政策操作提供了依据。

（三）棉花目标价格改革试点基本情况

2014年4月，国家发改委、财政部、农业部联合发布了2014年棉花目标价格水平为19 800元/吨。2014年9月，国家发改委、财政部下发《新疆棉花目标价格改革试点工作实施方案》，明确了补贴发放对象、申报程序、认定标准、价格监测、资金发放方法和相关配套措施。试点方案规定：一是棉花目标价格补贴的发放，将按照核实确认的棉花实际种植面积和籽棉交售量相结合的方式进行，中央补贴资金的60%按面积补贴，40%按实际籽棉交售量补贴，特种棉按1.3倍标准执行；二是目标价格补贴对象为全区棉花实际种植者，包括基本农户（含村集体机动土地承包户）和地方国有农场、司法农场、部队农场、非农公司、种植大户等棉花生产者；三是市场价格监测按照全省（区）平均价格水平核定，不是单个农户的实际出售价格；四是制定了预防"转圈棉"、禁止收购疆外籽棉、杜绝虚报多报补贴面积、保障收棉资金拨付等措施。

新疆的补贴发放分两个阶段，一是当年12月前，国家测算补贴资金总额，分别拨付给自治区和生产建设兵团；二是次年2月底前，自治区和兵团按程序分别将面积和产量补贴资金逐级拨付，最终兑付基本农户和农业生产经营单位。采价期结束，中央财政按照新疆棉花统计产量和采价期监测价格与目标价格水平差额为标准，共向自治区和兵团拨付目标价格补贴资金240亿元。

（四）大豆目标价格改革试点基本情况

2014年5月，发改委、财政部、农业部联合发布东北三省和内蒙古大豆目标价格水平为4 800元/吨。2014年12月2日，国务院批复《大豆目标价格改革试点工作实施方案》，明确了补贴发放对象、申报程序、认定标准、价格监测、资金发放方法和相关配套措施。黑龙江、吉林、辽宁、内蒙古四省区随后制定了各省《大豆目标价格改革宣传提纲》，印发了《大豆目标价格改革宣传册》，采取多种方式向广大农民开展政策宣传工作。2015年4月底，中央财政按照各省价差及国家统计局统计的2014年东北三省和内蒙古大豆产量，测算了各省区的补贴总额为32.5亿元，其中，内蒙古5亿元、辽宁1 800万元、吉林1.8亿元、黑龙江25.6亿元。

基层农业技术推广体系改革与建设

为深入贯彻落实《中华人民共和国农业技术推广法》和中央有关文件精神，加快推进基层农技推广体系改革与建设工作，2014年中央财政投入26亿元，在全国31个省（自治区、直辖市）、3个计划单列市、2个农业部直属垦区和新疆生产建设兵团共37个省级单位支持基层农技推广机构开展科技服务工作。2014年，全国共组织15 600余名农业科技专家参与农技推广工作，遴选了187 214名农业技术指导员，建设了6 970个农业科技试验示范基地，培育了1 841 941个科技示范户，辐射带动了2 350万个周边农户，培训基层农技人员、种养大户、普通农民492万人次，在2 200个县建设了农业科技网络书屋24万个，共发布3 909个（次）主导品种和3 176项（次）主推技术，使主导品种和主推技术的入户率和到位率达到95%以上，为促进国家粮食丰收和农民增收作出了重要贡献。

（一）主要做法

1. 加强组织管理。各省农业厅加强基层农技推广体系建设指导力度，统一协调种植、畜牧、水产、农机等行业，做到项目实施、人员培训、资金使用、信息上报、督查通报、考核奖惩“六统一”，形成工作合力，促进农技推广工作均衡全面开展。各基层县市坚持以农技人员的入户服务率及主导品种、主推技术应用到位率和农民满意度为主要考核指标，对农技人员的岗位目标和推广实绩进行量化考核，确定下年度续聘资格，并将考核结果与职称评聘、晋级全面挂钩。各县级农业部门统一印制、配发农技人员、科技示范户手册、服务胸牌、科技示范户门牌，制作试验示范基地标牌，绘制本县（市、区）主导产业及包村联户服务分布图，进一步规范了农技推广体系的日常管理。

2. 强化队伍建设。各省把强化农技推广队伍建设作为推进农技推广工作高效开展的重要工作，积极采取综合措施抓实做好。安徽省在抓好农技人员编制落实的同时，启动实施了农技推广服务特岗计划，省农委联合省人社厅、教育厅、科技厅下发了《关于实施农业技术推广服务特设岗位计划意见》，将特岗计划纳入“三支一扶”工作中的支农岗位项目计划。江西省实施以基层农技人员定向培养为主的农技推广特岗计划，2014年全省招录337名立志献身“三农”、服务本土的人员到农业高职学院接受大专学历教育，毕业后返回本县乡镇从事农业技术推广服务工作，有效解决当前农技推广后继乏人问题。

3. 充分调动各方积极性。一是积极开展“最美农技员”创建活动。为激励广大农技人员扎根基层，献身农技推广事业，打造一支支撑现代农业发展、加速农业崛起的高素质农技推广队伍，各地积极开展“最美农技员”等评选创建活动。据不完全统计，2014年全国10余个省（自治区、直辖市）共评选出“最美农技员”409人。二是积极开展网络学习竞赛活动。为提高农技人员使用农业科技网络书屋学习积极性，河北、河南、山东、山西、安徽、福建、湖南、广西、内蒙古等9个省（自治区）与中国同方知网公司联合开展了农技问答和农业科技网络书屋竞赛活动，共有24 000余名农技员和农民参与，700余人获奖，同时在全国153个区县对农民和农技员进行了网络农业知识培训，收效显著。

（二）取得成效 通过不断深化基层农技推广体系改革与建设，加快了科技成果转化步伐，推动了农业发展方式转变，使粮食生产不断迈上新台阶，农民收入不断增长。2014年，安徽省水稻科技示范户的平均亩产为607.1千克，比辐射户增产35.9千克，比普通户增产84.1千克。科技示范户每亩水稻纯收入比辐射户增加86.2元，比普通户增加201.84元。小麦科技示范户平均亩产395.5千克，比辐射户增产33.3千克，比普通户增产52.6千克。科技示范户每亩小麦纯收入比辐射户增加75.5元，比普通户增加119.2元。广西区在实施补助项目时，全面开展技术包村联户联社活动，加大了优良新品种的引进试验示范与推广，提高了良种覆盖率。2014年，全区粮食总产1 534.4万吨，比上年增产12.6万吨；水产品总产量332万吨，增长4%；肉类总产量424.2万吨，增长1%。全区农民人均现金收入6 898元，同比名义增长12.1%，增幅比全国平均水平高出0.3个百分点。河南省通过补助项目的实施，使一大批新优品种和先进适用技术得到推广应用，有效提高了技术到位率。西平县充分发挥农技推广区域站的作用，通过集成高标准粮田建设、高产创建、小麦良种繁育、小麦玉米一体化技术推广等项目，实现小麦平均亩产超过630千克，玉米亩产普遍达到600千克。河北省通过补助项目实施，使全省主导品种到位率稳定在97%以上，主推技术到位率稳定在95%以上，有效提高了科技示范户和辐射带动户的种植养殖水平。2014年全省粮食总产336亿千克，蔬菜、肉类、禽蛋、奶类、水产品总产量分别比上年增长5.3%、2.3%、2%、4%、4%，农民人均纯收入连续五年高于城镇居民可支配收入增速。

农村劳动力转移

（一）政策背景及主要内容 2014年，我国经济发展进入新常态，国家全力深化改革开放，努力培育创新动力，国民经济在新常态下保持平稳运行，全国就业形势总体稳定。农民工就业人数继续稳中有增，发展势头良好。为进一步做好新形势下为农民工服务工作，切实解决农民工面临的突出问题，有序推进农民工市民化，国办出台了《国务院关于进一步做好为农民工服务工作的意见》（国发〔2014〕40号），这是继《国务院关于解决农民工问题的若干意见》（国发〔2006〕5号）后，国办关于做好农民工工作出台的又一个指导性文件，这将为农民工群体逐步融入城镇，实现农民工市民化目标打下坚实基础。文件明确要求，新形势下做好以下五方面工作。

1. 着力稳定和扩大农民工就业创业。实施农民工职业技能提升计划。加大农民工职业培训工作力度，对农村转移就业劳动者开展就业技能培训，对农村未升学初高中毕业生开展劳动预备制培训，对在岗农民工开展岗位技能提升培训，对具备中级以上职业技能的农民工开展高技能人才培训，将农民工纳入终身职业培训体系。加快发展农村新成长劳动力职业教育。努力实现未升入普通高中、普通高等院校的农村应届初高中毕业生都能接受职业教育。全面落实中等职业教育农村学生免学费政策和家庭经济困难学生资助政策。加强职业教育教师队伍建设，创新办学模式，提高教育质量。积极推进学历证书、职业资格证书双证书制度。完善和落实促进农民工就业创业的政策。引导农民工有序外出就业、鼓励农民工就地就近转移就业、扶持农民工返乡创业。进一步清理针对农民工就业的户籍限制等歧视性规定，保障城乡劳动者平等就业权利。完善城乡均等的公共就业服务体系，有针对性地为农民工提供政策咨询、职业指导、职业介绍等公共就业服务。

2. 着力维护农民工的劳动保障权益。规范使用农民工的劳动用工管理。指导和督促用人单位与农民工依法普遍签订并履行劳动合同。保障农民工工资报酬权益。在建设领域和其他容易发生欠薪的行业推行工资保证金制度，在有条件的市县探索建立健全欠薪应急周转金制度。落实农民工与城镇职工同工同酬原则。扩大农民工参加城镇社会保险覆盖面。依法将与用人单位建立稳定劳动关系的农民工纳入城镇职工基本养老保险和基本医疗保险，研究完善灵活就业农民工参加基本养老保险政策，灵活就业农民工可以参加当地城镇居民基本医疗保险。完善社会保险关系转移接续政策。努力实现用人单位的农民工全部参加工伤保险，着力解决未参保用人单位的农民工工伤保险待遇保障问题。推动农民工与城镇职工平等参加失业保险、生育保险并平等享受待遇。加强农民工安全生产和职业健康保护。强化高危行业和中小企业一线操作农民工安全生产和职业健康教育培训。重点整治矿山、工程建设等领域农民工工伤多发问题。实施农民工职业病防治和帮扶行动。畅通农民工维权渠道。全面推进劳动保障监察网格化、网络化管理，加强用人单位用工守法诚信管理，依法查处用人单位侵害农民工权益的违法行为。畅通农民工劳动争议仲裁“绿色通道”，建立健全涉及农民工的集体劳动争议调处机制。加强对农民工的法律援助和法律服务工作。

3. 着力推动农民工逐步实现平等享受城镇基本公共服务和在城镇落户。逐步推动农民工平等享受城镇基本公共服务。深化基本公共服务供给制度改革，积极推进城镇基本公共服务由主要对本地户籍人口提供向对常住人口提供转变，努力实现城镇基本公共服务覆盖在城镇常住的农民工及其随迁家属，使其逐步平等享受市民权利。建立农民工综合服务平台，整合各部门公共服务资源，为农民工提供便捷、高效、优质的“一站式”综合服务。保障农民工随迁子女平等接受教育的权利。输入地政府要将符合规定条件的农民工随迁子女教育纳入教育发展规划，合理规划学校布局，科学核定公办学校教师编制，加大公办学校教育经费投入，保障农民工随迁子女平等接受义务教育权利。积极创造条件着力满足农民工随迁子女接受普惠性学前教育的需求。加强农民工医疗卫生和计划生育服务工作。继续实施国家免疫规划，保障农民工适龄随迁子女平等享受预防接种服务。落实“四免一关怀”等相关政策。完善社区卫生计生服务网络，将农民工纳入服务范围。鼓励有条件的地方将符合条件的农民工及其随迁家属纳入当地医疗救助范围。开展流动人口卫生计生动态监测和“关怀关爱”活动。逐步改善农民工居住条件。统筹规划城镇常住人口规模和建设用地面积，将解决农民工住房问题纳入住房发展规划。支持增加中小户型普通商品住房供给，规范房屋租赁市场，积极支持符合条件的农民工购买或租赁商品住房，并按规定享受购房契税和印花税等优惠政策。完善住房保障制度，将符合条件的农民工纳入住房保障实施范围。逐步将在城镇稳定就业的农民工纳入住房公积金制度实施范围。有序推进农民工在城镇落户。进一步推进户籍制度改革，实施差别化落户政策，促进有条件有意愿、在城镇有稳定就业和住所（含租赁）的农民工及其随迁家属在城镇有序落户并依法平等享受城镇公共服务。保障农民工土地承包经营权、宅基地使用权和集体经济收益分配权。做好农村土地承包经营权和宅基地使用权确权登记颁证工作，切实保护农民工土地权益。深化农村集体产权制度改革，探索农村集体经济多种有效实现形式，保障农民工的集体经济组织成员权利。现阶段，不得以退出土地承包经营权、宅基地使用权、集体经济收益分配权作为农民进城落户的条件。

4. 着力促进农民工社会融合。保障农民工依法享有民主政治权利。重视从农民工中发展党员，加强农民工中的党组织建设，健全城乡一体、输入地党组织为主、输出地党组织配合的农民工党员教育管理服务工作制度。积极推荐优秀农民工作为各级党代会、人大、政协的代表、委员，在评选劳动模范、先进工作者和报考公务员等方面与城镇职工同等对待。丰富农民工精神文化生活。把农民工纳入城市公共文化服务体系，继续推动图书馆、文化馆、博物馆等公共文化服务设施向农民工同等免费开放。推进“两看一上”（看报纸、看电视、有条件的能上网）活动。加强对农民工的人文关怀。关心农民工工作、生活和思想状况，加强思想政治工作和科普宣传教育，引导农民工树立社会主义核心价值观。建立健全农村留守儿童、留守妇女和留守老人关爱服务体系。实施“共享蓝天”关爱农村留守儿童行动。继续实施学前教育行动计划，加快发展农村学前教育，着力解决留守儿童入园需求。全面改善贫困地区薄弱学校基本办学条件，落实农村义务教育阶段家庭经济困难寄宿生生活补助政策。全面实施城乡居民基本养老保险制度，建立健全农村老年社会福利和社会救助制度，发挥农村社区综合服务设施关爱留守人员功能。

5. 进一步加强对农民工工作的领导。完善农民工工作协调机制。把农民工工作列入各级人民政府要经济社会发展总体规划和政府目标考核内容，建立健全考核评估机制，落实相关责任。加大农民工公共服务等经费投入。深化公共财政制度改革，建立政府、企业、个人共同参与的农民工市民化成本分担机制和财政转移支付同农民工市民化挂钩机制。各级财政部门要将农民工工作经费纳入公共财政预算支出范围。创新和加强工青妇组织对农民工的服务。积极创新工会组织形式和农民工入会方式，将农民工组织到工会中来。积极从新生代农民工中发展团员。各级工会、共青团、妇联组织要切实履行维护农民工权益的职责，通过开展志愿者活动等方式关心关爱农民工及其子女，努力为农民工提供服务。发挥社会组织服务农民工的积极作用。按照培育发展和管理监督并重的原则，对为农民工服务的社会组织正确引导、给予支持。改进对服务农民工的社会组织的管理，完善扶持政策，通过开展业务培训、组织经验交流、政府购买服务等方式，引导和支持其依法开展服务活动。夯实做好农民工工作的基础性工作。加大投入，建立输入地与输出地相结合、综合统计与部门统计相结合、标准统一、信息共享的农民工统计调查监测体系，做好农民工市民化进程动态监测工作。进一步营造关心关爱农民工的社会氛围。对优秀农民工和农民工工作先进集体及个人按规定进行表彰奖励，努力使尊重农民工、公平对待农民工、让农民工共享经济社会发展成果成为全社会的自觉行动。

（二）政策执行情况 2014年农村劳动力转移规模持续增加，全国农民工总量达到27 395万人，比上年增加501万人，增长1.9%。其中，外出农民工16 821万人，比上年增加211万人，增长1.3%；本地农民工10 574万人，比上年增加290万人，增长2.8%。

1. 就业培训与服务力度不断加大。2014年继续开展以促进农民工就业为主题的“春风行动”，人力资源和社会保障部联合全国总工会和全国妇联共同搭建供需平台，促进转移就业。首次启动实施了面向农村新成长劳动力和拟转移就业劳动者的“春潮行动”，计划每年面向农村新成长劳动力和拟转移就业劳动者开展700万人次政府补贴培训，培训合格率达到90%以上，就业率达到80%以上。这是我国继“阳光工程”后又一次大规模农村劳动力转移培训，全国主要农村劳动力输出省份均已开展实施。

2. 农民工收入水平继续保持增长，工资拖欠问题有所缓解。2014年，全国共有19个省份调整了最低工资标准，平均调增幅度为14.1%。国家统计局调查显示，外出农民工人均月收入达到2 864元，比上年增加255元，增长9.8%。人力资源和社会保障部、公安部等八部委在全国联组织合开展农民工工资支付情况专项检查行动。被拖欠工资的农民工所占比重降至0.8%，比上年下降0.2个百分点。

3. 城乡基本公共服务均等化逐步推进。截至2014年年底，全国随迁子女在公办学校就学比例保持在80%，政府购买的民办学校学位不断增加，2014年达到124.6万个。四川省实施了“农民工住房保障行动”，2014年将全年竣工公租房的30%定向分配给农民工。山东省推进农民工卫生和计划生育服务均等化，为辖区居住6个月以上的农民工建立统一、规范的健康档案。2014年，参加“五险一金”的农民工比例不断提高，参保率分别为：工伤保险26.2%、医疗保险17.6%、养老保险16.7%、失业保险10.5%、生育保险7.8%、住房公积金5.5%，比上年分别提高1.2、0.5、0.5、0.7、0.6和0.5个百分点。外出农民工和本地农民工“五险一金”的参保率均有提高。外出农民工在工伤、医疗、住房公积金方面的参保率高于本地农民工，在养老、失业和生育方面的参保率低于本地农民工。

农业法制建设

2014年，农业部深入贯彻落实党中央、国务院决策部署，紧紧围绕依法兴农、依法护农的目标任务，在完善立法、规范执法、化解矛盾等方面进行了积极探索和努力，取得了显著成效。

（一）加强农业立法 落实国务院关于取消和下放行政审批项目的决定，配合法制办对植物新品种保护条例和兽药管理条例的相关条款进行了修订。推进农药管理条例的修订工作，配合法制办就农药经营许可问题组织开展专家论证和举行立法听证会。推进农作物病虫害防治条例制定工作，在征求中央编办等部门意见的基础上对征求意见稿进行了修改完善。积极配合全国人大农委开展种子法修订工作，围绕非主要农作物品种登记、种质资源库占用审批、执法主体等问题形成论证意见，得到了立法机关的认可。启动渔业法、畜禽屠宰条例等法律法规的制修订工作。

制定出台了饲料质量安全管理规范、进口饲料和饲料添加剂管理办法、渔业船员管理办法等3件农业部规章。贯彻国务院取消和下放行政审批项目的决定，发布了《农业部关于修订部分规章的决定》，对草原征占用审核审批管理办法等5件规章进行了修改。在全面清理的基础上，公布了现行有效的农业部规章和规范性文件目录。

各地农业部门在推动和完善地方立法方面也取得了新进展，制定出台了一批地方性法规规章。如浙江出台了《浙江省活禽交易管理办法》，内蒙古出台了《内蒙古动物防疫条例》，陕西出台了《陕西省果业条例》，天津出台了《天津市农民专业合作社促进条例》，山东出台了《山东省农产品质量安全监督管理规定》。

（二）规范农业执法 为指导各地农业部门加强农业综合执法机构形象建设，方便群众投诉举报和社会监督，农业部按照“简朴、规范、统一”的原则，制定了《农业综合执法规范化建设标识标志应用规范》。落实国务院有关行政处罚案件信息公开的要求，制定下发了《农业行政处罚案件信息公开办法》，要求各级农业部门依法及时公开农业行政处罚案件信息。继续开展农业综合执法示范窗口创建活动，评选出2014年度10个全国农业综合执法示范窗口，展示了农业部门执法为民、服务“三农”良好形象。加大农业执法和服务力度，各级农业综合执法机构全年共查办各类违法案件4.87万件，移送司法机关336件；调处涉农纠纷1.3万起，为农民挽回经济损失15.7亿元，有力维护农业生产经营秩序和农民合法权益。

（三）依法化解涉农纠纷 加强行政复议工作，依法妥善化解涉农行政纠纷。2014年，农业部共办理行政复议案件35件，办案在上一年高增长基础上，再创新高。在案件办理过程中，坚持以人为本，复议为民，充分发挥行政复议解决争议、化解矛盾的主渠道作用，维护行政相对人合法权益。注重发挥行政复议制度对行政行为的监督和规范作用，针对案件办理中发现的问题，制作多份行政复议意见书、建议函，督促有关单位规范行政行为，实现了行政复议效用最大化。深入推进农业普法宣传，湖南省农业厅等3个单位和胡仲明4人等受到全国普法办通报表彰。

2014年

农业发展与国民经济

2014年农业发展与国民经济

总体评价

2014年，面对复杂多变的国际环境和艰巨繁重的国内发展改革稳定任务，党中央、国务院团结带领全国各族人民，牢牢把握国内外发展大势，坚持稳中求进工作总基调，全力推进改革开放，着力创新宏观调控，不断激发市场活力，努力培育创新动力，国民经济在新常态下平稳运行，结构调整出现积极变化，发展质量进一步提高。国内生产总值比上年增长7.4%，城镇新增就业1 322万人，居民消费价格上涨2%，经济运行处于合理区间，经济发展的协调性和可持续性增强。农业农村经济也在高起点上实现稳中有进、稳中提质、稳中增效。农业继续丰收，粮食产量实现“十一连增”。农民增收实现“十一连快”，城乡居民收入差距进一步缩小。农村改革加快推进，东北四省区大豆和新疆棉花目标价格改革试点开始启动，农业经营体系和农村集体产权制度创新进展较快。农村社会事业和公共服务快速发展，农村人居环境持续改善，农村社会和谐稳定。农业丰收、农民增收、农村稳定的良好局面，成为经济工作的突出亮点，为稳增长、调结构、促改革、惠民生的大局提供了有力支撑。

2014年，农业和国民经济关系继续向好的方面变化：一是农业对国家经济发展的产品贡献和市场贡献基本稳定、要素贡献仍然突出，在农民就业增收和农村减贫中依然发挥重要作用，农业基础地位进一步强化。二是中央公共财政农林水支出增速略高于中央一般公共预算收入和支出的增速，农业支持保护体系进一步健全。三是农业劳动生产率提高速度快于工业劳动生产率，工农业发展速度差距缩小，工农业发展进一步协调。四是农村居民收入增速连续5年快于城镇居民，农村居民人均消费支出增速连续4年快于城镇居民，城乡居民收入和消费的相对差距进一步缩小。五是新型城镇化稳步推进，农业转移人口市民化步伐加快，城镇化工业化对农业农村的带动作用进一步增强。

2014年，农业和国民经济关系也出现了一些值得关注的新情况新问题：一是受国内经济下行压力加大、居民消费价格上涨幅度较小、国际农产品价格下跌等因素的影响，农产品生产者价格比上年下降0.2%，对农业增效和农民增收造成不利影响。二是农业拉动国民经济增长的贡献减弱，农业增加值占GDP的比重由上年的10%降为9.2%（图24）。三是农村低收入户人均收入比上年减少3.8%，而农民收入的平均水平比上年提高11.2%，农村内部收入差距继续扩大。四是东北地区的经济发展速度、农业发展速度、农民收入增长速度低于其他地区和全国平均水平，成为区域协调发展的明显短腿。

总之，2014年农业和国民经济关系出现了诸多向好的迹象，两者的关系趋于协调。但农业和国民经济关系中一些长期存在的矛盾依然突出，出现的一些新情况新问题也应该高度重视。这些问题和矛盾，需要通过经济持续健康发展和全面深化改革来加以解决。

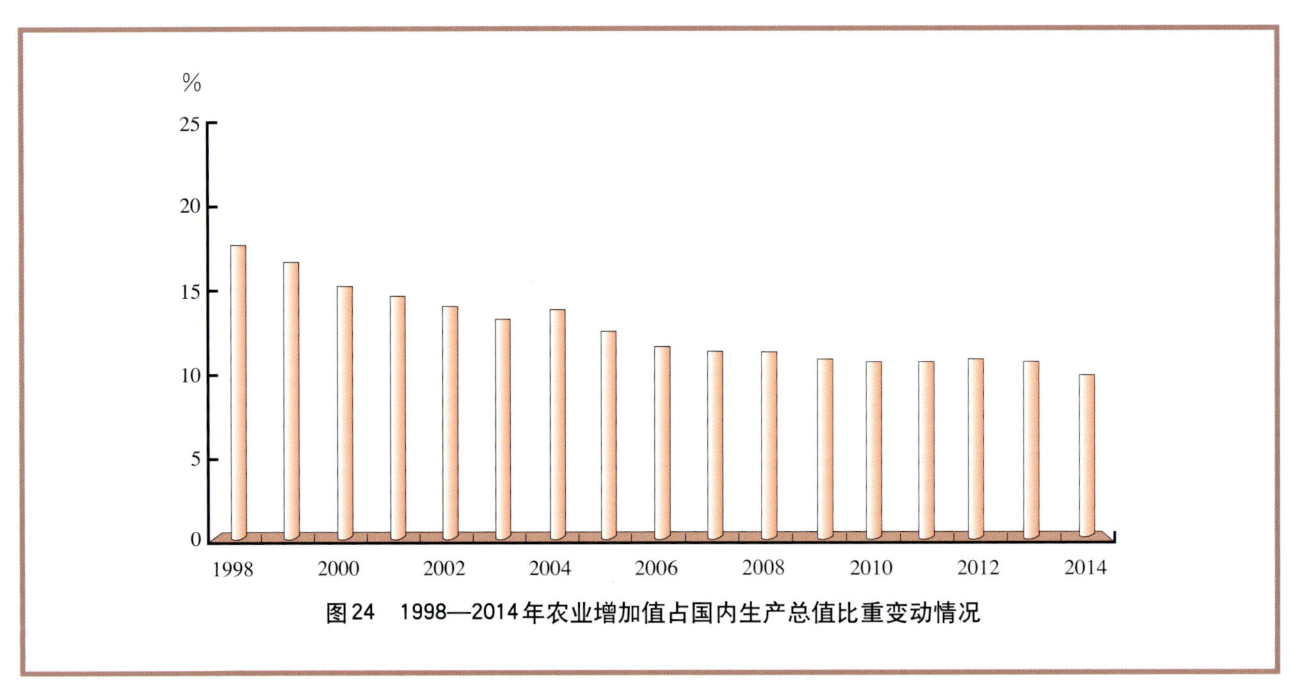

图24　1998—2014年农业增加值占国内生产总值比重变动情况

农业对国民经济的贡献

2014年，我国农业农村经济在高起点上实现稳中有进、稳中提质、稳中增效，农业农村经济发展成效显著。粮食生产实现“十一连增”，农民增收实现“十一连快”，农民收入连续5年超过国内生产总值和城镇居民收入增幅，城乡居民收入比缩小。在经济下行压力加大的背景下，农业农村经济形势好，为新常态下“稳增长、调结构、促改革、惠民生”提供了有力支撑，为稳定经济社会发展大局起到了

"定海神针"的作用。

（一）增长贡献 2014年，面对复杂多变的国际环境和艰巨繁重的国内发展改革稳定任务，党中央、国务院团结带领全国各族人民，牢牢把握国内外发展大势，坚持稳中求进工作总基调，全力推进改革开放，着力创新宏观调控，奋力激发市场活力，努力培育创新动力，国民经济在新常态下平稳运行，结构调整出现积极变化，发展质量不断提高，民生事业持续改善，实现了经济社会持续稳定发展。全年国内生产总值636 463亿元，比上年增长7.4%。粮食总产量达到60 709.9万吨，比上年增加515万吨，增长0.9%。连续2年跨上60 000万吨台阶。全年实现农业增加值58 332亿元，增长4.1%，增速略有上升；农业增加值占国内生产总值的比重为9.2%，比上年下降0.8个百分点，农业增长对国民经济增长的贡献率为6.2%，比上年下降2个百分点。

（二）产品贡献 2014年，国际大宗农产品价格延续上年跌势，国内市场供应总体充足、价格跌多涨少，全国城市食品类商品零售价格比上年上涨3.2%，其中粮食零售价格比上年上涨3.2%，全年城镇居民人均食品消费支出6 000元，占当年生活消费支出的30%，比上年下降了0.1个百分点。

（三）市场贡献 2014年，我国农村居民人均纯收入为9 892元，扣除价格因素实际增长9.2%；2014年乡村消费品零售总额为36 947.9亿元，增长15.6%，占全社会消费品零售总额的比例为13.7%，比上年提高0.3个百分点（图25）。相对于农民收入的增长，2014年农业生产资料价格上升趋势有所减缓，农业生产资料价格总水平比上年下降0.9%，其中化肥价格下降5.8%，农用机油价格下降1.8%，饲料价格上涨2.0%，农药及农药械价格上涨1.2%，农机价格上涨0.6%。

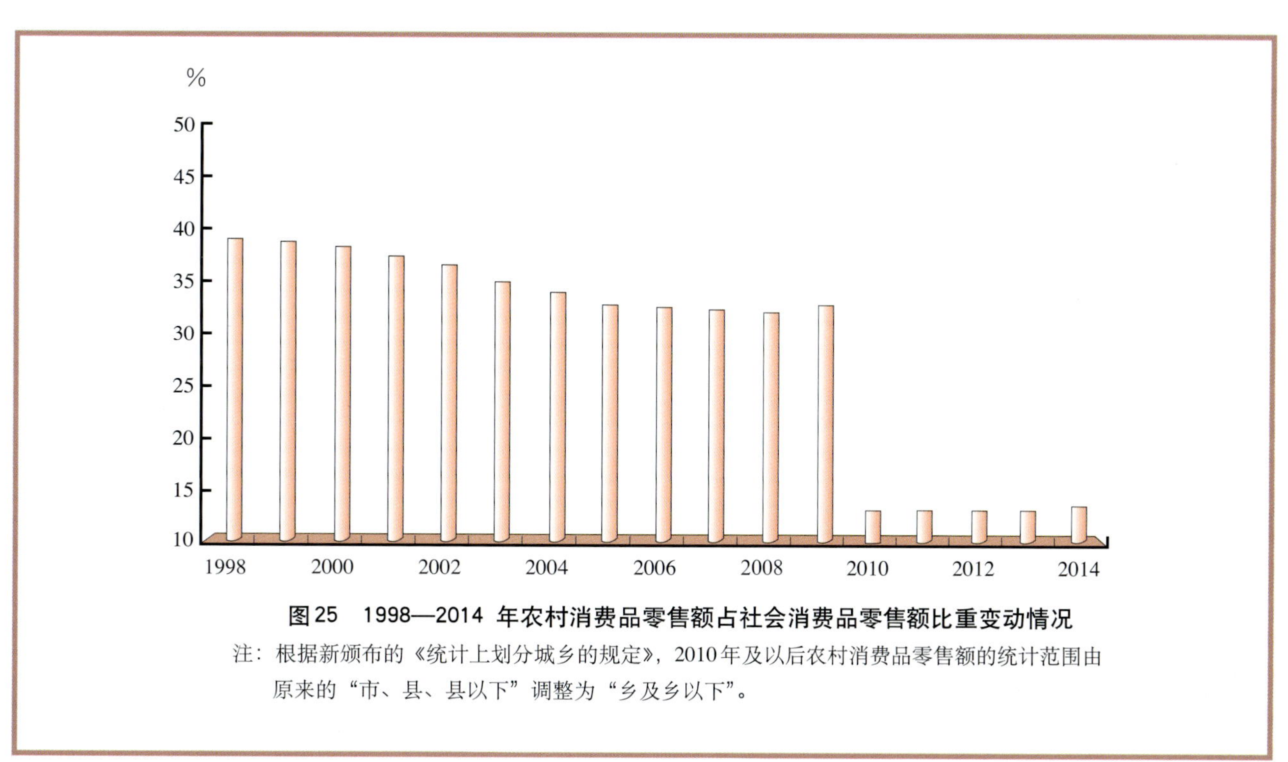

图25 1998—2014年农村消费品零售额占社会消费品零售额比重变动情况

注：根据新颁布的《统计上划分城乡的规定》，2010年及以后农村消费品零售额的统计范围由原来的"市、县、县以下"调整为"乡及乡以下"。

（四）外汇贡献 2014年，我国对外贸易全年实现进出口总额43 030亿美元，比上年增长2.3%。其中，出口23 428亿美元，增长4.9%；进口19 603亿美元，下降0.6%。贸易顺差3 825亿美元，增加1 235亿美元，同比扩大48%。在农产品贸易方面，2014年我国农产品进出口额1 945亿美元，同比增长4.2%。其中，出口720亿美元，同比增长6.1%；进口1 225亿美元，同比增长3.1%；贸易逆差506亿美元，同比减0.9%。农产品进出口额在全国进出口总额中所占比重为4.5%，与上年持平。其中，农产品出口总值占全部出口总值的3.1%，与上年持平；农产品进口总值占全部进口总值的6.2%，比上年上升了0.1个百分点。

农业与国民收入分配

在2014年的国内生产总值中，农业的比重为9.2%，比上年降低0.8个百分点，第二产业在国内生产总值中占的比重为42.6%，比上年下降了1.1个百分点，第三产业在国内生产总值中占的比重为48.2%，比上年提高了1.3个百分点。

（一）农业对农民人均纯收入增长的贡献继续下降，农民收入总量在国内生产总值中所占的比重有所上升 2014年，农村居民可支配收入为10 488.9元，比上年增长11.2%。在农村居民可支配收入中，工资性收入为4 152.2元，占农村居民可支配收入的比重是39.6%；经营净收入为4 237.4元，比上年提高7.7%，占农村居民可支配收入的比重是40.4%；财产净收入为222.1元，比上年提高14.1%，占农村居民可支配收入的比重是2.1%；转移净收入为1 877.2元，比上年提高13.9%，占农村居民可支配收入的比重是17.9%（图26）。

2014年，全国乡村人口为61 866万人，全国农民可支配收入总量为64 890.6亿元，占当年国内生产总值的比重是10.2%，比上年提高0.4个百分点。2014年城镇居民人均可支配收入为28 843.9元，比上年增长7.0%，增幅下降2.7个百分点，当年城镇居民人口为74 916万人，全国城镇居民可支配收入总量达到216 087.0亿元，占国内生产总值的比重是34%，比上年下降0.6个百分点。

2014年，城镇居民可支配收入是农村居民可支配收入的2.75倍，在收入增长速度上，农村居民继续快于城镇居民，但我国城乡居民收入差距仍然很大。

（二）国家继续加大强农惠农政策力度，农村公共产品供给和服务水平进一步提高 2014年，全社会固定资产投资总额为512 760.7亿元，比上年提高14.7%，增长幅度比上年下降了4.6个百分点，全社会固定资产投资占国内生产总值的比重为80.6%，投资率比上年提高2.0个百分点，全社会固定资产投资增长率高于国内生产总值增长率2.8个百分点，投资率增幅下降。在全社会固定资产投资中，农、林、牧、渔业投资额为14 697.0亿元，比上年增长31.3%，占全国固定资产投资的比重为2.9%。

2014年，国家继续加大强农惠农富农政策力度，全国财政农林水支出执行数的同口径调整数为14 001.7亿元，其中，中央财政农林水支出6 474.2亿元。2014年，我国农业综合生产能力稳步提高，农业科技和机械化水平持续提升，重大水利工程建设进度加快，新增节水灌溉面积223万公顷，新建改建农村公路23万公里。新一轮退耕还林还草启动实施。农村土地确权登记颁证有序进行，农业新型经营主体加快成长。农村贫困人口减少1 232万人；6 600多万农村人口饮水安全问题得到解决。农网改造稳步进行。贫困地区义务教育薄弱学校建设得到加强，家庭经济困难学生资助水平提高，国家助学贷款资助标准大幅上调。28个省份实现农民工随迁子女在流入地参加高考。贫困地区农村学生上重点高校人数连续两年增长10%以上。城乡居民大病保险试点扩大到所有省份，疾病应急救助制度基本建立，全民医保覆盖面超过95%。基层医疗卫生机构综合改革深化，县乡村服务网络逐步完善。公立医院改革试点县市达到1 300多个。广播电视“村村通”工程向“户户通”升级。

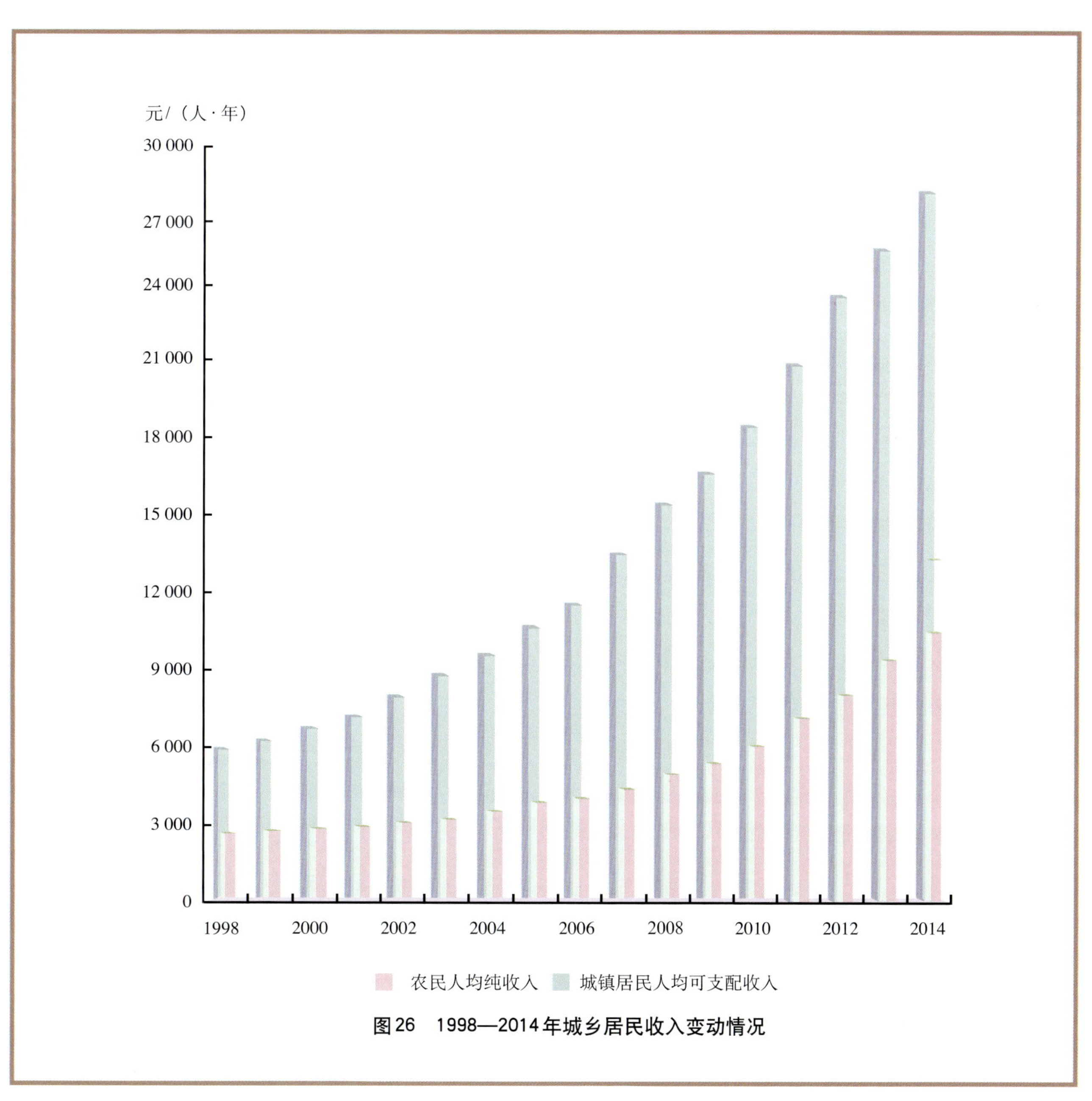

图26　1998—2014年城乡居民收入变动情况

工农业发展比例关系

（一）工农业发展比例关系 2014年，工业增加值达到227 991亿元，比上年增长7.0%，增速下降0.6个百分点；农业增加值58 332亿元，比上年增长4.1%，增速提高0.1个百分点。

（二）对工农业发展关系的评价 2014年的工农业发展比例关系显示，工业增加值增速高于农业增加值增速，但增速下降，而农业增加值增速要比上年略高。2014年，我国规模以上工业增加值增速8.3%，比上年放缓，增速下降1.4个百分点；全国规模以上工业企业实现利润64 715亿元，比上年下降5.4%，增速比上年下降15.8个百分点。整体上看，宏观经济形势不容乐观。在我国工农业之间均衡增长和良性循环的机制正在逐步建立的过程中，经济增长速度下滑、宏观经济出现波动将不利于工农业发展形成良性互动的关系，但也更凸显农业在国民经济中的基础性地位。在我国城乡差距现象依然存在的情况下，不断提高农业、农村在资源配置和国民收入分配中的地位，努力建立农业农村投入持续增长的长效机制，是关系宏观经济稳定发展和经济社会长远发展的重要举措。

城乡居民收入差异

2014年，农村居民收入增速快于城镇居民，城乡居民收入相对差距连续第5年缩小，但绝对差距还在扩大。

（一）农村居民收入增速快于城镇居民 按常住地分，2014年，全国农村居民人均可支配收入比上年实际增长9.2%；城镇居民人均可支配收入比上年实际增长6.8%。全年农村居民人均可支配收入实际增速快于城镇居民人均可支配收入2.4个百分点。

（二）城乡居民收入增长的主要原因 2014年，影响城镇居民收入增长的主要因素有：①经济持续发展，工资改革进一步推进，工薪收入继续增长。但经济发展速度减缓，企业运行存在较多困难，盈利水平下滑，从业人员工资和奖金收入大幅增长动力不足。另外，政府部门、企事业单位津补贴、福利待遇等进一步规范，这部分收入增长空间受限。全年城镇居民人均工薪收入17 937元，比上年增长7.9%。②国家继续支持私营、个体经济发展，特别是为大学生创业、失业人员再就业、无业人员从事个体经营等创造良好的经营环境，提供优惠政策。同时，微商、电商等新经济模式的崛起，自由职业者增长迅速，在一定程度上促进了经营收入的提高。全年城镇居民人均经营净收入3 279元，比上年增长10.2%。③国家继续出台加大转移支付力度政策，提高企业离退休人员基本养老金水平，建立大病保险制度，上调居民最低生活保障救济和补助标准等，转移性收入快速增长。城镇居民人均转移性收入4 816元，比上年增长11.4%。④财产性收入增长加快。城镇居民人均财产性收入2 812元，比上年增长10.2%，主要是下半年股市行情好转，投资收益提高。

影响农村居民收入增长的主要原因素有：①家庭经营净收入较快增长。2014年农村居民人均家庭经营净收入4 237元，增长7.7%，对农民全年增收的贡献率为28.6%，拉动人均可支配收入增长3.2个百分点。其中人均第一产业经营净收入比上年增长5.6%，增速比上年提高1.7个百分点，其原因主要是种植业产品价格和粮食产量总体有所上升，水果、蔬菜、药材等生产情况较好。②工资性收入继续增长，但增速放缓。农村居民人均工资性收入4 152元，增长13.7%。工资性收入对全年农民增收的贡献率为47.0%，拉动人均纯收入增长5.6个百分点。农村居民工资性收入增长的主要原因，一是农民工人数继续保持增长，二是大多数省份在2014年上调了最低工资标准和企业工资指导线。但部分地区压缩过剩产能，调节产业结构，影响了部分人员工资增速。③财产性收入继续增长。农村居民人均财产净收入222元，增长14.1%，主要原因是土地流转和规模经营增长较快，农村居民转让承包土地经营权租金收入增长。④转移性收入保持较快增长。农村居民人均转移性收入1 877元，增长13.9%，主要由于各地陆续提高农村低保、农村基本养老社保标准，提高新农合报销标准，进一步加大强农惠农政策力度。

2014年，全国居民消费价格总水平比上年提高2.0%。其中农村上涨1.8%，农村物价上涨幅度低于城镇和全国平均水平。消费价格水平变化对城乡居民收入增长差异的影响继续存在。

（三）城乡居民收入差距问题依然突出 2014年，农村居民收入实际增长速度连续第5年超过城镇居民，城乡居民收入相对差距继续缩小。按新口径计算，城乡居民人均可支配收入比为2.75 : 1，比上年缩小0.06。但城乡居民收入不平衡的问题依然突出，主要表现在城乡居民收入的绝对差距继续扩大，由上年的17 037元继续扩大到18 355元。

城乡居民收入增长的稳定性和持续性仍然存在较大差异。城镇居民收入增长在很大程度上依靠国家政策性因素的推动，具有较强的连续性和稳定性。农村居民收入增长受到宏观经济因素和自然因素的双重制约，虽然国家支持“三农”发展、改善城乡居民收入分配政策逐步强化，但新常态下的农业农村生产和发展，将面临着更加复杂和严峻的形势，加上农业生产成本居高不下，农产品价格波动加大，以及城乡要素交换不平等，诸多因素使得农民持续增收不确定性加大。虽然十八大以后政府在改善农村民生的社会兜底方面作用明显加强，农村社会保障体系进一步完善，但构建农民持续增收的长效机制依然面临较多困难，使农民增收的基础仍比较薄弱，增收的渠道仍比较缺乏。此外，现有的财政支出结构使城乡居民在享受公共服务和社会福利等方面仍然存在着巨大差异，城乡居民收入不平衡问题在较长时期内依然突出。

城乡居民消费差异

2014年，城乡居民人均消费支出增长9.6%，农村居民人均消费增长快于城镇居民，城乡居民人均消费差距较上年进一步缩小，但城乡居民消费水平的绝对差距还在扩大，城镇居民的消费水平远高于农村居民，城镇居民的消费结构明显优于农村居民。

（一）城乡居民消费水平的差异 2014年，城镇居民人均消费支出19 968元，实际增长5.8%；农村居民人均消费支出8 383元，实际增长10.0%。城乡居民消费水平的相对差距进一步缩小，城乡居民人均消费支出比由上年的

2.47 : 1下降到2.38 : 1；城乡居民消费水平的绝对差距继续扩大，城镇居民人均消费支出比农村居民多11 586元，与上年相比扩大583元。

（二）城乡居民消费结构的差异 随着城镇居民收入的稳定提高，消费环境的进一步改善，以及国家继续支持消费拉动发展的策略，城镇居民的消费水平稳定增长，消费结构进一步优化。2014年，按新统计口径，城镇居民人均各类消费占消费总支出的比例依次是：食品烟酒（30.0%）、居住（22.5%）、交通和通讯（13.2%）、教育文化娱乐（10.7%）、衣着（8.1%）、医疗保健（6.5%）、生活用品及服务（6.2%）。城镇居民消费结构继续向发展型和享受型消费升级，主要表现在：①用于吃穿等满足基本生活需要的消费支出继续增长，人均7 627元，增长7.1%，占生活消费支出的比重降低0.3个百分点。②居住支出继续提高，占生活消费支出的比重降低。城镇居民人均居住支出4 490元，增长4.4%，在消费支出中所占比重降低0.8个百分点。③交通通讯消费增长加快，教育文化娱乐消费增速放缓，人均交通通讯支出2 637元，增长13.8%，用于教育文化娱乐方面的支出2 142元，增长7.7%；从占消费支出的比重看，交通通讯支出提高了0.7个百分点，教育娱乐支出则基本持平。④医疗保健支出快速增加，人均1 306元，增长14.9%，占消费支出的比重上升0.4个百分点。

随着农民收入稳定较快增长，农村居民消费能力不断增强，消费层次不断提升，消费结构更趋合理。2014年，按新统计口径，农村居民人均各类消费占生活消费总支出的比例依次是：食品烟酒（33.6%）、居住（21.0%）、交通和通讯（12.1%）、教育文化娱乐（10.3%）、医疗保健（9.0%）、生活用品及服务（6.0%）。农村居民消费正从温饱型逐步向享受型、发展型结构转变，主要表现在：①用于吃穿等基本生活消费继续增长，人均3 324元，增长10.5%，占生活消费支出的比重降低0.5个百分点。②居住条件进一步改善，居住支出继续增长。人均居住支出1 763元，增长11.6%。③交通通讯消费保持快速增长。人均交通通讯费用支出1 013元，增长15.7%，占生活消费支出的比重上升0.4个百分点。④文化教育娱乐支出和医疗保健消费支出继续增长。文化教育娱乐支出人均860元，增长13.9%；人均医疗保健支出754元，增长12.8%，占生活消费支出的比重分别上升0.2个百分点和0.1个百分点。

2014年，城乡居民消费结构均进一步向着更高层次、更加优化方向转变，但两者之间绝对消费水平差异仍然较大，城镇居民的消费层次明显高于农村居民。

区域经济发展差异

在区域经济结构中，东部地区农业比重较低，中、西部和东北地区的农业比重高，农业增加值占国内生产总值的比重继续呈下降趋势；在农村居民收入水平方面，区域差距有所扩大。

（一）经济结构与农村经济发展水平差异 在2014年全国实现的国内生产总值中，东、中、西部和东北地区分别占51.2%、20.3%、20.2%和8.4%，与上年相比，中部地区上升了0.1个百分点，西部地区上升了0.2个百分点，东北地区下降了0.2个百分点。东部、中部、西部和东北地区实现的国内生产总值之比为6.09：2.41：2.4：1，与上年的5.92：2.34：2.31：1相比，东部地区与其他三个地区差距有所扩大。

从全国农业增加值的构成来看，2014年东、中、西部和东北实现的农业增加值分别占全国的34.5%、26.3%、28.2%和11.0%，与上年相比，东部地区下降了0.4个百分点，中部地区下降0.1个百分点，西部地区上升0.6个百分点，东北地区下降了0.1百分点。东、中、西部和东北地区农业增加值占国内生产总值的比重分别为5.8%、11.1%、11.9%和11.2%，与上年相比，东、中、西部地区和东北地区分别下降了0.4、0.7、0.6和0.5个百分点。东、中、西部和东北地区农业增加值之比为3.14：2.39：2.56：1，与上年的3.13：2.37：2.47：1相比，差距有所扩大。

（二）农村居民收入水平差异 2014年东、中、西部和东北地区的农民人均纯收入分别为13 145元、10 011元、8 295元和10 802元，东、中、西部和东北地区的农民人均纯收入之比为1.22：0.93：0.77：1，与2013年的1.22：0.85：0.69：1相比，中、西部地区的农民收入与东部地区和东北地区的差异均有所缩小（图27）。

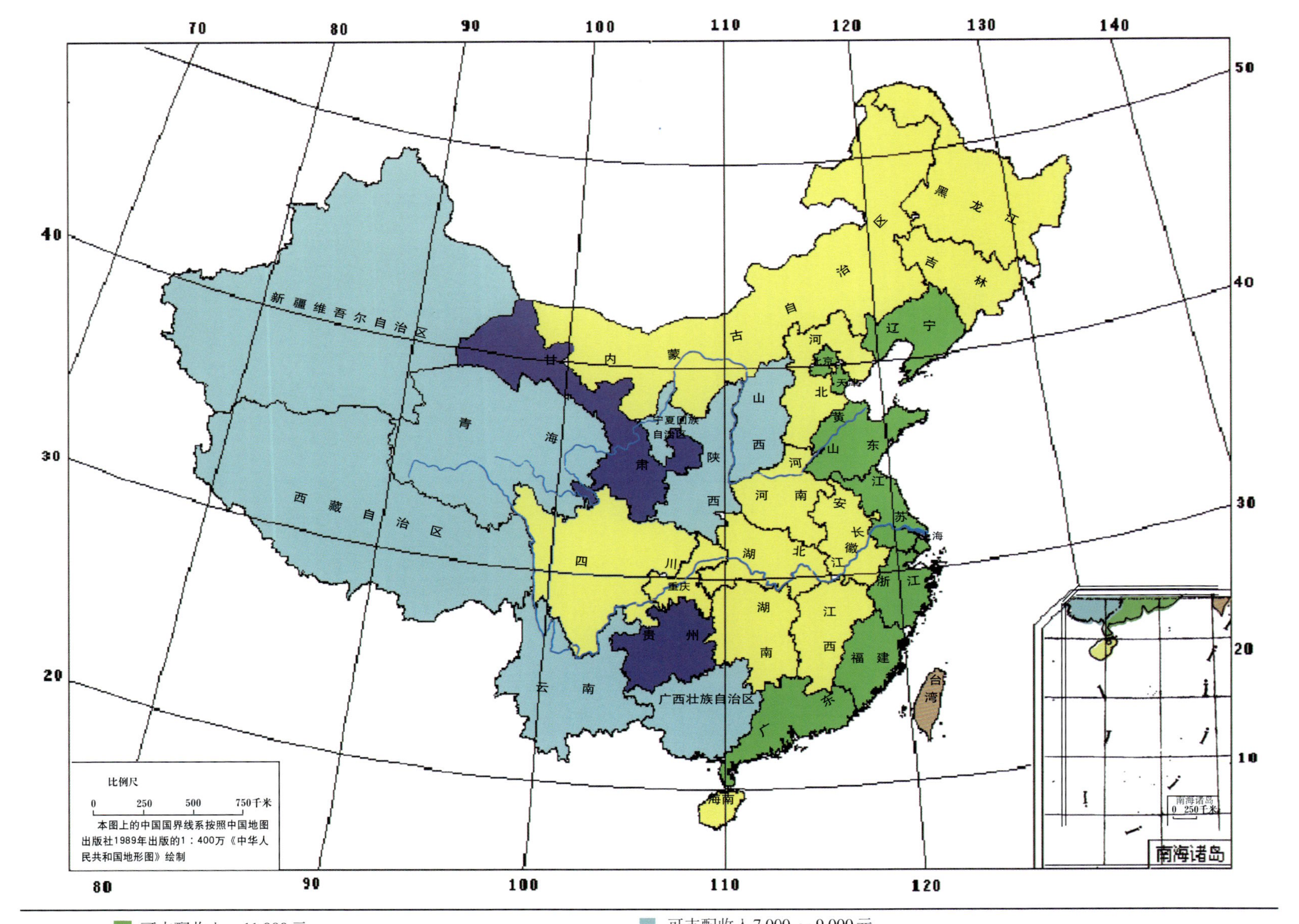

可支配收入 > 11 000元

可支配收入9 000 ～ 11 000元

可支配收入7 000 ～ 9 000元

可支配收入 < 7 000元

图27　2014年全国农村居民人均纯收入按省、自治区、直辖市分布情况

2015年

农业发展趋势

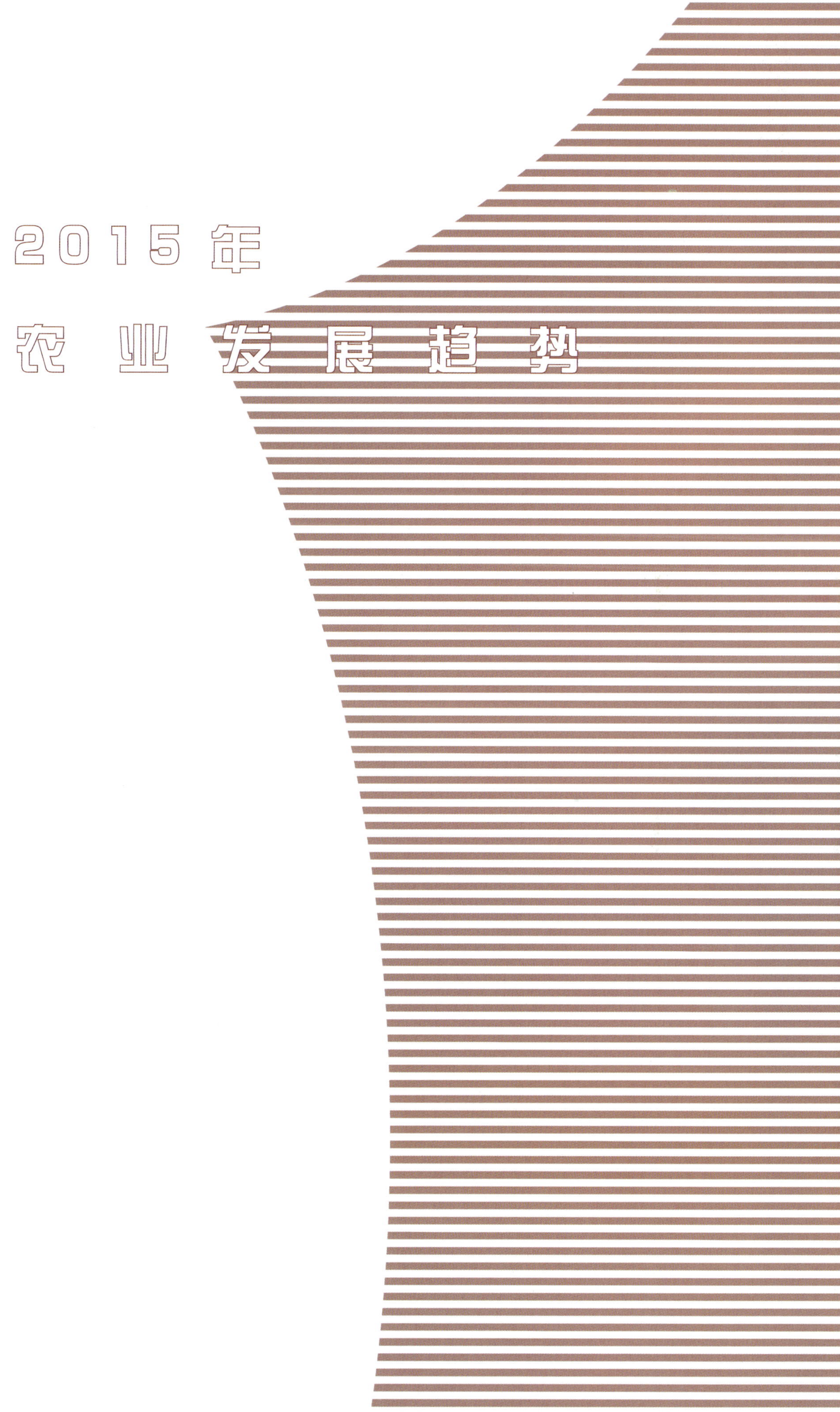

2015年农业发展趋势

 发展目标和任务

2015年是全面深化改革的关键之年，也是全面推进依法治国的开局之年，全面深化农村改革、加快转变农业发展方式，对于主动适应经济发展新常态、促进经济持续健康发展和社会和谐稳定具有重要意义。

2014年年底召开的中央农村工作会议明确要加快推进农业现代化，这是中央立足经济发展新常态和“三农”发展新形势作出的重大战略部署。会议强调，随着国内外环境条件变化和长期粗放式经营积累的深层次矛盾逐步显现，农业持续稳定发展面临的挑战前所未有，必须坚定不移走中国特色新型农业现代化道路，加快转变农业发展方式，不断提高土地产出率、资源利用率、劳动生产率，实现集约发展、可持续发展。会议指出，农业现代化目前仍是突出“短板”，全面建成小康社会的重点难点仍然在农村。会议提出农业农村工作要主动适应经济发展新常态，按照稳粮增收、提质增效、创新驱动的总要求，继续全面深化农村改革，全面推进农村法治建设，推动新型工业化、信息化、城镇化和农业现代化同步发展，努力在提高粮食生产能力上挖掘新潜力，在优化农业结构上开辟新途径，在转变农业发展方式上寻求新突破，在促进农民增收上获得新成效，在建设新农村上迈出新步伐，为经济社会持续健康发展提供有力支撑。

按照中央的总体部署，农业部提出，2015年要坚持以稳粮增收调结构、提质增效转方式为主线，深化农村改革，加强法治保障，推进科技创新，发展现代农业，千方百计使粮食产量稳定在11 000亿斤以上、农民收入增幅保持在7%以上，努力确保不发生重大农产品质量安全事件和区域性重大动物疫情，持续提高农业科技进步贡献率和农业资源利用率，巩固发展农业农村经济好形势，为经济社会发展大局

提供有力支撑。当前，我国经济发展进入新常态，农业农村发展正经历深刻变革，要积极适应新常态，迎接新挑战，坚定不移加快转变农业发展方式，大力推进农业结构调整，加快推进农业现代化，努力开创农业农村经济工作新局面。2015年重点做好以下六方面工作：①毫不放松抓好粮食生产，稳步推进农业结构调整；②提高农产品质量安全和农业科技运用水平，加快转变农业发展方式；③加强农业综合生产能力建设和资源环境保护，推进农业可持续发展；④大力拓宽农民增收渠道，促进农民收入持续较快增长；⑤完善强农惠农政策，加强农业法治建设；⑥扎实推进农村改革，激发农业农村发展活力。

农业发展面临的条件

2014年，农业农村经济在高起点上实现稳中有进、稳中提质、稳中增效，粮食生产实现"十一连增"，农民增收实现"十一连快"，现代农业加快发展，农村改革扎实推进，为稳增长、调结构、促改革、惠民生作出了突出贡献。我国农业正在朝着现代化的目标稳步推进。但也要看到，制约我国农业农村发展的长期性矛盾仍然很多，各种新的风险在积聚，农业现代化仍是"四化"同步的"短板"。农业农村是保障经济持续健康发展的"压舱石"，是调节劳动力就业的"蓄水池"，是扩大消费新的增长点。抓紧补上这个"短板"，不仅是农业自身转型升级、夯实基础的需要，也是我国经济适应发展新常态、稳定市场信心、扩大回旋空间、应对风险隐患的底气所系。2015年及今后一个时期，在我国经济发展进入新常态的背景下，我国农业农村发展机遇和挑战共存。

（一）有利条件

1. 转变农业发展方式，积极建设现代农业。我国正围绕建设现代农业，走数量质量效益并重、注重提高竞争力、注重农业科技创新、注重可持续的现代农业发展道路。全面开展永久基本农田划定工作，统筹实施全国高标准农田建设总体规划，实施耕地质量保护与提升行动，不断增强粮食生产能力。创新投融资机制，加大资金投入，集中力量加快建设一批重大引调水工程、重点水源工程、江河湖泊治理骨干工程，节水供水重大水利工程建设的征地补偿、耕地占补平衡实行与铁路等国家重大基础设施项目同等政策。实施粮食丰产科技工程和盐碱地改造科技示范。深入推进粮食高产创建和绿色增产模式攻关。启动实施油料、糖料、天然橡胶生产能力建设规划，加快发展草牧业，支持青贮玉米和苜蓿等饲草料种植，开展粮改饲和种养结合模式试点，促进粮食、经济作物、饲草料三元种植结构协调发展。大力培育特色农业，支持粮食主产区发展畜牧业和粮食加工业，继续实施农产品产地初加工补助政策，发展农产品精深加工。继续开展园艺作物标准园创建，实施园艺产品提质增效工程。加大标准化规模养殖场(小区)建设支持力度，实施畜禽良种工程。推进水产健康养殖，继续支持远洋渔船更新改造，加强渔政渔港等渔业基础设施建设。严格农业投入品管理，大力推进农业标准化生产；落实重要农产品生产基地、批发市场质量安全检验检测费用补助政策；建立全程可追溯、互联共享的农产品质量和食品安全信息平台；开展农产品质量安全县、食品安全城市创建活动。加快农业科技创新，在生物育种、智能农业、农机装备、生态环保等领域取得重大突破。建立农业科技协同创新联盟，依托国家农业科技园区搭建农业科技融资、信息、品牌服务平台；探索建立农业科技成果交易中心；充分发挥科研院所、高校及其新农村发展研究院、职业院校、科技特派员队伍在科研成果转化中的作用。加快全国农产品市场体系转型升级，着力加强设施建设和配套服务，健全交易制度；完善全国农产品流通骨干网络，加大重要农产品仓储物流设施建设力度；继续实施农户科学储粮工程；开发农产品期货交易新品种；支持电商、物流、商贸、金融等企业参与涉农电子商务平台建设。实施农业环境突出问题治理总体规划和农业可持续发展规划；加强农业面源污染治理，落实畜禽规模养殖环境影响评价制度；继续实行草原生态保护补助奖励政策，开展西北旱区农牧业可持续发展、农牧交错带已垦草原治理、东北黑土地保护试点；加大水生生物资源增殖保护力度；建立健全规划和建设项目水资源论证制度、国家水资源督察制度；全面实施区域规模化高效节水灌溉行动；实施新一轮退耕还林还草工程，扩大重金属污染耕地修复、地下水超采区综合治理、退耕还湿试点范围，推进重要水源地生态清洁小流域等水土保持重点工程建设；发展林产业和特色经济林。推进京津冀、丝绸之路经济带、长江经济带生态保护与修复；提高天然林资源保护工程补助和森林生态效益补偿标准；实施湿地生态效益补偿、湿地保护奖励试点和沙化土地封禁保护区补贴政策；加快实施退牧还草、牧区防灾减灾、南方草地开发利用等工程。加强农产品进出口调控，积极支持优势农产品出口，把握好农产品进口规模、节奏；完善粮食、棉花、食糖等重要农产品进出口和关税配额管理，严格执行棉花滑准税政策；健全农业对外合作部际联席会议制度，抓紧制定农业对外合作规划；创新农业对外合作模式，重点加强农产品加工、储运、贸易等环节合作，支持开展境外农业合作开发；完善支持农业对外合作的投资、财税、金融、保险、贸易、通关、检验检疫等政策，落实到境外从事农业生产所需农用设备和农业投入品出境的扶持政策；充分发挥各类商会组织的信息服务、法律咨询、纠纷仲裁等作用。

2. 继续加大惠农政策力度，促进农民增收。坚持把农业农村作为各级财政支出的优先保障领域，加快建立投入稳定增长机制，持续增加财政农业农村支出，中央基建投资继续向农业农村倾斜；优化财政支农支出结构，重点支持农民增收、农村重大改革、农业基础设施建设、农业结构调整、农业可持续发展、农村民生改善；转换投入方式，创新涉农资金运行机制，充分发挥财政资金的引导和杠杆作用；改革涉农转移支付制度，下放审批权限，有效整合财政农业农村投入；切实加强涉农资金监管，建立规范透明的管理制度，确保资金使用见到实效。保持农业补贴政策连续性和稳定性，逐步扩大“绿箱”支持政策实施规模和范围，调整改进“黄箱”支持政策，充分发挥政策惠农增收效应；继续实施种粮农民直接补贴、良种补贴、农机具购置补贴、农资综合补贴等政策；选择部分地方开展改革试点，提高补贴的导向性和效能；完善农机具购置补贴政策，向主产区和新型农业经营主体倾斜，扩大节水灌溉设备购置补贴范围；实施农业生产重大技术措施推广补助政策；实施粮油生产大县、粮食作物制种大县、生猪调出大县、牛羊养殖大县财政奖励补助政策；扩大现代农业示范区奖补范围。继续执行稻谷、小麦最低收购价政策，完善重要农产品临时收储政策；总结新疆棉花、东北和内蒙古大豆目标价格改革试点经验，完善补贴方式；积极开展农产品价格保险试点；合理确定粮食、棉花、食糖、肉类等重要农产品储备规模；完善国家粮食储备吞吐调节机制，加强储备粮监管；落实新增地方粮食储备规模计划，建立重要商品商贸企业代储制度；运用现代信息技术，完善种植面积和产量统计调查，改进成本和价格监测办法。抓好农业生产全程社会化服务机制创新试点，重点支持为农户提供代耕代收、统防统治、烘干储藏等服务；采取购买服务等方式，鼓励和引导社会力量参与公益性服务；加大中央、省级财政对主要粮食作物保险的保费补贴力度。推进农村一、二、三产业融合发展，立足资源优势，以市场需求为导向，大力发展特色种养业、农产品加工业、农村服务业，扶持发展一村一品、一乡(县)一业，壮大县域经济，带动农民就业致富；积极开发农业多种功能，挖掘乡村生态休闲、旅游观光、文化教育价值。实施农民工职业技能提升计划；落实同工同酬政策，依法保障农民工劳动报酬权益，建立农民工工资正常支付的长效机制；保障进城农民工及其随迁家属平等享受城镇基本公共服务；加快户籍制度改革，建立居住证制度，分类推进农业转移人口在城镇落户并享有与当地居民同等待遇；现阶段，不得将农民进城落户与退出土地承包经营权、宅基地使用权、集体收益分配权相挂钩；引导有技能、资金和管理经验的农民工返乡创业，落实定向减税和普遍性降费政策，降低创业成本和企业负担。以集中连片特困地区为重点，加大投入和工作力度，加快片区规划实施，打好扶贫开发攻坚战；推进精准扶贫，制定并落实建档立卡的贫困村和贫困户帮扶措施；健全社会扶贫组织动员机制，搭建社会参与扶贫开发平台。

3. 深入推进新农村建设，推动城乡基本公共服务均等化。确保如期完成“十二五”农村饮水安全工程规划任务，推动农村饮水提质增效；继续实施农村电网改造升级工程，2015年解决无电人口用电问题；加快推进西部地区和集中连片特困地区农村公路建设，强化农村公路养护管理的资金投入和机制创新，切实加强农村客运和农村校车安全管理；完善农村沼气建管机制；加大农村危房改造力度，统筹搞好农房抗震改造；深入推进农村广播电视、通信等村村通工程，加快农村信息基础设施建设和宽带普及。全面改善农村义务教育薄弱学校基本办学条件，提高农村学校教学质量。因地制宜保留并办好村小学和教学点，支持乡村两级公办和普惠性民办幼儿园建设。加快发展高中阶段教育，推进中等职业教育和职业技能培训全覆盖，逐步实现免费中等职业教育；积极发展农业职业教育，大力培养新型职业农民；全面推进基础教育数字教育资源开发与应用，扩大农村地区优质教育资源覆盖面；提高重点高校招收农村学生比例；加强乡村教师队伍建设，落实好集中连片特困地区乡村教师生活补助政策；国家教育经费要向边疆地区、民族地区、革命老区倾斜；建立新型农村合作医疗可持续筹资机制，同步提高人均财政补助和个人缴费标准，进一步提高实际报销水平；全面开展城乡居民大病保险，加强农村基层基本医疗、公共卫生能力和乡村医生队伍建设；推进各级定点医疗机构与省内新型农村合作医疗信息系统的互联互通，积极发展惠及农村的远程会诊系统；拓展重大文化惠民项目服务“三农”内容；加强农村最低生活保障制度规范管理，全面建立临时救助制度，改进农村社会救助工作；落实统一的城乡居民基本养老保险制度。全面推进农村人居环境整治，改善农民居住条件，搞好农村公共服务设施配套，推进山水林田路综合治理；完善传统村落名录和开展传统民居调查，落实传统村落和民居保护规划；鼓励各地从实际出发开展美丽乡村创建示范。鼓励社会资本投向农村基础设施建设和在农村兴办各类事业。深入推进农村精神文明创建活动，倡导文艺工作者深入农村，传承乡村文明。加强以党组织为核心的农村基层组织建设，强化县乡村三级便民服务网络建设，多为群众办实事、办好事，通过服务贴近群众、团结群众、引导群众、赢得群众。

4. 全面深化农村改革，激发农村发展活力。坚持和完善农村基本经营制度，坚持农民家庭经营主体地位，引导土地经营权规范有序流转，创新土地流转和规模经营方式，积极发展多种形式适度规模经营，提高农民组织化程度；引导农民专业合作社拓宽服务领域，促进规范发展，实行年度报告公示制度，深入推进示范社创建行动；推进农业产业化示范基地建设和龙头企业转型升级；引导农民以土地经营权入股合作社和龙头企业；鼓励工商资本发展适合企业化经营的现代种养业、农产品加工流通和农业社会化服务；尽快制定工商资本租赁农地的准入和监管办法，严禁擅自改变农业用途。探索农村集体所有制有效实现形式，创新农村集体经济运行机制；出台稳步推进农村集体产权制度改革的意见；对土地等资源性资产，重点是抓紧抓实土地承包经营权确权登记颁证工作，扩大整省推进试点范围，总体上要确地到户，从严掌握确权确股不确地的范围；对非经营性资产，重点是探索有利于提高公共服务能力的集体统一运营管理有效机制；对经营性资产，重点是明晰产权归属，将资产折股量化到本集体经济组织成员，发展多种形式的股份合作；开展赋予农民对集体资产股份权能改革试点，试点过程中要防止侵蚀农民利益，试点各项工作应严格限制在本集体经济组织内部；健全农村集体“三资”管理监督和收益分配制度；充分发挥县乡农村土地承包经营权、林权流转服务平台作用，引导农村产权流转交易市场健康发展；完善有利于推进农村集体产权制度改革的税费政策。在确保土地公有制性质不改变、耕地红线不突破、农民利益不受损的前提下，按照中央统一部署，审慎稳妥推进农村土地制度改革；分类实施农村土地征收、集体经营性建设用地入市、宅基地制度改革试点；制定缩小征地范围的办法；建立兼顾国家、集体、个人的土地增值收益分配机制，合理提高个人收益；赋予符合规划和用途管制的农村集体经营性建设用地出让、租赁、入股权能，建立健全市场交易规则和服务监管机制；依法保障农民宅基地权益，改革农民住宅用地取得方式，探索农民住房保障的新机制。综合运用财政税收、货币信贷、金融监管等政策措施，推动金融资源继续向“三农”倾斜，确保农业信贷总量持续增加、涉农贷款比例不降低；完善涉农贷款统计制度，优化涉农贷款结构；开展信贷资产质押再贷款试点，提供更优惠的支农再贷款利率；鼓励各类商业银行创新“三农”金融服务；积极探索新型农村合作金融发展的有效途径，稳妥开展农民合作社内部资金互助试点，落实地方政府监管责任。做好承包土地的经营权和农民住房财产权抵押担保贷款试点工作；鼓励开展“三农”融资担保业务，大力发展政府支持的“三农”融资担保和再担保机构，完善银担合作机制；支持银行业金融机构发行“三农”专项金融债，鼓励符合条件的涉农企业发行债券；开展大型农机具融资租赁试点；完善对新型农业经营主体的金融服务；继续加大小额担保财政贴息贷款等对农村妇女的支持力度。建立健全水权制度，开展水权确权登记试点，探索多种形式的水权流转方式；推进农业水价综合改革；鼓励发展农民用水合作组织；建立健全最严格的林地、湿地保护制度；深化集体林权制度改革。全面深化供销合作社综合改革，把供销合作社打造成全国性为“三农”提供综合服务的骨干力量。加快研究出台推进农垦改革发展的政策措施，深化农场企业化、垦区集团化、股权多元化改革，创新行业指导管理体制、企业市场化经营体制、农场经营管理体制。

5. 同步推进城乡法治建设，全面提高农村法治水平。完善相关法律法规，加强对农村集体资产所有权、农户土地承包经营权和农民财产权的保护；抓紧修改农村土地承包方面的法律，明确现有土地承包关系保持稳定并长久不变的具体实现形式，界定农村土地集体所有权、农户承包权、土地经营权之间的权利关系，保障好农村妇女的土地承包权益；抓紧研究起草农村集体经济组织条例；加强农业知识产权法律保护。健全农产品市场流通法律制度，规范市场秩序，促进公平交易，营造农产品流通法治化环境；完善农产品市场调控制度，适时启动相关立法工作；完善农产品质量和食品安全法律法规，加强产地环境保护，规范农业投入品管理和生产经营行为；逐步完善覆盖农村各类生产经营主体方面的法律法规，适时修改农民专业合作社法。研究制定规范各级政府“三农”事权的法律法规，明确规定中央和地方政府促进农业农村发展的支出责任；健全农业资源环境法律法规，依法推进耕地、水资源、森林草原、湿地滩涂等自然资源的开发保护，制定完善生态补偿和土壤、水、大气等污染防治法律法规；积极推动农村金融立法，明确政策性和商业性金融支农责任，促进新型农村合作金融、农业保险健康发展；加快扶贫开发立法。加强农村改革决策与立法的衔接，农村重大改革都要于法有据，立法要主动适应农村改革和发展需要。实践证明行之有效、立法条件成熟的，要及时上升为法律；对不适应改革要求的法律法规，要及时修改和废止；需要明确法律规定具体含义和适用法律依据的，要及时作出法律解释；实践条件还不成熟、需要先行先试的，要按照法定程序作出授权。深化行政执法体制改革，强化基层执法队伍，合理配置执法力量，积极探索农林水利等领域内的综合执法。统筹城乡法律服务资源，健全覆盖城乡居民的公共法律服务体系，加强对农民的法律援助和司法救助。深入开展农村法治宣传教育，增强各级领导、涉农部门和农村基层干部法治观念，引导农民增强学法遵法守法用法意识。健全依法维权和化解纠纷机制，引导和支持农民群众通过合法途径维权，理性表达合理诉求。

（二）不利条件 2015年，农业农村发展面临许多深层次的矛盾和挑战，保持农业持续稳定发展的任务十分艰巨。①我国经济发展进入新常态，正从高速增长转向中高速增长，如何在经济增速放缓背景下继续强化农业基础地位、促进农民持续增收，是必须破解的一个重大课题。②农产品仍处于“紧平衡”阶段，随着城镇化的进一步推进，饮食结构快速升级，饲料用粮进一步增加，农产品结构性短缺和过剩并存、高库存高进口同在，如何在结构性矛盾更加突出背景下保障国家粮食安全，是必须完成的一项艰巨任务。③人工、农机作业等费用上涨很快，种子、化肥、农药等投入品价格较高，农业生产成本的“地板”不断抬升，国内主要农产品价格全面超过国际价格，农产品价格遭遇“天花板”，农业比较收益进一步降低，进口压力明显加大，如何在“双重挤压”下创新农业支持保护政策、提高农业竞争力，是必须面对的一个重大考验。④生态环境受损严重、承载能力越来越接近极限，资源开发利用强度过大、农业面源污染、耕地质量下降、地下水超采等问题越来越突出，人多地少水缺矛盾和生态环境对农业发展的硬约束越发凸显，加上科技成果转化能力弱、科技有效支撑不足，如何在资源环境硬约束下保障农产品有效供给和质量安全、提升农业可持续发展能力，是必须应对的一个重大挑战。⑤农民大量进城务工，农业兼业化、农民老龄化、农村空心化在加快，“谁来种地”“怎么种地”问题日益凸显，农业生产经营方式进入了由传统小农生产向社会化大生产加快转变的新阶段，如何以发展多种形式的适度规模经营和培育新型经营主体为重点，创新农业生产经营体制，是必须坚持的一个重要举措。⑥城乡要素交换依然不平等、城乡公共服务仍旧不均衡、城乡经济社会矛盾仍然十分突出，如何在城镇化深入发展背景下加快新农村建设步伐、实现城乡共同繁荣，是必须解决好的一个重大问题。

农业发展趋势判断

（一）农业生产持续向好 在粮食生产连续两年跨上6 000亿千克台阶之后，我国农业生产形势持续向好。据种植意向调查，2015年全国粮食面积稳中略增，棉花、糖料面积继续调减，油料面积持平略减，蔬菜面积扩大。

粮食种植面积稳中略增，蔬菜面积扩大。2015年，国家继续执行稻谷、小麦最低收购价政策，鼓励多元市场主体入市收购，推动完善玉米临时收储政策，稳定了农民种粮收入预期。据国家统计局对全国11万多农户种植意向调查，全国稻谷意向种植面积增长0.2%，小麦增长0.7%，玉米增长1.9%。南方地区开发冬闲田，技术的进步以及生产设施的完善，将带动蔬菜种植面积和产量继续增长。

棉花、糖料面积继续调减，油料种植面积基本稳定。黄河及长江流域棉区减棉扩粮，华南地区减糖扩粮，长江下游地区减油扩麦。近几年棉花生产连续受灾，棉价低迷，棉花种植优势相对较小，尤其是棉花临时收储政策取消后，广大种植户普遍看低棉价后期走势，据种植意向调查，2015年，棉花意向种植面积减少11.2%。

畜牧业和渔业平稳发展。2014年猪价持续低迷，受2014年能繁母猪产能调减影响，2015年猪价将进入新的震荡上涨通道，生猪市场形势有望明显好转；禽肉产量保持稳定，禽蛋生产继续增长；牛羊肉扶持力度不断加大，养殖规模化提升，将有力促进肉牛肉羊生产持续稳定发展；奶类产量仍将稳步增加，但供需缺口仍然存在，进口将继续增加；水产品产量稳步增长，消费形式趋于多样化，发展态势良好。

（二）农产品价格总体基本稳定　一方面，国内主要农产品价格下行压力较大。从国内来看，主要农产品连年丰收，总体供给充足、库存高企、需求受限，价格下行压力较大；从国际来看，2015年全球主要农产品的产量和库存有望继续增加，抑制了国际农产品价格。另一方面，国内农产品具备一定的上涨空间。从国内看，由于生产成本随着劳动力、土地、农资等生产要素和投入品价格的上升而上涨，形成农产品价格上涨的推力；从国际来看，世界经济仍处于阶段性筑底、蓄势上升的整固阶段，部分农产品工业用途需求增加，再加上2015年可能出现超级厄尔尼诺现象，国际农产品价格存在反弹可能。

总体看，2015年国内农产品价格总体较为稳定，多种农产品价格涨跌互现。分品种看，粮食价格总体维持稳定，上升或下降空间不大；棉花供求处于严重饱和状态，棉花价格波动下行；油料产量稳定，供给充足，消费增速放缓，价格面临下行压力；生猪和猪肉价格在经历了2014年的底部震荡后，有望大幅反弹；禽肉价格受养殖成本上升影响，维持高位；禽蛋价格在2014年创出历史新高，随着禽蛋供给增加价格将出现回落；牛羊肉需求持续增加，国内供需偏紧，价格持续高位运行；奶类价格可能出现小幅下降；蔬菜价格基本稳定或略有增高；水产品价格不具备大幅上涨条件，预计将小幅增长。

（三）农业对外依存度仍然较高　国内生产成本不断上升、国际市场需求仍然较弱、汇率波动美元走强、国际农产品市场竞争激烈，我国农产品出口环境严峻，但总体出口格局基本稳定。2015年，水产品贸易规模预计增幅不大，出口增速放缓；蔬菜出口保持平稳增长的态势，出口结构进一步优化；水果及制品净出口缩减，但仍有较强出口优势。进口方面，国际农产品供给充足，价格低迷，国内主要农产品价格全面超过国际价格，预计农产品进口规模持续扩大。大米进口仍将维持一定规模，净进口格局长期存在；国际小麦价格保持竞争优势，小麦进口将逐渐增加；国产油料增长有限，产不足需，国际油料价格具有价格优势，油料仍高度依赖进口；受价格回暖影响，猪肉进口量稳中有增；国内消费低迷，禽肉进口可能减少；国内市场短缺，牛羊肉进口继续增加；国内奶粉库存高企，奶制品进口总量略有下降。

（四）农民收入持续稳定增长　预计2015年农民收入将持续稳定增加，城乡收入差距有望进一步缩小。一是中央明确提出继续加大“三农”政策支持和资金投入力度，加快建立投入稳定增长机制，持续增加财政农业农村支出，不断增强粮食生产能力，深入推进农业结构调整，有利于提高农民家庭经营收入。二是农村劳动力供给偏紧的状态将长期存在，各地逐年上调最低工资标准，完善农民工工资增长与保障机制，逐步解决外出务工劳动力市民化问题，统筹规划农民工住房、教育、卫生、养老等问题，政策的完善有助于进一步提高农村劳动力务工所得，提高农民工资性收入。三是国家健全对农业的支持保护体系，保持农业补贴政策连续性和稳定性，农民转移性收入持续稳定。四是激活农村要素资源，完善乡村旅游休闲发展的用地、财政、金融等扶持政策，落实税收优惠政策，有利于增加农民财产性收入。同时，农民收入增长仍面临许多困难和挑战。一方面，农产品价格上升空间有效，不利于农民经营增收；另一方面，国内经济发展进入新常态，经济增速特别是财政收入增速有所放缓，影响工资性收入和转移性收入增长水平。总体看，在政策和市场等多种利好因素的共同作用下，2015年农村居民收入有望继续增长，但增速回落，城乡居民收入相对差距有望继续缩小，但绝对差距依然很大。

附 表

附表说明

1.本附表简要地列入了1997—2014年有关农业部门的主要统计指标数字，内容涉及农业在国民经济中的地位、农村劳动力、农业投入、土地资源、农业生产、农村居民收入及支出、农产品价格、农产品进出口等方面。

2.由于统计指标及统计口径的变更与调整，某些指标因缺乏资料而中断。根据这些情况，本附表也酌情进行了一定的调整。

3.表中数据凡未加注释的均来自国家统计局，对于来自其他部门的数据各表下方附有注释。

4.表中四大经济地区指：东部地区为北京、天津、河北、上海、江苏、浙江、福建、山东、广东和海南共10省、直辖市；中部地区为山西、安徽、江西、湖南、湖北、河南共6个省；西部地区为内蒙古、广西、重庆、四川、云南、贵州、西藏、陕西、甘肃、宁夏、青海、新疆共12个省、自治区、直辖市；东北地区为辽宁、吉林和黑龙江共3个省。

5.与往年一样，本报告（包括附表）所有统计资料和数据均未包括香港、澳门特别行政区和台湾省。

6.表中符号说明：

“…”表示数字不足本表最小单位数；

“/”表示无该项指标数据；

“空格”表示数据不详或截止本报告印刷之前尚未公布。

7.各表字段尾如带有附加括号的数字（1）、（2）、（3）等表示表下方有注释。

表1 农村经济在国民经济中的地位

年份	农业增加值占国内生产总值的比重(%)	第一产业就业人数占就业总人数的比重(%)	乡村就业人数占就业总人数的比重(%)	农村消费品零售额占全社会消费品零售额的比重(1)(%)	农业各税占税收总额的比重(2)(%)	用于农业支出占财政支出的比重(3)(%)	农业贷款占金融机构人民币各项贷款的比重(%)	农产品进口额占进口总额的比重(%)	农产品出口额占出口总额的比重(%)
1997	18.3	49.9	70.2	43.4	4.8	8.3	4.4	7.0	8.2
1998	17.6	49.8	69.4	38.9	4.3	10.7	5.1	7.0	7.5
1999	16.5	50.1	68.6	38.7	4.0	8.2	5.1	5.0	6.9
2000	**15.1**	**50.0**	**67.9**	**38.2**	**3.7**	**7.8**	**4.9**	**5.0**	**6.3**
2001	14.4	50.0	66.9	37.4	3.1	7.7	5.1	4.9	6.0
2002	13.7	50.0	65.7	36.7	4.1	7.2	5.2	4.2	5.6
2003	12.8	49.1	64.4	35.0	4.4	7.1	5.3	4.6	4.9
2004	13.4	46.9	63.2	34.1	3.7	10.0	5.5	5.0	3.9
2005	**12.1**	**44.7**	**62.0**	**32.8**	**3.3**	**7.2**	**5.9**	**4.3**	**3.6**
2006	11.1	42.6	60.5	32.5	3.1	7.9	5.9	4.0	3.2
2007	10.8	40.8	58.9	32.3	3.2	6.8	5.9	4.3	3.0
2008	10.7	39.6	57.5	32.0	3.1	7.2	5.8	5.1	2.8
2009	10.3	38.1	56.1	32.8	4.1	8.8	5.4	5.2	3.3
2010	**10.1**	**36.7**	**54.4**	**13.3**	**4.1**	**9.0**	**/**	**5.2**	**3.1**
2011	10.0	34.8	53.0	13.2	3.8	9.1	/	5.4	3.2
2012	10.1	33.6	51.6	13.3	/	9.5	/	6.1	3.1
2013	10.0	31.4	50.3	13.4	/	9.5	/	6.1	3.1
2014	9.2	29.5	49.1	13.7	/	/	/	6.2	3.0

注：(1) 根据新颁布的《统计上划分城乡的规定》，2010年及以后农村消费品零售额的统计范围由原来的“市、县、县以下”调整为“乡及乡以下”。

(2) 2009年农业税包括三部分：耕地占用税、契税和烟叶税。

(3) 2007年及以后用于农业支出是指农林水事务支出。

表2 农林牧渔业产值及构成（按当年价格计算）

单位：亿元

年份	农林牧渔业总产值	农林牧渔业增加值	农业增加值	林业增加值	牧业增加值	渔业增加值	服务业	农林牧渔业增加值构成（%）农业增加值	林业增加值	牧业增加值	渔业增加值	服务业
1997	23 764.0	14 465.1	8 786.6	588.2	3 728.2	1 362.1		60.7	4.1	25.8	9.4	
1998	24 541.9	14 555.7	9 069.2	611.9	3 413.3	1 461.3		62.3	4.2	23.5	10.0	
1999	24 519.1	14 457.2	8 916.6	629.9	3 391.1	1 519.6		61.7	4.4	23.5	10.5	
2000	**24 915.8**	**14 628.2**	**8 703.6**	**662.3**	**3 638.5**	**1 623.8**		**59.5**	**4.5**	**24.9**	**11.1**	
2001	26 179.6	15 411.9	9 130.7	660.4	3 950.5	1 670.3		59.2	4.3	25.6	10.8	
2002	27 390.8	16 117.3	9 482.4	710.8	4 166.7	1 757.4		58.8	4.4	25.9	10.9	
2003	29 691.8	17 341.7	9 649.1	833.0	4 653.0	1 793.0	413.6	55.6	4.8	26.8	10.3	2.4
2004	36 239.0	21 224.9	11 827.7	905.6	5 953.7	2 081.1	456.9	55.7	4.3	28.1	9.8	2.2
2005	**39 450.9**	**23 070.5**	**12 758.5**	**975.5**	**6 506.9**	**2 327.2**	**502.5**	**55.3**	**4.2**	**28.2**	**10.1**	**2.2**
2006	40 810.8	24 040.1	13 937.0	1 099.2	5 811.8	2 415.5	776.5	58.0	4.6	24.2	10.0	3.2
2007	48 893.0	28 626.9	15 988.9	1 272.9	7 796.7	2 723.8	844.7	55.9	4.4	27.2	9.5	3.0
2008	58 002.0	33 702.2	18 151.0	1 459.0	9 985.0	3 172.0	935.2	53.9	4.3	29.6	9.4	2.8
2009	60 361.0	35 225.9	19 738.7	1 579.0	9 412.3	3 424.1	1 071.8	56.0	4.5	26.7	9.7	3.0
2010	**69 319.8**	**40 533.6**	**23 684.5**	**1 744.2**	**10 022.1**	**3 903.8**	**1 179.0**	**58.4**	**4.3**	**24.7**	**9.6**	**2.9**
2011	81 303.9	47 486.1	27 042.8	2 089.2	12 431.4	4 590.0	/	56.9	4.4	26.2	9.7	/
2012	89 453.0	52 373.6	30 216.1	2 281.3	13 128.4	5 266.9	/	57.7	4.4	25.1	10.1	/
2013	96 995.3	56 966.0	33 147.2	2 569.3	13 762.8	5 842.5	/	58.2	4.5	24.2	10.3	/
2014	102 226.1	60 158.0	35 257.5	2 793.0	14 025.3	6 260.2		58.6	4.6	23.3	10.4	

注：1993年起分项统计改用新指标。农林牧渔业总产值1996年（含）以后为调整后的数据。2003年起执行新国民经济行业分类标准，农林牧渔业包括农林牧渔服务业。

表3　农业物质生产条件

年　份	农业机械 总动力 (万千瓦)	大中型拖拉机 (万千瓦)	小型拖拉机 (万千瓦)	农村用电量 (亿千瓦时)	灌溉面积 (千公顷)	化肥施用量 (纯 量) (万吨)	复合肥 (万吨)	农用塑料薄膜使用量 (万吨)	农用柴油使用量 (万吨)	农药使用量 (万吨)
1997	42 015.6	2 486.6	9 337.2	1 980.1	51 238.5	3 980.7	798.1	116.2	1 229.5	119.5
1998	45 207.7	2 587.9	10 031.5	2 042.1	52 295.6	4 083.7	822.2	120.7	1 314.7	123.2
1999	48 996.1	2 772.8	11 008.9	2 173.4	53 158.4	4 124.3	880.0	125.9	1 354.3	132.2
2000	**52 573.6**	**3 161.1**	**11 663.9**	**2 421.3**	**53 820.3**	**4 146.4**	**917.9**	**133.5**	**1 405.0**	**128.0**
2001	55 172.1	2 901.7	12 257.9	2 610.1	54 249.4	4 253.8	983.7	144.9	1 485.3	127.5
2002	57 929.9	3 073.4	12 695.0	2 993.4	54 354.9	4 339.4	1 040.4	153.9	1 507.5	131.2
2003	60 386.5	3 229.8	13 060.2	3 432.9	54 014.2	4 411.6	1 109.8	159.2	1 574.6	132.5
2004	64 027.9	3 713.1	13 855.4	3 933.0	54 478.4	4 636.6	1 204.0	168.0	1 819.5	138.6
2005	**68 397.8**	**4 293.5**	**14 660.9**	**4 375.7**	**55 029.3**	**4 766.2**	**1 303.2**	**176.2**	**1 902.7**	**146.0**
2006	72 522.1	5 245.3	15 229.1	4 895.8	55 750.5	4 927.7	1 385.9	184.5	1 922.8	153.7
2007	76 589.6	6 101.1	15 729.2	5 509.9	56 518.3	5 107.8	1 503.0	193.7	2 020.8	162.3
2008	82 190.4	8 186.5	16 647.7	5 713.2	58 471.7	5 239.0	1 608.6	200.7	1 887.9	167.2
2009	87 496.1	9 772.6	16 922.7	6 104.4	59 261.4	5 404.4	1 698.7	208.0	1 959.9	170.9
2010	**92 780.5**	**11 167.0**	**17 278.4**	**6 632.3**	**60 347.7**	**5 561.7**	**1 798.5**	**217.3**	**2 023.1**	**175.8**
2011	97 734.7	/	/	7 139.6	61 681.6	5 704.2	1 895.1	229.5	2 057.4	178.7
2012	102 559.0	/	/	7 508.5	63 036.4	5 838.8	1 990.0	238.3	2 107.6	180.6
2013	103 906.8	/	/	8 549.5	63 473.3	5 911.9	2 057.5	249.3	2 154.9	180.2
2014	108 056.6			8 884.4	64 539.5	5 995.9	2 115.8	258.0	1 807.0	180.7

表4　农作物播种面积

单位：千公顷

年份	农作物总播种面积	粮食作物播种面积	稻谷	小麦	玉米	大豆	油料	棉花	糖料	蔬菜	果园面积
1997	153 969	112 912	31 765	30 057	23 775	8 346	12 381	4 491	1 923	11 288	8 648
1998	155 706	113 787	31 214	29 774	25 239	8 500	12 919	4 459	1 984	12 293	8 535
1999	156 373	113 161	31 283	28 855	25 904	7 762	13 906	3 726	1 644	13 347	8 667
2000	**156 300**	**108 463**	**29 962**	**26 653**	**23 056**	**9 307**	**15 400**	**4 041**	**1 514**	**15 237**	**8 932**
2001	155 708	106 080	28 812	24 664	24 282	9 482	14 631	4 810	1 654	16 402	9 043
2002	154 636	103 891	28 202	23 908	24 634	8 720	14 766	4 184	1 872	17 353	9 098
2003	152 415	99 410	26 508	21 997	24 068	9 313	14 990	5 111	1 657	17 954	9 437
2004	153 553	101 606	28 379	21 626	25 446	9 589	14 431	5 693	1 568	17 560	9 768
2005	**155 488**	**104 278**	**28 847**	**22 793**	**26 358**	**9 591**	**14 318**	**5 062**	**1 564**	**17 721**	**10 035**
2006	152 149	104 958	28 938	23 613	28 463	9 280	11 738	5 816	1 567	16 639	10 123
2007	153 464	105 638	28 919	23 721	29 478	8 754	11 316	5 926	1 802	17 329	10 471
2008	156 266	106 793	29 241	23 617	29 864	9 127	12 825	5 754	1 990	17 876	10 734
2009	158 639	108 986	29 627	24 291	31 183	9 190	13 652	4 952	1 884	18 414	11 140
2010	**160 675**	**109 876**	**29 873**	**24 257**	**32 500**	**8 516**	**13 890**	**4 849**	**1 905**	**19 000**	**11 544**
2011	162 283	110 573	30 057	24 270	33 542	7 889	13 855	5 038	1 948	19 639	11 831
2012	163 416	111 205	30 137	24 268	35 030	7 172	13 930	4 688	2 030	20 353	12 140
2013	164 627	111 956	30 312	24 117	36 318	6 791	14 023	4 346	1 998	20 899	12 371
2014	165 446	112 723	30 310	24 069	37 123	6 800	14 043	4 222	1 899	23 896	12 371

表5 农业自然灾害情况

单位：千公顷

年份	受灾面积			成灾面积			成灾面积占受灾面积(%)	除涝面积	水土流失治理面积
		水灾面积	旱灾面积		水灾面积	旱灾面积			
1997	53 429	11 414	33 514	30 309	5 840	20 250	56.7	20 526	72 242
1998	50 145	22 292	14 236	25 181	13 785	5 060	50.2	20 681	75 022
1999	49 981	9 020	30 156	26 731	5 071	16 614	53.5	20 838	77 828
2000	**54 688**	**7 323**	**40 541**	**34 374**	**4 321**	**26 784**	**62.9**	**20 990**	**80 961**
2001	52 215	6 042	38 472	31 793	3 614	23 698	60.9	21 021	81 539
2002	47 120	12 380	22 210	27 320	7 470	13 250	58.0	21 097	85 410
2003	54 386	19 208	24 852	32 516	12 289	14 470	59.8	21 097	85 410
2004	37 106	7 314	17 253	16 297	3 747	8 482	43.9	21 198	92 000
2005	**38 818**	**10 932**	**16 028**	**19 966**	**6 047**	**8 479**	**51.4**	**21 340**	**94 654**
2006	41 091	8 003	20 738	24 632	4 569	13 411	59.9	21 376	97 491
2007	48 992	10 463	29 386	25 064	5 105	16 170	51.2	21 419	99 871
2008	39 990	6 477	12 137	22 284	3 656	6 798	55.7	21 425	101 587
2009	47 214	7 613	29 259	21 234	3 162	13 197	45.0	21 584	104 545
2010	**37 426**	**7 613**	**29 259**	**18 538**	**7 024**	**8 987**	**49.5**	**21 692**	**106 800**
2011	32 471	6 863	16 304	12 441	2 840	6 599	38.3	21 722	109 663
2012	24 962	7 730	9 340	11 475	4 145	3 509	46.0	21 857	111 862
2013	31 350	8 757	14 100	14 303	4 859	5 852	45.6	21 943	106 892
2014	24 891	4 718	12 272	12 678	2 704	5 677	50.9	22 369	111 609

表6 主要农产品产量

单位：万吨

年份/地区	粮食作物						油 料	棉 花	甘 蔗	甜 菜	水 果
	总产量	谷 物				大 豆	总产量	总产量	总产量	总产量	总产量
			稻 谷	小 麦	玉 米						
1997	49 417	44 349	20 073	12 329	10 431	1 473	2 157	460	7 890	1 497	5 089
1998	51 230	45 625	19 871	10 973	13 295	1 515	2 314	450	8 344	1 447	5 453
1999	50 839	45 304	19 849	11 388	12 809	1 425	2 601	383	7 470	864	6 238
2000	**46 218**	**40 522**	**18 791**	**9 964**	**10 600**	**1 541**	**2 955**	**442**	**6 828**	**807**	**6 225**
2001	45 264	39 648	17 758	9 387	11 409	1 541	2 865	532	7 566	1 089	6 658
2002	45 706	39 799	17 454	9 029	12 131	1 651	2 897	492	9 011	1 282	14 375
2003	43 070	37 429	16 066	8 649	11 583	1 539	2 811	486	9 024	618	14 517
2004	46 947	41 157	17 909	9 195	13 029	1 740	3 066	632	8 985	586	15 341
2005	**48 402**	**42 776**	**18 059**	**9 745**	**13 937**	**1 635**	**3 077**	**571**	**8 664**	**788**	**16 120**
2006	49 804	45 099	18 172	10 847	15 160	1 597	2 640	753	9 709	751	17 102
2007	50 160	45 632	18 603	10 930	15 230	1 273	2 569	762	11 295	893	18 136
2008	52 871	47 847	19 190	11 246	16 591	1 554	2 953	749	12 415	1 004	19 220
2009	53 082	48 156	19 510	11 512	16 397	1 498	3 154	638	11 559	718	20 396
2010	**54 648**	**49 637**	**19 576**	**11 518**	**17 725**	**1 508**	**3 230**	**596**	**11 079**	**930**	**21 401**
2011	57 121	51 939	20 100	11 740	19 278	1 449	3 307	659	11 443	1 073	22 768
2012	58 958	53 935	20 424	12 102	20 561	1 305	3 437	684	12 311	1 174	24 202
2013	60 194	55 269	20 361	12 193	21 849	1 195	3 517	630	12 820	926	25 093
2014	60 703	55 741	20 651	12 621	21 565	1 215	3 507	618	12 561	800	26 142
东部地区	14 768	13 831	4 498	4 976	4 179	169	813	132	2 056	76	9 739
中部地区	18 248	17 461	8 312	5 416	3 630	259	1 528	106	208	8	6 816
西部地区	16 158	13 688	4 550	2 180	6 508	267	1 001	380	10 297	659	8 228
东北地区	11 529	10 761	3 290	50	7 247	520	167	0	—	58	1 359

注：2002年（含）以后水果总产量含果用瓜。

表7　养殖业情况

年份/地区	大牲畜年末存栏(万头)	猪年末存栏(万头)	羊年末存栏(万头)	肉类产量(万吨)	猪肉(万吨)	牛肉(万吨)	羊肉(万吨)	禽肉(万吨)	禽蛋产量(万吨)	奶类产量(万吨)	水产品总产量(万吨)
1997	14 542	40 035	25 576	5 269	3 596	441	213	979	1 897	681	3 119
1998	14 803	42 256	26 904	5 724	3 884	480	235	1 056	2 021	745	3 383
1999	15 025	43 144	27 926	5 949	4 006	505	251	1 116	2 135	807	3 570
2000	**14 638**	**41 634**	**27 948**	**6 014**	**3 966**	**513**	**264**	**1 208**	**2 182**	**919**	**3 706**
2001	13 981	41 951	27 625	6 106	4 052	509	272	1 210	2 210	1 123	3 796
2002	13 672	41 776	28 241	6 234	4 123	522	284	1 250	2 266	1 400	3 955
2003	13 467	41 382	29 307	6 443	4 239	543	309	1 312	2 333	1 849	4 077
2004	13 191	42 123	30 426	6 609	4 341	560	333	1 351	2 371	2 368	4 247
2005	**12 895**	**43 319**	**29 793**	**6 939**	**4 555**	**568**	**350**	**1 464**	**2 438**	**2 865**	**4 420**
2006	12 287	41 850	28 370	7 089	4 651	577	364	1 507	2 424	3 303	4 584
2007	12 309	43 990	28 565	6 866	4 288	613	383	1 448	2 529	3 633	4 748
2008	12 251	46 291	28 085	7 279	4 621	613	380	1 534	2 702	3 781	4 896
2009	12 153	46 983	28 452	7 650	4 891	636	389	1 595	2 741	3 735	5 120
2010	**12 239**	**66 686**	**27 220**	**7 926**	**5 071**	**653**	**399**	**1 656**	**2 763**	**3 748**	**5 373**
2011	11 966	46 767	28 236	7 958	5 053	647	393	1 709	2 811	3 811	5 603
2012	11 892	47 592	28 504	8 387	5 343	662	401	1 823	2 861	3 875	5 908
2013	11 853	47 411	29 036	8 535	5 493	673	408	1 798	2 876	3 650	6 172
2014	12 023	46 583	30 315	8 707	5 671	689	428	1 751	2 894	3 841	6 462
东部地区	1 495	11 834	4 599	2 607	1 602	141	84	726	1 091	1 047	3 933
中部地区	2 341	14 998	4 508	2 547	1 864	160	68	431	911	506	1 256
西部地区	6 657	15 832	19 147	2 631	1 681	259	251	364	416	1 544	650
东北地区	1 529	3 919	2 061	921	523	129	25	230	476	744	596

注：水产品总产量含远洋捕捞产量，导致地区产量之和不完全等于全国总产量。

表8 农产品加工业主要经济指标

单位：个、亿元

项 目	企业单位数		主营业务收入		利润总额		税金总额		出口交货值	
	2013年	2014年	2013年	2014年	2013年	2014年	2013年	2014年	2013年	2014年
总计	74 374	75 562	16 245.4	17 584.8	1 077.4	1 102.9	551.4	577.2	1 086.5	1 135.4
一、农副食品加工业	23 080	23 784	5 937.3	6 353.3	308.3	307.0	133.5	139.1	305.6	319.0
二、食品制造业*	7 470	7 714	1 792.8	2 012.5	153.3	168.2	72.8	78.3	106.1	110.9
三、酒、饮料和精制茶制造业	4 833	5 170	1 336.6	1 429.8	152.4	146.2	104.5	103.5	25.6	26.7
四、纺织业*	11 691	11 395	2 303.6	2 472.0	129.3	133.7	67.6	72.0	153.5	152.6
五、皮革、毛皮、羽毛及其制品业*	3 833	4 004	609.7	667.3	41.9	45.4	17.5	19.7	122.2	130.4
六、木材加工和木、竹、藤、棕、草制品业*	8 088	8 092	1 089.9	1 210.6	73.0	75.8	38.2	42.2	75.3	81.4
七、家具制造业*	3 075	3 240	425.3	470.8	25.4	27.8	15.2	16.9	80.4	84.8
八、造纸和纸制品业*	7 192	6 819	1 266.4	1 346.5	71.1	70.2	41.8	41.5	56.9	59.2
九、中药饮片加工与中成药生产业*	2 283	2 427	642.4	730.2	64.4	70.3	35.7	39.7	7.8	9.3
十、橡胶制品业*	2 829	2 917	841.4	891.8	58.2	58.3	24.6	24.2	153.1	161.1

注：带*的表示对该行业的小类进行了扣除计算。

表9 农产品供需及价格情况：水稻

年份	面积 (千公顷)	单产 (千克/公顷)	生产量 (万吨)	大米进口量 (万吨)	大米出口量 (万吨)	早籼米批发价 标一(1) (元/吨)	晚籼米批发价 标一(1) (元/吨)	粳米批发价 标一(1) (元/吨)	国际市场价 (2) (美元/吨)
1997	31 765	6 319	20 073	35.9	95.2	1 803.1	1 929.0		316.9
1998	31 214	6 366	19 871	26.0	375.6	1 825.4	1 984.2		316.0
1999	31 283	6 345	19 849	19.1	271.7	1 771.3	1 883.8		251.7
2000	**29 962**	**6 272**	**18 791**	**24.9**	**296.2**	**1 348.7**	**1 476.9**		**206.7**
2001	28 812	6 163	17 758	29.3	187.0	1 423.8	1 542.2	2 124.2	177.4
2002	28 202	6 189	17 454	23.8	199.0	1 433.5	1 483.1	2 013.0	196.9
2003	26 508	6 061	16 066	25.9	261.7	1 564.9	1 580.3	1 907.6	200.9
2004	28 379	6 311	17 909	76.6	90.9	2 315.6	2 424.1	2 648.0	244.5
2005	**28 847**	**6 260**	**18 059**	**52.2**	**68.6**	**2 161.4**	**2 288.9**	**2 785.9**	**290.5**
2006	28 938	6 280	18 172	73.0	125.3	2 181.0	2 302.4	2 913.6	311.2
2007	28 919	6 433	18 603	48.7	134.3	2 402.0	2 559.0	2 857.1	334.5
2008	29 241	6 563	19 190	33.0	97.2	2 638.5	2 823.5	2 963.7	697.5
2009	29 627	6 585	19 510	35.7	78.6	2 751.3	2 916.3	3 273.6	583.5
2010	**29 873**	**6 553**	**19 576**	**38.8**	**62.2**	**2 985.9**	**3 166.7**	**3 879.8**	**520.0**
2011	30 057	6 687	20 100	59.8	51.6	3 590.9	3 877.8	4 346.4	566.2
2012	30 137	6 777	20 424	236.9	27.9	3 831.5	4 145.7	4 353.7	590.4
2013	30 312	6 717	20 361	227.1	47.8	3 829.3	4 029.9	4 598.8	532.7
2014	30 310	6 813	20 651	257.9	41.9	3 876.2	4 128.3	4 644.3	342.7

注：（1）为全国主要粮食批发市场交易平均价。

（2）为泰国曼谷FOB价格（100% B级）。

表10 农产品供需及价格情况：小麦

年份	面积 (千公顷)	单产 (千克/公顷)	生产量 (万吨)	进口量 (万吨)	出口量 (万吨)	白小麦批发价 (三等) (1) (元/吨)	面粉零售价 (特一粉) (2) (元/吨)	面粉零售价 (标准粉) (2) (元/吨)	国际市场价 (3) (美元/吨)
1997	30 057	4 102	12 329	192.2	45.8	1 562.5	2 845.9	2 361.9	
1998	29 774	3 685	10 973	154.8	27.5	1 410.8	2 679.8	2 240.2	128.5
1999	28 855	3 947	11 388	50.5	16.4	1 329.1	2 637.5	2 187.9	114.4
2000	**26 653**	**3 738**	**9 964**	**91.9**	**18.8**	**1 127.9**	**2 432.5**	**2 021.2**	**118.6**
2001	24 664	3 806	9 387	73.9	71.3	1 109.0	2 333.7	1 940.6	129.7
2002	23 908	3 777	9 029	63.2	97.7	1 064.0	2 295.7	1 924.3	150.8
2003	21 997	3 932	8 649	44.7	251.4	1 144.2	2 378.9	2 009.7	149.6
2004	21 626	4 252	9 195	725.8	108.9	1 558.2	2 543.4	2 246.2	161.3
2005	**22 793**	**4 275**	**9 745**	**353.8**	**60.5**	**1 505.2**	**2 708.6**	**2 406.9**	**157.8**
2006	23 613	4 593	10 847	61.3	151.0	1 446.3	2 755.6	2 422.2	199.7
2007	23 721	4 608	10 930	10.1	307.3	1 547.4	2 980.5	2 609.5	263.8
2008	23 617	4 762	11 246	4.3	31.0	1 640.8	3 157.2	2 785.4	344.6
2009	24 291	4 739	11 512	90.4	24.5	1 854.2	3 299.7	2 941.1	235.7
2010	**24 257**	**4 748**	**11 518**	**123.1**	**27.7**	**1 988.9**	**3 558.3**	**3 154.5**	**240.8**
2011	24 270	4 837	11 740	125.8	32.8	2 079.0	3 913.5	3 430.8	330.1
2012	24 268	4 987	12 102	370.1	28.6	2 140.9	4 086.4	3 605.1	327.2
2013	24 117	5 056	12 193	553.5	27.8	2 442.6	4 328.3	3 809.5	322.4
2014	24 069	5 244	12 621	300.4	19.0	2 510.4	4534.8	3 966.6	305.9

注：（1）为全国主要粮食批发市场交易平均价。

（2）数据来源于国家发改委价格监测中心。

（3）为美国海湾离岸价（2号硬红冬麦）。

表 11　农产品供需及价格情况：玉米

年　份	面　积 (千公顷)	单　产 (千克/公顷)	生产量 (万吨)	进口量 (万吨)	出口量 (万吨)	玉米批发价 (二等) (1) (元/吨)	国际市场价 (2号黄玉米) (2) (美元/吨)
1997	23 775	4 387	10 430	0.3	667.1	1 187.1	117.2
1998	25 239	5 268	13 295	25.2	469.2	1 321.1	102.0
1999	25 904	4 945	12 808	7.9	433.3	1 113.7	91.7
2000	**23 056**	**4 598**	**10 600**	**0.3**	**1 047.9**	**950.2**	**88.4**
2001	24 282	4 699	11 409	3.9	600.0	1 124.3	89.6
2002	24 634	4 925	12 131	0.8	1 167.5	1 023.8	99.2
2003	24 068	4 813	11 583	0.1	1 639.1	1 114.2	105.2
2004	25 446	5 120	13 029	0.2	232.4	1 296.9	111.7
2005	**26 358**	**5 287**	**13 937**	**0.4**	**864.2**	**1 218.7**	**98.5**
2006	28 463	5 326	15 160	6.5	309.9	1 300.7	122.1
2007	29 478	5 167	15 230	3.5	491.8	1 538.1	162.7
2008	29 864	5 556	16 591	5.0	27.3	1 626.2	223.1
2009	31 183	5 258	16 397	8.4	13.0	1 629.3	165.6
2010	**32 500**	**5 454**	**17 725**	**157.3**	**12.7**	**1 918.3**	**184.6**
2011	33 542	5 748	19 278	175.4	13.6	2 188.9	292.3
2012	35 030	5 870	20 561	520.8	25.7	2 299.6	298.3
2013	36 318	6 016	21 849	326.6	7.8	2 265.4	264.1
2014	37 123	5 809	21 565	259.9	2.0	2 332.0	192.0

注：(1) 为全国主要粮食批发市场交易平均价。
　(2) 为美国海湾离岸价。

表12 农产品供需及价格情况：大豆

年 份	面 积 (千公顷)	单 产 (千克/公顷)	生产量 (万吨)	进口量 (万吨)	出口量 (万吨)	大豆批发价 (三等) (1) (元/吨)	国际市场价 (1号黄大豆) (2) (美元/吨)
1997	8 346	1 765	1 473	288.6	18.8	3 104.4	291.7
1998	8 500	1 783	1 515	320.1	17.2	2 461.2	235.0
1999	7 962	1 789	1 425	432.0	20.7	2 131.0	184.9
2000	**9 307**	**1 656**	**1 541**	**1 041.9**	**21.5**	**2 257.1**	**193.0**
2001	9 482	1 625	1 541	1 394.0	26.2	2 073.6	180.7
2002	8 720	1 893	1 651	1 131.5	30.5	2 114.7	201.3
2003	9 313	1 653	1 539	2 074.1	29.5	2 638.7	241.3
2004	9 589	1 815	1 740	2 023.0	34.9	3 280.1	288.5
2005	**9 591**	**1 705**	**1 635**	**2 659.1**	**41.3**	**2 844.7**	**238.6**
2006	9 280	1 721	1 597	2 827.0	39.5	2 648.8	234.8
2007	8 754	1 454	1 273	3 082.1	47.5	3 279.8	326.9
2008	9 127	1 703	1 554	3 743.6	48.4	4 626.2	474.7
2009	9 190	1 630	1 498	4 255.2	35.6	3 763.8	403.5
2010	**8 516**	**1 771**	**1 508**	**5 479.7**	**17.3**	**3 887.0**	**408.8**
2011	7 889	1 836	1 449	5 264.0	21.4	4 128.3	507.3
2012	7 172	1 820	1 305	5 838.5	32.1	4 278.8	567.0
2013	6 791	1 760	1 195	6 337.5	20.9	4 800.8	549.2
2014	6 800	1 787	1 215	7 140.3	20.7	4 687.8	489.4

注：(1) 为全国主要粮食批发市场交易平均价。
(2) 为美国海湾离岸价。

表13 农产品生产及进出口情况：粮食、食用植物油

年份	粮食				食用植物油			
	生产量（万吨）	进口量（万吨）	出口量（万吨）	全国人均占有量（千克/人）	生产量（万吨）	进口量（万吨）	出口量（万吨）	全国人均占有量（千克/人）
1997	49 417	706	854	402	894	279.9	82.4	7.3
1998	51 230	709	907	412	603	206.7	30.9	4.9
1999	50 839	772	759	406	734	214.0	10.0	5.9
2000	**46 218**	**1 357**	**1 401**	**366**	**835**	**187.1**	**11.2**	**6.6**
2001	45 264	1 738	903	356	1 383	167.5	13.4	10.9
2002	45 706	1 417	1 514	357	1 531	321.2	9.8	12.0
2003	43 070	2 283	2 230	334	1 584	541.8	6.0	12.3
2004	46 947	2 998	514	362	1 683	676.4	6.6	13.0
2005	**48 402**	**3 286**	**1 059**	**371**	**2 071**	**621.3**	**22.8**	**15.9**
2006	49 804	3 189	650	380	2 335	671.5	40.0	17.8
2007	50 160	3 238	1 039	381	2 638	839.7	16.8	20.0
2008	52 871	3 898	235	399	2 419	817.1	24.9	18.3
2009	53 082	4 570	173	399	3 280	950.2	11.6	24.6
2010	**54 648**	**6 051**	**142**	**409**	**3 916**	**826.2**	**9.6**	**29.3**
2011	57 121	5 809	143	425	4 332	779.8	12.4	32.2
2012	58 958	7 237	134	437	5 176	959.9	10.1	38.3
2013	60 194	7 796	121	443	6 219	992.1	11.7	45.8
2014	60 703	9 091	98	445	6 534	650.2	13.4	47.9

注：粮食数据包含大豆。

表14 农产品生产及进出口情况：棉花、食糖

年 份	棉 花				食 糖			
	生产量（万吨）	进口量（万吨）	出口量（万吨）	全国人均占有量（千克/人）	生产量（万吨）	进口量（万吨）	出口量（万吨）	全国人均占有量（千克/人）
1997	460	84.9	0.7	3.7	702.6	78.3	37.9	5.7
1998	450	31.0	5.2	3.6	826.0	50.8	43.6	6.6
1999	383	16.4	24.4	3.1	861.0	41.7	36.7	6.9
2000	**442**	**25.1**	**29.9**	**3.5**	**700.0**	**67.5**	**41.5**	**5.5**
2001	532	19.7	6.0	4.2	653.1	119.9	19.6	5.1
2002	492	24.5	15.9	3.8	926.0	118.4	32.6	7.2
2003	486	107.5	11.7	3.8	1 083.9	77.6	10.3	8.4
2004	632	211.4	1.2	4.9	1 033.7	121.5	8.5	8.0
2005	**571**	**274.5**	**0.8**	**4.4**	**912.4**	**139.1**	**35.8**	**7.0**
2006	753	398.0	1.6	5.7	949.1	137.4	15.4	7.2
2007	762	274.1	2.5	5.8	1 271.4	119.4	11.0	9.6
2008	749	226.4	2.4	5.7	1 432.6	78.0	6.2	10.9
2009	638	175.9	1.0	4.8	1 338.4	106.0	6.4	9.9
2010	**596**	**312.8**	**0.7**	**4.5**	**1 117.6**	**176.6**	**9.4**	**8.3**
2011	659	356.6	2.8	4.9	1 187.4	291.9	5.9	8.8
2012	684	541.3	2.3	5.1	1 409.5	374.7	4.7	10.4
2013	630	450.0	0.8	4.6	1 592.8	454.6	4.8	11.7
2014	618	243.9	1.3	4.5	1 642.7	348.6	4.6	12.0

表15　农产品生产、消费及进出口情况：猪肉

年　份	肉猪年末存栏头数（万头）	肉猪出栏头数（万头）	猪肉生产量（万吨）	出口活猪(1)（万吨）	进口猪肉(2)（万吨）	出口猪肉(2)（万吨）	全国人均占有量（千克/人）
1997	40 035	46 484	3 596	227.0	0.51	15.68	29.2
1998	42 256	50 215	3 884	219.5	2.55	15.82	31.3
1999	43 144	51 977	4 006	195.8	13.25	11.11	32.0
2000	**41 634**	**51 862**	**3 966**	**203.1**	**23.79**	**11.20**	**31.4**
2001	41 951	53 281	4 052	196.5	20.40	17.20	31.9
2002	41 776	54 144	4 123	188.0	21.95	23.63	32.2
2003	41 382	55 702	4 239	187.8	31.20	30.50	32.9
2004	42 123	57 279	4 314	196.6	29.11	41.48	33.3
2005	**43 319**	**60 367**	**4 555**	**176.2**	**19.98**	**38.65**	**34.9**
2006	41 850	61 207	4 651	172.0	21.88	41.93	35.5
2007	43 990	56 508	4 288	160.9	47.31	26.91	32.5
2008	46 291	61 017	4 621	164.5	91.40	17.23	34.9
2009	46 996	64 539	4 891	16.2	52.80	17.91	36.7
2010	**46 460**	**66 686**	**5 071**	**16.9**	**90.21**	**21.38**	**37.9**
2011	46 767	66 170	5 053	15.6	135.04	18.78	37.6
2012	47 592	69 789	5 343	16.8	137.01	18.10	39.6
2013	47 411	71 557	5 493	19.63	140.34	17.20	40.5
2014	46 583	73 510	5 671	18.0	138.48	21.51	41.6

注：(1) 出口活猪2008年及以前年份统计单位为万头。
(2) 猪肉进出口数据统计范围包括肉、杂碎和加工猪肉等项。

表16 化肥及农药生产、进口及价格情况

单位：万吨

年份	化肥					农药				
	生产量（纯量）	施用量（纯量）	进口量（自然吨）	出口量（自然吨）	化肥价格指数（上年为100）	生产量	施用量	进口量	出口量	农药价格指数（上年为100）
1997	2 821	3 980.7	1 648.9	156.7	92.2	52.7	119.5	4.8	8.8	98.3
1998	3 010	4 083.7	1 387.1	120.0	91.4	55.9	123.2	4.4	10.7	96.4
1999	3 251	4 124.3	1 335.2	171.4	94.9	62.5	131.2	4.7	14.7	95.1
2000	**3 186**	**4 146.4**	**1 189.3**	**252.3**	**92.9**	**60.7**	**128.0**	**4.1**	**16.2**	**95.1**
2001	3 383	4 253.8	1 091.5	288.8	97.9	78.7	127.5	3.4	19.7	97.1
2002	3 791	4 339.4	1 681.8	251.7	102.4	92.9	131.2	2.7	22.2	98.0
2003	3 881	4 411.6	1 212.9	541.9	101.6	76.7	132.5	2.8	27.2	99.9
2004	4 805	4 636.6	1 239.7	726.2	112.8	82.1	138.6	2.8	39.1	103.0
2005	**5 178**	**4 766.2**	**1 396.5**	**455.9**	**112.8**	**114.7**	**146.0**	**3.7**	**42.8**	**104.1**
2006	5 345	4 927.7	1 128.5	539.2	100.1	138.5	153.7	4.3	39.8	101.6
2007	5 825	5 107.8	1 176.2	1 395.4	103.4	176.5	162.3	4.1	47.7	101.4
2008	6 028	5 239.0	625.5	1 021.5	103.7	190.2	167.2	4.4	48.5	108.0
2009	6 385	5 404.4	411.1	939.6	93.7	226.2	170.9	4.4	50.7	100.0
2010	**6 340**	**5 561.7**	**717.9**	**1 692.2**	**98.6**	**234.2**	**175.8**	**5.1**	**61.3**	**100.4**
2011	6 626	5 704.2	794.7	1 921.0	113.3	264.8	178.7	5.3	79.6	102.6
2012	7 296	5 838.8	843.1	1 852.2	106.6	354.9	180.6	6.9	89.7	102.2
2013	7 037	5 911.9	792.6	1 978.0	97.7	319.0	180.2	7.7	109.5	101.7
2014	6 887.2	5 995.9	958.7	2 992.9	94.2	374.4	180.7	9.3	116.1	101.2

表17　城乡居民家庭人均收入对比

单位：元/人

年份	农村居民家庭人均总收入	人均纯收入	家庭经营纯收入	第一产业	农业收入	牧业收入	第二产业	第三产业	城镇居民人均可支配收入	城镇居民人均可支配收入比农村人均纯收入
1997	2 977	2 090	1 472.7	1 220.0	976.2	203.5	78.0	174.8	5 160.3	2.5
1998	2 996	2 162	1 466.0	1 192.1	962.8	188.5	80.1	193.5	5 425.1	2.5
1999	2 987	2 210	1 448.4	1 139.0	918.3	174.3	91.1	218.3	5 854.0	2.7
2000	**3 146**	**2 253**	**1 427.3**	**1 090.7**	**833.9**	**207.4**	**99.4**	**237.2**	**6 280.0**	**2.8**
2001	3 307	2 366	1 459.6	1 126.6	863.6	212.0	100.0	233.1	6 859.6	2.9
2002	3 432	2 476	1 486.5	1 135.0	866.7	210.6	108.6	243.0	7 702.8	3.1
2003	3 582	2 622	1 541.3	1 195.6	885.7	245.7	108.6	237.1	8 472.0	3.2
2004	4 040	2 936	1 745.8	1 398.0	1 056.5	271.0	108.2	239.5	9 421.6	3.2
2005	**4 631**	**3 255**	**1 844.5**	**1 469.6**	**1 097.7**	**283.6**	**108.3**	**266.7**	**10 493.0**	**3.2**
2006	5 025	3 587	1 931.0	1 521.3	1 159.6	265.6	121.7	288.0	11 759.5	3.3
2007	5 791	4 140	2 193.7	1 745.1	1 303.8	335.1	137.6	311.0	13 785.8	3.3
2008	6 701	4 761	2 435.6	1 945.9	1 427.0	397.5	149.0	340.7	15 780.8	3.3
2009	7 116	5 153	2 526.8	1 988.2	1 497.9	360.4	164.5	374.1	17 174.7	3.3
2010	**8 120**	**5 919**	**2 832.8**	**2 231.0**	**1 723.5**	**355.6**	**182.1**	**419.7**	**19 109.0**	**3.2**
2011	9 833	6 977	3 222.0	2 519.9	1 896.7	462.5	192.6	509.4	21 809.8	3.1
2012	10 991	7 917	3 533.4	2 722.2	2 106.8	441.0	213.7	597.4	24 564.7	3.1
2013		9 430	3 934.8	2 839.8	2 160.0	460.1	252.5	842.5	26 467	2.8
2014		10 489	4 237.4	2 998.6	2 306.8	443.0	259.1	979.6	28 843.9	2.7

注：城镇居民人均可支配收入四个经济地带数据为简单算术平均数。

2013、2014年数据来源于国家统计局开展的城乡一体化住户收支与生活状况调查，为可支配收入，与以前概念不同，后同。

表18 城乡居民人均支出对比

单位：元/人

年份	农村居民人均总支出	家庭经营费用支出	生活消费支出	食品	转移性和财产性支出	现金支出	家庭经营费用支出	税费支出	生活消费支出	城镇居民人均生活消费支出	城乡居民人均生活消费支出比
1997	2 537	706	1 617	890	45	1 960	540	98	1 126	4 186	2.6
1998	2 457	653	1 590	850	53	1 931	512	98	1 128	4 332	2.7
1999	2 390	600	1 577	829	56	1 917	471	93	1 145	4 616	2.9
2000	**2 652**	**654**	**1 670**	**821**	**169**	**2 140**	**545**	**90**	**1 285**	**4 998**	**3.0**
2001	2 780	696	1 741	831	174	2 285	585	86	1 364	5 309	3.0
2002	2 924	731	1 834	848	194	2 438	617	76	1 468	6 030	3.3
2003	3 025	755	1 943	886	157	2 537	638	66	1 577	6 511	3.4
2004	3 430	924	2 185	1 032	176	2 863	789	37	1 755	7 182	3.3
2005	**4 127**	**1 190**	**2 555**	**1 162**	**238**	**3 567**	**1 053**	**13**	**2 135**	**7 943**	**3.1**
2006	4 485	1 242	2 829	1 217	264	3 932	1 104	11	2 415	8 697	3.1
2007	5 138	1 433	3 224	1 389	322	4 533	1 287	12	2 767	9 998	3.1
2008	5 916	1 705	3 661	1 599	377	5 258	1 551	12	3 159	11 243	3.1
2009	6 334	1 700	3 993	1 636	429	5 695	1 555	10	3 505	12 265	3.1
2010	**6 992**	**1 916**	**4 382**	**1 801**	**493**	**6 307**	**1 758**	**9**	**3 859**	**13 471**	**3.1**
2011	8 642	2 431	5 221	2 107	712	7 985	2 269	12	4 733	15 161	2.9
2012	9 606	2 626	5 908	2 324	789	8 962	2 483	10	5 414	16 674	2.8
2013			7 485	2 554					5 979	18 488	2.5
2014			8 383	2 814					6 717	19 968	2.4

表19　各种物价指数

上年为100

年　份	商品零售价格指数	居民消费价格指数	城市居民消费价格指数	农村居民消费价格指数	农产品生产价格指数	农业生产资料价格指数
1997	100.8	102.8	103.1	102.5	95.5	99.5
1998	97.4	99.2	99.4	99.0	92.0	94.5
1999	97.0	98.6	98.7	98.5	87.8	95.8
2000	**98.5**	**100.4**	**100.8**	**99.9**	**96.4**	**99.1**
2001	99.2	100.7	100.7	100.8	103.1	99.1
2002	98.7	99.2	99.0	99.6	99.7	100.5
2003	99.9	101.2	100.9	101.6	104.4	101.4
2004	102.8	103.9	103.3	104.8	113.1	110.6
2005	**100.8**	**101.8**	**101.6**	**102.2**	**101.4**	**108.3**
2006	101.0	101.5	101.5	101.5	101.2	101.5
2007	103.8	104.8	104.5	105.4	118.5	107.7
2008	105.9	105.9	105.6	106.5	114.1	120.3
2009	98.8	99.3	99.1	99.7	97.6	97.5
2010	**103.1**	**103.3**	**103.2**	**103.6**	**110.9**	**102.9**
2011	104.9	105.4	105.3	105.8	116.5	111.3
2012	102.2	102.6	102.7	102.5	102.7	105.6
2013	101.4	102.6	102.6	102.8	103.2	101.4
2014	101.0	102.0	102.1	101.8	99.8	99.1

注：2000年（含）以前的农产品生产价格指数为农副产品收购价格指数。

表20 农产品生产价格指数

年份	农产品生产价格指数	谷物				大豆	油料	棉花	蔬菜	水果	糖料	畜牧产品		
			小麦	稻谷	玉米								生猪	蛋类
1997	95.5		89.0	88.2	94.2	100.1	104.8	99.8	91.6	88.6	97.6	101.8	110.1	86.3
1998	92.0		95.8		101.9	85.2	97.7	88.8	91.7	94.5	89.5	86.9	82.9	94.2
1999	87.8		88.9	87.7	86.3	81.8	84.8	69.8	94.9	88.1	80.4	88.5	85.2	91.7
2000	**96.4**		**81.8**	**90.2**	**89.9**	**105.8**	**93.6**	**121.2**	**99.9**	**98.6**	**88.8**	**99.0**	**100.2**	**90.6**
2001	103.1													
2002	99.7	95.8	98.1	97.2	91.5	98.9	104.8	103.4	95.1	109.9	86.0	100.2	98.0	102.8
2003	104.4	102.3	103.0	99.9	104.6	120.6	119.4	135.3	110.4	102.0	90.5	101.8	102.9	101.1
2004	113.1	128.1	131.2	136.3	116.9	120.2	116.6	79.5	105.2	98.6	104.9	111.1	112.8	112.6
2005	**101.4**	**99.2**	**96.4**	**101.6**	**98.0**	**94.2**	**91.3**	**111.8**	**107.2**	**107.4**	**111.6**	**100.5**	**97.7**	**106.4**
2006	101.2	102.1	100.1	102.0	103.0	99.2	104.8	97.1	109.3	111.4	121.1	94.3	90.6	96.0
2007	118.5	109.0	105.5	105.4	115.0	124.2	133.4	109.6	106.9	101.3	100.0	131.4	145.9	115.9
2008	114.1	107.1	108.7	106.6	107.3	119.7	128.0	90.6	104.7	101.4	98.4	123.9	130.8	112.2
2009	97.6	104.9	107.9	105.2	98.5	92.3	94.2	111.8	111.8	107.0	101.5	90.1	81.6	102.8
2010	**110.9**	**112.8**	**107.9**	**112.8**	**116.1**	**107.9**	**112.1**	**157.7**	**116.8**	**118.9**	**106.0**	**103.0**	**98.3**	**107.5**
2011	116.5	109.7	105.2	113.3	109.9	106.3	112.1	79.5	103.4	106.2	125.5	137.0	137.0	112.6
2012	102.7	104.8	102.9	104.1	106.6	103.0	105.2	98.1	109.9	103.9	105.0	99.7	95.9	100.5
2013	103.2	104.3	106.7	102.2	100.2	105.7	102.4	103.9	106.9	106.2	98.9	102.4	99.3	105.8
2014	99.8	102.7	105.1	102.2	101.7	101.8	99.9	87.1	98.5	106.4	99.7	97.1	92.2	105.7

注：2000年（含）以前为农副产品收购价格指数，2001年(含)之后为农副产品生产价格指数。

表21　城乡零售价格分类指数

上年为100

年份	食品类		粮食		油脂类(1)		鲜菜		肉禽蛋(2)		水产品	
	城市	农村	城市	农村	城市	农村	城市	农村	城市	农村	城市	农村
1997	100.1	99.2	93.9	90.4	101.4	101.9	99.6	99.3	101.3	101.5	101.2	101.1
1998	96.9	96.6	96.9	96.9	102.1	98.4	99.3	102.0	93.0	91.9	94.5	93.4
1999	95.8	96.0	96.2	96.6	94.7	94.0	99.8	101.5	90.6	91.8	94.2	92.2
2000	**97.6**	**97.4**	**91.2**	**88.9**	**84.7**	**88.4**	**104.8**	**106.3**	**95.5**	**97.1**	**103.4**	**101.0**
2001	98.9	99.6	101.4	101.7	89.9	90.0	103.4	103.2	103.3	102.3	95.9	97.2
2002	99.7	100.3	98.5	98.9	100.4	99.6	99.5	103.0	100.3	100.7	96.3	95.9
2003	103.2	103.7	102.0	102.6	111.6	113.5	116.4	116.1	102.8	104.2	100.8	99.2
2004	108.8	111.9	125.2	128.3	115.0	119.1	94.4	96.8	116.8	117.6	111.1	115.7
2005	**103.3**	**102.8**	**101.6**	**101.2**	**94.6**	**94.8**	**108.6**	**107.2**	**102.8**	**103.3**	**106.3**	**104.6**
2006	102.6	102.4	102.7	102.4	99.0	98.4	107.9	108.8	97.3	97.2	101.9	100.7
2007	111.7	113.6	106.1	107.0	125.2	128.1	107.5	109.1	130.8	131.5	104.7	106.9
2008	114.5	114.0	107.2	107.1	124.9	125.5	109.0	111.1	122.6	119.9	113.8	115.9
2009	101.1	100.2	105.9	105.4	82.0	81.4	114.6	113.8	91.9	91.2	102.8	101.0
2010	**107.5**	**107.9**	**111.7**	**111.7**	**103.4**	**104.0**	**118.4**	**120.4**	**102.7**	**103.5**	**108.9**	**106.7**
2011	111.8	112.2	112.2	112.4	113.4	113.3	100.5	102.4	122.4	122.6	112.4	110.9
2012	105.1	104.0	104.1	103.6	105.6	104.1	113.7	113.9	102.8	100.2	107.7	109.0
2013	101.3	101.8	104.8	105.0	100.3	100.6	107.4	109.9	104.7	103.9	103.9	104.7
2014	103.2	102.5	103.2	103.1	94.9	95.5	98.8	98.7	100.5	100.0	104.3	104.2

注：(1) 油脂类在1993年以前以食用植物油为指标进行统计。

(2) 2003年肉禽蛋零售价格指数指肉禽蛋价格指数。2006年以后为肉禽及其制品价格指数。

表22 “菜篮子”产品批发价格

单位：元／千克

类别	品名	2011年	2012年	2013年	2014年	2014年比上年增减（%）
蔬菜	白萝卜	1.05	1.44	1.51	1.21	−20.1
蔬菜	大蒜	6.01	5.21	4.78	4.31	−9.8
蔬菜	豆角	5.32	5.56	5.91	5.91	0.1
蔬菜	胡萝卜	1.79	1.93	2.28	2.15	−5.7
蔬菜	黄瓜	2.90	3.35	3.67	3.24	−11.7
蔬菜	茄子	2.90	3.64	3.96	3.23	−14.0
蔬菜	青椒	3.81	4.35	4.28	3.59	−16.1
蔬菜	土豆	2.00	1.73	2.43	2.24	−7.8
蔬菜	西红柿	2.87	3.43	3.59	3.40	−5.1
蔬菜	大白菜	0.98	1.16	1.40	1.07	−23.0
蔬菜	大葱	1.90	3.05	2.85	2.36	−17.4
蔬菜	芹菜	2.02	2.67	2.97	2.22	−25.3
蔬菜	洋白菜	1.09	1.56	1.61	1.16	−27.9
蔬菜	油菜	2.16	2.70	2.89	2.50	−13.6
水果	蜜橘	4.12	4.02	4.07	4.44	9.1
水果	甜橙	5.97	4.71	5.66	6.38	12.7
水果	西瓜	3.43	3.24	3.50	3.46	−1.0
水果	鸭梨	3.75	3.53	3.71	5.48	47.8
水果	富士苹果	6.29	6.47	6.51	8.09	24.3
水果	香蕉	4.60	4.24	4.53	6.02	33.0
水果	菠萝	4.42	4.42	4.64	4.40	−5.1
畜产品	鸡蛋	8.69	8.11	8.42	9.58	13.8
畜产品	活鸡	13.76	14.02	15.17	16.77	10.6
畜产品	白条鸡	14.27	14.14	14.26	14.61	2.5
畜产品	猪肉	22.87	21.14	210.4	18.94	−10.0
畜产品	牛肉	33.42	39.31	51.71	54.33	5.1
畜产品	羊肉	39.12	46.06	53.34	55.39	3.8
水产品	草鱼	12.67	13.42	14.52	14.19	−2.3
水产品	带鱼	17.52	19.35	19.83	21.16	6.7
水产品	鲫鱼	13.01	14.44	15.49	14.58	−5.9
水产品	鲤鱼	12.12	12.39	11.06	11.73	6.1
水产品	鲢鱼	7.55	8.15	7.93	7.24	−8.8

资料来源：农业部。

表23　国家财政收入及支出情况

单位：亿元

指　　标	2010年	2011年	2012年	2013年	2014年
财政收入	**83 101.5**	**103 874.4**	**117 253.5**	**129 209.6**	**140 370.0**
中央	42 488.5	51 327.3	56 175.2	60 198.5	64 493.5
地方	40 613.0	52 547.1	61 078.3	69 011.2	75 876.6
财政收入指数(上年=100)	121.3	125.0	112.9	110.2	108.6
财政收入按项目分					
#各项税收	73 210.8	89 738.4	100 614.3	110 530.7	119 175.3
#增值税	21 093.5	24 266.6	26 415.5	28 810.1	30 855.4
营业税	11 157.9	13 679.0	7 875.6	17 233.0	17 781.7
消费税	6 071.6	6 936.2	15 747.6	8 231.3	8 907.1
个人所得税	4 837.3	6 054.1	19 654.5	6 531.5	7 376.6
关税	2 027.8	2 559.1	5 820.3	2 630.3	2 843.4
企业所得税	12 843.5	16 769.6	2 783.9	22 427.2	24 642.2
财政支出	**89 874.2**	**109 247.8**	**125 953.0**	**139 744.3**	**151 785.6**
中央	15 989.7	16 514.1	18 764.6	20 471.8	22 570.1
地方	73 884.4	92 733.7	107 188.3	119 740.3	129 215.5
财政支出指数(上年=100)	117.8	121.6	115.3	110.9	108.6
财政支出按项目分					
#农林水事务	8 129.6	9 937.6	11 973.9	13 227.9	14 173.8
一般公共服务	9 337.2	10 987.8	12 700.5	14 139.0	13 267.5
教育	12 550.0	16 497.3	21 242.1	21 876.5	23 041.7
科学技术	3 250.2	3 828.0	4 452.6	5 063.4	5 314.5
社会保障和就业	9 130.6	11 109.4	12 585.5	14 417.2	15 968.9
医疗卫生	4 804.2	6 429.5	7 245.1	8 208.7	10 176.8
节能环保	2 442.0	2 641.0	2 963.5	3 383.3	3 815.6
城乡事务	5 987.4	7 620.6	9 079.1	11 067.1	12 959.5
交通运输	5 488.5	7 497.8	8 196.2	9 272.4	10 400.4

注：(1) 2007年起实施《政府收支分类科目》，财政支出项目按照支出功能分类科目重新设置。
(2) 从2010年及以后，环境保护支出为节能环保支出。

表24 农村土地承包经营及管理情况

单位：万亩、万户、万份、个、人、件

项 目	2010年	2011年	2012年	2013年	2014年
一、耕地承包情况					
（一）家庭承包经营的耕地面积	127 411	127 735	131 045	132 709	132 876
（二）家庭承包经营的农户数	22 851	22 884	22 976	23 009	23 022
（三）家庭承包合同份数	22 104	22 167	22 192	22 251	22 103
（四）颁发土地承包经营权证份数	20 739	20 818	20 855	20 738	20 598
其中：以其他方式承包颁发的	71	71	78	75	76
（五）机动地面积	2 470	2 394	2 469	2 579	2 644
二、家庭承包耕地流转情况					
（一）家庭承包耕地流转总面积	18 668	22 793	27 833	34 102	40 339
（二）家庭承包耕地流转去向					
1.流转入农户的面积	12 913	15 416	18 006	20 559	23 544
2.流转入专业合作社的面积	2 216	3 055	4 410	6 944	8 839
3.流转入企业的面积	1 508	1 908	2 556	3 220	3 882
4.流转入其他主体的面积	2 031	2 415	2 860	3 378	4 074
（三）流转用于种植粮食作物的面积	10 281	12 477	15 585	19 275	22 902
（四）流转出承包耕地的农户数	3 321	3 877	4 439	5 261	5 833
（五）签订耕地流转合同份数	2 019	2 521	3 107	3 756	4 235
（六）签订流转合同的耕地流转面积	10 593	13 934	18 140	22 487	26 921
三、仲裁机构队伍情况					
（一）仲裁委员会数	1 405	1 848	2 259	2 411	2 433
其中：县级仲裁委员会数	1 369	1 608	2 055	2 214	2 312
（二）仲裁委员会人员数	16 534	19 774	30 727	35 481	37 204
其中：农民委员人数	3 483	3 844	6 722	6 921	7 494
（三）聘任仲裁员数	11 318	11 853	20 776	29 817	31 953
（四）仲裁委员会日常工作机构人数	6 696	7 770	10 935	13 167	12 627
其中：专职人员数	3 053	3 365	4 616	5 536	5 456
四、土地承包经营纠纷调处情况					
（一）受理土地承包及流转纠纷总量	222 527	219 002	223 744	222 322	253 589
（二）调处纠纷总数	193 687	192 035	191 938	194 307	225 930

注：15亩＝1公顷。

资料来源：农业部。

表25　2014年农户家庭人口及劳动力情况（每个农村居民户）

指标名称	单位	全国	东部	中部	西部	东北
一、被调查户数	户	18 955	5 411	5 413	4 935	3 196
二、家庭常住人口	人	3.80	3.85	3.85	4.09	3.21
三、农村人口	人	3.65	3.63	3.68	3.96	3.14
四、家庭劳动力	人	2.14	2.12	2.09	2.37	1.90
其中：农村劳动力	人	2.05	1.99	1.99	2.30	1.87
五、在农村劳动力中：						
1.文盲、半文盲	人	0.10	0.07	0.09	0.18	0.05
2.小学文化程度	人	0.44	0.35	0.38	0.56	0.51
3.初中文化程度	人	1.16	1.10	1.19	1.20	1.14
4.高中文化程度	人	0.25	0.33	0.24	0.27	0.11
5.大专及以上文化程度	人	0.10	0.14	0.09	0.10	0.05
六、在农村劳动力中：						
1.有专业技术职称人数	人	0.18	0.21	0.15	0.20	0.13
2.受过职业教育和培训人数	人	0.43	0.45	0.30	0.63	0.33
七、在家庭劳动力中（按身份划分）：						
1.从事农业家庭经营劳动力	人	0.92	0.64	0.70	1.22	1.27
2.从事非农业家庭经营劳动力	人	0.20	0.26	0.22	0.20	0.09
3.受雇劳动者	人	0.74	0.91	0.88	0.67	0.38
4.个体、合伙工商劳动者	人	0.04	0.07	0.05	0.03	0.01
5.私营企业经营者	人	0.03	0.03	0.04	0.03	0.01
6.乡村及国家干部	人	0.03	0.04	0.02	0.02	0.02
7.教科文卫工作者	人	0.02	0.03	0.03	0.02	0.02
8.其他	人	0.15	0.15	0.15	0.17	0.12
八、在家庭劳动力中（按行业划分）：						
1.从事农林牧渔业人数	人	0.96	0.72	0.71	1.22	1.31
2.从事采矿业人数	人	0.04	0.04	0.05	0.05	0.01
3.从事制造业人数	人	0.32	0.50	0.38	0.23	0.08
4.从事电力、燃气及水的生产和供应业人数	人	0.02	0.02	0.02	0.02	0.01
5.从事建筑业人数	人	0.20	0.16	0.24	0.26	0.13
6.从事交通运输、仓储和邮政业人数	人	0.11	0.14	0.10	0.13	0.06
7.从事批发和零售业人数	人	0.08	0.12	0.08	0.06	0.03
8.从事住宿和餐饮业人数	人	0.10	0.12	0.11	0.10	0.07
9.从事租赁和商务服务业人数	人	0.04	0.05	0.04	0.04	0.01
10.从事居民服务和其他服务业人数	人	0.13	0.16	0.17	0.12	0.06
11.从事其他行业人数	人	0.35	0.41	0.38	0.36	0.19
九、全家劳动力外出从业时间	天	207	191	272	220	104
十、全家外出从业劳动力数	人	0.77	0.67	0.99	0.87	0.43
十一、全家外出收入	元	19 664	19 765	25 135	19 725	10 136

资料来源：农业部农村经济研究中心。

表26　2014年行政村一级企业、劳动力就业、耕地情况(每个行政村)

指标名称	单位	全国	东部	中部	西部	东北
一、被调查村	个	338	110	80	102	46
二、村年末企业个数	个	9.1	16.8	6.3	5.4	4.0
1.集体企业	个	0.5	1.0	0.3	0.1	0.6
其中：个人承包和合伙承包的企业	个	0.1	0.2	0.1	0.1	0.2
2.股份制和股份合作制企业个数	个	0.3	0.7	0.3	0.1	0.2
3.合伙企业个数	个	0.8	1.3	0.8	0.6	0.1
4.私营企业个数	个	6.5	12.0	4.3	3.9	3.0
5.“三资”企业个数	个	0.4	0.4	0.4	0.4	0.2
6.其他企业个数	个	0.6	1.4	0.2	0.3	0.0
三、劳动力情况						
(一) 年末劳动力	个	1 267.0	1 404.8	1 331.7	1 197.1	979.6
1. 以种植业为主的劳动力	个	445.9	392.2	392.8	509.8	525.0
其中：以粮食生产为主的劳动力	个	259.5	155.4	260.6	291.2	436.1
2. 以林业为主的劳动力	个	15.6	18.3	15.2	15.5	10.2
3. 以畜牧业为主的劳动力	个	52.7	40.6	43.6	74.0	49.8
4. 以渔业为主的劳动力	个	32.7	72.1	25.1	8.2	6.5
5. 以工业为主的劳动力	个	215.1	353.3	213.2	133.6	68.6
6. 以建筑业为主的劳动力	个	156.6	113.9	223.3	173.5	105.1
7. 以运输业为主的劳动力	个	64.5	51.6	92.5	72.1	30.0
8. 以商业、饮食业、服务业为主的劳动力	个	154.0	194.7	179.8	115.4	97.5
9. 其他	个	115.3	123.3	146.4	95.0	86.9
(二) 外出劳动力数	个	385.8	339.5	467.9	413.9	291.2
1.出乡(县内)就业数	个	151.1	175.6	142.1	147.7	115.3
2.出县(省内)就业数	个	108.0	111.8	115.7	104.1	94.1
3.出省(国内)就业数	个	123.0	48.5	208.8	161.5	66.7
4.境外就业数	个	3.7	3.5	1.3	0.6	15.1
(三) 闲置劳动力（按300日1人）	个	40.2	35.8	49.9	35.4	44.8
四、耕地情况						
(一) 耕地	公顷	207.9	135.8	137.1	173.3	580.0
1. 农户家庭经营	公顷	196.2	120.1	128.1	164.7	566.6
2. 村集体经营	公顷	3.2	3.7	3.2	1.2	6.5
3. 企业经营	公顷	2.0	2.2	3.6	0.5	2.0
4. 农民专业合作经济组织经营	公顷	2.2	3.4	0.8	1.6	3.2
5. 其他经营	公顷	4.3	6.4	1.4	5.3	1.7
(二) 年内增加耕地	公顷	0.7	0.1	0.5	0.8	1.9
其中：新开荒耕地	公顷	0.4	0.0	0.4	0.1	1.9
(三) 年内减少耕地	公顷	2.5	0.7	2.5	4.4	2.8
1. 国家建设占用	公顷	1.2	0.4	0.9	2.8	0.4
2. 村集体建设占用	公顷	0.0	0.0	0.1	0.0	0.0
3. 农民新建房屋占用	公顷	0.1	0.1	0.0	0.1	0.0
4. 改林果、牧、渔业占用	公顷	1.0	0.2	1.3	1.2	2.4
其中：退耕还林草的耕地	公顷	0.6	0.1	0.5	0.4	2.4

资料来源：农业部农村经济研究中心。

后 记

《2015中国农业发展报告》是由农业部组织有关司局、科研单位、农业部软科学委员会专家工作组部分成员以及国家统计局农村经济社会统计司、国务院扶贫办等部门的专家、学者和有关人员共同编写的。

参加本报告撰写的主要人员有：宋洪远、曹力群、习银生、姜楠、张红奎、杭静、陈洁、闫辉、董彦彬、焦红坡、张恒春、苏祯、刘俊杰、梁希震、陈明全、付松川、訾占超、曹翠萍、蔺东、侯玉慧 、邵华莎、谷红、徐亭、冯梁、张成、王良、胡玉玲、刘小伟、杨海生、侯锐、马光霞、冯蔓蔓、张永江、宋杨、陈洪波、束安新、闫敏、陈世雄、詹卉、吴珊珊、禤燕庆、寇广增、李春艳、邵建成、吴杰、李如男、王建强、张国、王松、李庆江、付长亮、徐利群、李晓华、龚一飞、何斌、谭明杰、徐明、王衍、董明、罗鹏、王刚、宋华东、王彩明、黎阳、郭娜英、郎鹏飞、王平、陈朱勇、梅东海、徐明、刘涵、王松、李新、李想。

图书在版编目（CIP）数据

2015中国农业发展报告／中华人民共和国农业部编
．—北京：中国农业出版社，2015.12
ISBN 978-7-109-21236-7

Ⅰ．①2…　Ⅱ．①中…　Ⅲ．①农业经济发展－研究报告－中国－2015　Ⅳ．①F323

中国版本图书馆CIP数据核字（2015）第292605号

中国农业出版社出版
（北京市朝阳区麦子店街18号楼）
（邮政编码 100125）
责任编辑　姚　红

中国农业出版社印刷厂印刷　新华书店北京发行所发行
2015年12月第1版　2015年12月北京第1次印刷

开本：889mm×1194mm 1/16　印张：13.5
字数：245千字
定价：150.00元